内蒙古自治区社会经济发展研究报告丛书·第一辑

总主编：张亚民　侯淑霞　　　　　内蒙古财经大学科研资助

NEIMENGGU ZIZHIQU TOUZI
FAZHAN BAOGAO(2013)

内蒙古自治区投资发展报告(2013)

主　编：张启智
副主编：金　桩　严存宝

经济管理出版社
ECONOMY & MANAGEMENT PUBLISHING HOUSE

图书在版编目（CIP）数据

内蒙古自治区投资发展报告（2013）/张启智主编. —北京：经济管理出版社，2014.7
ISBN 978－7－5096－3077－8

Ⅰ.①内… Ⅱ.①张… Ⅲ.①投资－研究报告－内蒙古－2013 Ⅳ.①F832.726

中国版本图书馆 CIP 数据核字（2014）第 075452 号

组稿编辑：王光艳
责任编辑：许　兵　吴　蕾
责任印制：黄章平
责任校对：超　凡

出版发行：经济管理出版社
　　　　　（北京市海淀区北蜂窝 8 号中雅大厦 A 座 11 层　100038）
网　　址：www.E－mp.com.cn
电　　话：（010）51915602
印　　刷：三河市延风印装厂
经　　销：新华书店
开　　本：720mm×1000mm/16
印　　张：14.5
字　　数：276 千字
版　　次：2014 年 7 月第 1 版　2014 年 7 月第 1 次印刷
书　　号：ISBN 978－7－5096－3077－8
定　　价：98.00 元

·版权所有　翻印必究·

凡购本社图书，如有印装错误，由本社读者服务部负责调换。
联系地址：北京阜外月坛北小街 2 号
电　　话：（010）68022974　邮编：100836

《内蒙古自治区社会经济发展研究报告丛书·第一辑》编委会

总主编：张亚民　侯淑霞

编　委：（按姓氏笔画排序）

冯利英　许海清　杜金柱　张丰兰

张启智　张智荣　严存宝　金　桩

侯　岩　赵秀丽　柴国君　郭亚帆

韩　猛

《内蒙古自治区投资发展报告(2013)》编委会

主　任：
　　张亚民　　内蒙古自治区教育厅副厅长　教　授
　　　　　　　内蒙古投资学会会长

副主任：
　　张子君　　中国人民银行呼和浩特中心支行副行长
　　　　　　　内蒙古投资学会常务副会长
　　李献平　　包商银行理事长　内蒙古投资学会副会长
　　杨臣华　　内蒙古发展研究中心副主任　研究员
　　　　　　　内蒙古投资学会常务副会长
　　马志春　　内蒙古产权交易中心总裁　高级经济师
　　　　　　　内蒙古投资学会常务副会长
　　任　炜　　银河证券包头营业部总经理
　　　　　　　内蒙古投资学会常务副会长
　　赵敬彬　　内蒙古铁路建设投资有限公司董事长
　　　　　　　内蒙古投资学会副会长
　　周永春　　申银万国证券呼和浩特营业部总经理
　　　　　　　内蒙古投资学会常务副会长

编　委：杨臣华　薛　强　康晓红　赵剑英
　　　　赵淑芳　张学刚　孙全民

总 序

　　习近平总书记在深入内蒙古自治区兴安盟、锡林郭勒盟、呼和浩特市视察指导工作，沿途做了一系列重要指示，并做了重要讲话。习近平总书记的重要讲话，充分肯定了党的十八大以来自治区提出的"8337"发展思路和取得的成绩，深刻阐述了内蒙古自治区在全国发展大局中的战略地位；明确指出了当前和今后一段时期内蒙古自治区的前进方向和工作重点，是内蒙古自治区改革开放和现代化建设的根本指针。为了充分展示内蒙古自治区社会经济发展的成果，进一步探索制约内蒙古自治区社会经济发展的瓶颈，为"8337"发展思路的进一步贯彻提供科学决策依据，由内蒙古财经大学专家学者编写的《内蒙古自治区社会经济发展研究报告》丛书，先期推出工业、对外贸易、金融、文化产业和区域竞争力等系列发展研究报告。该丛书的出版，对于贯彻落实好自治区党委、自治区人民政府关于加快自治区经济发展的一系列政策措施，推动内蒙古自治区社会经济科学发展、和谐发展、跨越发展，必将起到积极的作用。

　　内蒙古自治区地处祖国北疆，作为新中国最早成立的省级少数民族自治地方，不仅幅员辽阔、自然资源富集，而且独具古老而丰富的草原文化。在中国共产党的领导下，内蒙古自治区各族人民走过社会主义革命、建设、改革与发展的光辉历程，将一个只有"茶布水盐糖，骆驼牛马羊"的内蒙古，发展成为地区经济快速发展、综合实力显著增强、人民生活不断改善的内蒙古。改革开放特别是实施西部大开发和振兴东北地区等老工业基地战略以来，内蒙古自治区抢抓机遇，开拓进取，经济社会发展取得巨大成就。据《内蒙古自治区2013年国民经济和社会发展统计公报》显示：2013年内蒙古自治区农牧业双丰收，粮食总产量达2773万吨，增长9.7%；牲畜存栏头数达11820万头（只），增长4.9%。以工业为主导的第二产业保持较快增长，全年实现工业增加值7944.4亿元，增长11.3%。第三产业稳步发展，全年第三产业增加值262204亿元，增长8.3%；城乡人民生活水平进一步改善，全年城镇居民人均可支配收入25497元，增长10.1%。农牧民人均生活消费支出7268元，增长

13.9%;各项社会事业取得较大进步。内蒙古自治区不仅成为巩固国防、繁荣边疆的先进,而且已经成为我国经济社会发展最具活力的地区之一。

今天的内蒙古自治区已经站在了新的历史起点上。但内蒙古自治区在发展中仍存在基础设施建设滞后、生态环境脆弱、产业结构单一、区域发展不平衡、公共服务能力不强等突出困难和问题。第一产业大而不强,绿色高效农牧产业尚未成为产业主要力量;第二产业发展水平仍有待提高,在产品附加值和对自然环境的影响方面都亟待提升;第三产业方面,服务业发展水平和层次较低,在市场竞争中处于弱势地位。以上种种产业发展现状,对内蒙古自治区的社会经济发展都提出了更高的要求。《内蒙古自治区社会经济发展研究报告》丛书,以内蒙古自治区工业、对外贸易、金融、文化产业和区域竞争力的发展现状分析为背景,基于大量实地调研数据,对内蒙古自治区工业及战略性新兴工业发展、内蒙古自治区金融发展中的农村金融及民间金融和产权市场发展、内蒙古自治区区域综合竞争力的评价指标体系、内蒙古自治区盟市对外经贸与对外经济合作机制、内蒙古自治区各盟市文化产业发展现状等进行了实证分析,在内蒙古自治区产业转型升级目标及战略重点、内蒙古自治区金融发展中的新领域与难点、提升内蒙古自治区区域经济综合竞争力、内蒙古自治区对外贸易发展的未来、推动内蒙古自治区文化产业发展的战略举措等方面提出了内容具体、切实可行和科学有效的对策建议。

《内蒙古自治区社会经济发展研究报告》丛书与其他一些相关专著相比,具有简明扼要、系统性和针对性强、形式新颖等特点,是内蒙古财经大学学术研究特色与成果的一次集中展示。本丛书秉承学术精神,观点上各抒己见,内容上兼容并蓄。坚持学术视角、专家立场,讲求实事求是、客观公正,体现科学性、应用性与丰富性。

本丛书的研究成果或结论均属个人或课题组观点,不代表单位或官方结论。由于研究者自身的视野和水平有限,特别是面对纷繁复杂的世界经济和社会形势的诸多不确定因素,对未来预测的难度大大增加,因此研究结论难免不当、不足、不确,恳请读者批评斧正。

编委会

2013.12

前　言

　　投资结构的优化是工业化过程中必须面对的重大课题,稳步推进投资产业结构的战略性调整和优化升级是转变经济发展方式、提高经济增长质量的重要途径和迫切任务。"十一五"时期以来,内蒙古自治区凭借西部大开发,依托资源优势和政策优势,有力地推进了经济的快速发展,GDP 曾一度连续八年增幅全国第一。但是,盲目追求经济的高速增长,必然导致投资的产业结构严重失衡,尤其是进入"十二五"时期以后表现出的产业结构和增长方式已经难以维系全区经济增长的可持续发展,突出问题主要表现在:投资三次产业比例严重失衡(投资产业结构调整中的"重型化"趋势严重);现代服务业发展缓慢;主导产业的"三高一低"特征显著;具有明显带动力的战略性新兴产业严重匮乏;投资产业结构调整和产业升级速度相当缓慢;等等。随着国内外经济形势的变化以及日益严峻的生态环境的约束,内蒙古自治区经济增长的压力越来越大,现存的投资产业结构已经不能承担全区经济增长可持续发展的新要求,继续发展会带来全区资源、能源消耗以及环境污染等一系列生态安全问题,进而演化为经济发展的恶性循环。2013 年 3 月 19 日,在全区传达贯彻全国两会精神干部大会上,自治区党委、政府,就深入学习贯彻党的十八大精神和全国两会精神,提出了"8337"发展思路。"8337"发展思路是保障国家能源安全、有效缓解国家能源供需矛盾和提高内蒙古自治区资源利用水平、实现可持续发展的客观要求;是内蒙古自治区借助科技抢占产业发展制高点和推动传统产业新型化、新兴产业规模化、支柱产业多元化的迫切要求;是保障国家粮食和农畜产品安全供应、促进内蒙古自治区产业结构调整和改善民生的客观需要;是做优一产、做强二产、做大三产和培育新经济增长点、深化改革开放、发挥"三驾马车"协调拉动作用的迫切要求。

　　为此,如何通过投资的作用,寻求全面落实"8337"发展思路和加快产业结构调整与产业升级,是本报告研究的对象。

本报告通过调研、分析、论证，在深入研究全区投资结构调整和产业升级过程中存在的突出问题，在全面分析内蒙古自治区经济总量增长和现存投资结构存在的深层次矛盾基础上，确定全区投资结构的主要方向、重点发展任务以及战略性主导产业的投资定位，并给出具有针对性、政策制定依托性的投资产业结构转型与产业升级对策（投融资措施）。

本报告分为三大部分，共十章：

第一部分内容为内蒙古自治区产业投资结构现状与面临的金融环境分析，共两章。主要对内蒙古自治区全社会固定资产投资运行、投资的产业结构以及存在的问题等进行分析。通过分析得出，内蒙古自治区在进入工业化阶段出现的产业结构不合理、重工业投资比重大（"三高一低"现象依然严重）、第三产业比重出现下降的趋势，并由此得出内蒙古自治区投资战略重点，即依据对投资结构现状分析的结论和"8337"发展思路，提出了五大产业投资战略重点，分别是科技创新投资战略、战略性新兴产业投资战略、生态安全与环保投资战略、主导型产业升级投资战略、草原文化产业大发展投资战略。此外，为全面落实"8337"发展思路，本报告提出了必须通过投资手段加以推进的观点，而投资又需要有效的金融配给。因此，本报告全面分析了影响投资存量和增量的金融环境，并有重点地分析了内蒙古自治区金融支持产业发展的投融资瓶颈。

第二部分内容为内蒙古自治区主体产业投资发展报告，共七章。依据第一部分的投资战略重点，结合内蒙古自治区现有产业发展的总体情况，紧密结合"8337"的发展思路，有代表性地选择了七大产业作为主要研究对象，重点分析了战略性新兴产业、煤化工产业、现代装备制造业、农畜产品加工业、文化产业、房地产业以及风险投资业七大产业的发展现状、存在的问题，并给出了具有针对性的发展对策和投融资选择。

第三部分内容为内蒙古自治区主体产业发展的投融资对策。针对产业投资发展需要的融资问题，从多层次的资本市场角度给出了主体产业的投融资对策：拓展金融机构的金融宽度，健全银行服务体系；加快构建以直接融资市场为主体的现代融资格局；加快信贷结构调整，为主体产业的转型和升级做好金融服务；加快推动区域金融中心建设步伐；优化金融生态环境，提高金融服务水平；构建多元化的社

前言

会资本投入机制。

主要观点:一是提出充分应用投资手段作为产业结构调整和产业升级的重要途径;二是提出分步实施的观点,以"能源深加工产业(含新能源发展)、稀土高科技产业、建设大区文化产业、现代农牧业"战略性产业为全区投资的主体产业优先发展,其他产业跟进投资;三是给出了与主体产业相适应的投融资对策。

本报告的设计思路是基于党的十八大明确提出的"推进经济结构战略性调整"的发展战略,充分考虑内蒙古自治区当前经济结构转型和升级遇到的重大问题,紧紧围绕内蒙古自治区党委提出的"8337"的发展思路而设立。

内蒙古自治区的欠发达经济特征决定了在工业化和城镇化进程中强调投资拉动经济增长的巨大作用,产业结构的转型和升级更离不开投资的宏观调控作用。即通过投资的手段推进经济结构战略性调整。本报告正是基于"投资对经济增长的推动作用"的经济学原理(更适用于欠发达地区),在确定内蒙古自治区主体性产业投资的前瞻性下,着力研究金融资源的配给问题,因而具有现实意义。

内蒙古投资学会编写组
2014 年 3 月

目　录

第一章　内蒙古自治区产业投资结构运行分析 …………………………… 1

一、内蒙古自治区固定资产投资分析 …………………………………… 2
二、内蒙古自治区投资产业结构现状分析 ……………………………… 5
三、内蒙古自治区投资结构问题分析 …………………………………… 8
四、内蒙古自治区产业投资战略重点的确定 …………………………… 11

第二章　内蒙古自治区产业投资的金融环境分析 ………………………… 17

一、内蒙古自治区金融业发展现状分析 ………………………………… 18
二、内蒙古自治区主体产业发展的投融资瓶颈分析 …………………… 22

第三章　内蒙古自治区战略性新兴产业投资报告 ………………………… 30

一、内蒙古自治区战略性新兴产业发展现状 …………………………… 31
二、内蒙古自治区战略性新兴产业发展问题与瓶颈分析 ……………… 34
三、内蒙古自治区战略性新兴产业投融资供给分析 …………………… 40
四、内蒙古自治区战略性新兴产业发展途径 …………………………… 43
五、内蒙古自治区战略性新兴产业投融资选择 ………………………… 47

第四章　内蒙古自治区煤化工产业投资报告 ……………………………… 58

一、内蒙古自治区建设煤化工生产示范基地的背景分析 ……………… 59
二、内蒙古自治区煤化工产业发展现状与形势分析 …………………… 60

三、内蒙古自治区煤化工生产示范基地发展的制约因素 …………… 63

四、内蒙古自治区发展煤化工投融资分析 …………………………… 64

五、内蒙古自治区煤化工产业发展思路 ………………………………… 69

六、内蒙古自治区建设煤化工生产示范基地投融资建议 …………… 71

第五章 内蒙古自治区现代装备制造业投资报告 …………………… 78

一、内蒙古自治区装备制造业发展的总体评价 ……………………… 79

二、内蒙古自治区装备制造业发展的投融资分析 …………………… 82

三、内蒙古自治区高端装备制造业发展路径 ………………………… 85

四、内蒙古自治区装备制造业发展的投融资安排 …………………… 87

第六章 内蒙古自治区农畜产品加工业投资报告 …………………… 93

一、内蒙古自治区农畜产品加工业发展总体情况 …………………… 94

二、内蒙古自治区农畜产品加工业投融资分析 ……………………… 97

三、内蒙古自治区农畜产品加工业投融资瓶颈 ……………………… 100

四、内蒙古自治区农畜产品加工产业发展思路 ……………………… 103

五、内蒙古自治区农畜产品加工业发展的投融资策略 ……………… 105

第七章 内蒙古自治区文化产业投资报告 …………………………… 109

一、内蒙古自治区文化产业发展状况 ………………………………… 110

二、内蒙古自治区文化产业发展问题分析 …………………………… 111

三、内蒙古自治区文化产业投融资现状分析 ………………………… 114

四、内蒙古自治区文化产业投融资瓶颈分析 ………………………… 119

五、内蒙古自治区文化产业投资战略的确定 ………………………… 123

六、内蒙古自治区文化产业投融资体系构建 ………………………… 127

第八章　内蒙古自治区房地产投资报告 …… 140

一、内蒙古自治区房地产投资发展总体评价 …… 141

二、内蒙古自治区房地产投资结构分析 …… 149

三、内蒙古自治区房地产投资的问题分析 …… 155

四、内蒙古自治区房地产投资发展对策 …… 158

五、内蒙古自治区房地产市场发展趋势判断 …… 163

第九章　内蒙古自治区创业投资发展报告 …… 167

一、内蒙古自治区创业投资发展总体评价 …… 168

二、内蒙古自治区创业投资金融支撑体系分析 …… 174

三、内蒙古自治区创业投资发展对策——政策设计 …… 183

四、内蒙古自治区创业投资政策执行的保障措施 …… 196

第十章　内蒙古自治区产业发展的投融资体系构建分析报告 …… 203

一、拓展金融机构的金融宽度，健全金融服务体系 …… 204

二、加快构建以直接融资市场为主体的现代融资格局 …… 204

三、优化信贷结构，加快主体产业转型和升级的步伐 …… 209

四、加快推动区域金融中心建设步伐 …… 212

五、优化金融生态环境，提高金融服务水平 …… 213

六、构建多元化的社会资本投入机制 …… 214

参考文献 …… 215

后　记 …… 217

第一章
内蒙古自治区产业投资结构运行分析

"十二五"初期,内蒙古自治区GDP占全国的比重仅为2.7%,但能源消费总量占全国比重却达到5.8%。由于高耗能、高污染产业的增加造成内蒙古自治区环境质量进一步下滑,"十二五"初期,全区工业废水排放总量为39539亿万吨,同比增长38%,远高于地区生产总值增速,而重工业吸纳劳动力的能力相对较低,对增加社会就业贡献并不明显。在这样的背景下,由高投资率来提升经济增长是无法长期维持的,必须寻找新的增长动力来推动经济的可持续发展。

一、内蒙古自治区固定资产投资分析

自"十一五"时期以来,内蒙古自治区围绕"富民强区"总目标,以固定资产投资和重大项目建设作为"调结构、惠民生、强基础"的重要抓手,致力于投资环境的改善和优化,加大招商引资力度,加快推进项目前期工作,历年投资呈现平稳、快速增长态势。尤其是进入"十二五"时期以来,全区固定资产投资呈现较快增长态势,投资对经济增长的拉动作用明显高于全国。

(一)投资规模不断扩大,投资总量接近GDP

随着西部大开发的深入实施和"十二五"规划的全面落实,固定资产投资规模总量实现了新的突破,从2011年开始投资总额首次超过了万亿元,尤其是2012年50万元以上项目固定资产投资额完成12986.04亿元,比2011年增长20.4%,相当于GDP的80%,增长速度超过经济增长率。其中,第一产业完成投资637.91亿元,增长33.7%;第二产业完成投资6526.27亿元,增长26.6%;第三产业完成投资5821.85亿元,增长13%。从运行态势上看,全区固定资产投资总体呈低开高走态势,投资总量逐步攀升,增速平稳增长,见图1-1。

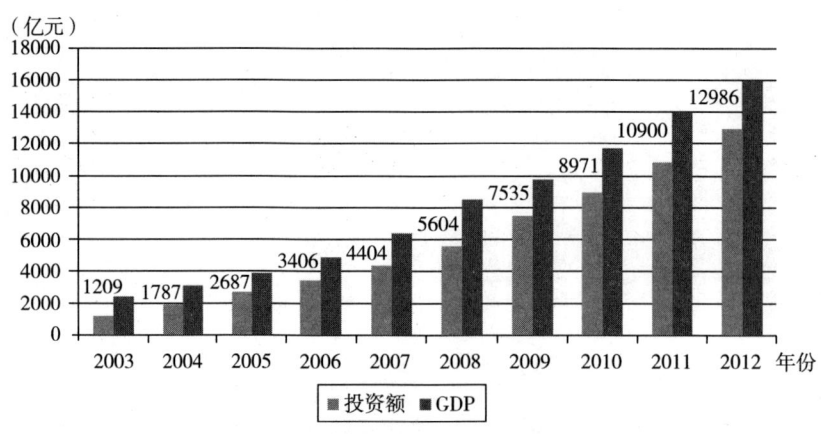

图1-1 内蒙古自治区固定资产投资额与GDP增长关系图

资料来源:《内蒙古统计年鉴》(2013)。

研究发现,金融危机以来,全区固定资产投资并未受到影响,每年仍然以20%的速度增长,从投资资金来源分析看,来自银行信贷资金的增速呈现下降趋势,见图1-2。而投资增速继续加快,这说明内蒙古自治区的社会资本(招商引资和民间资本)是固定资产投资的主要来源。

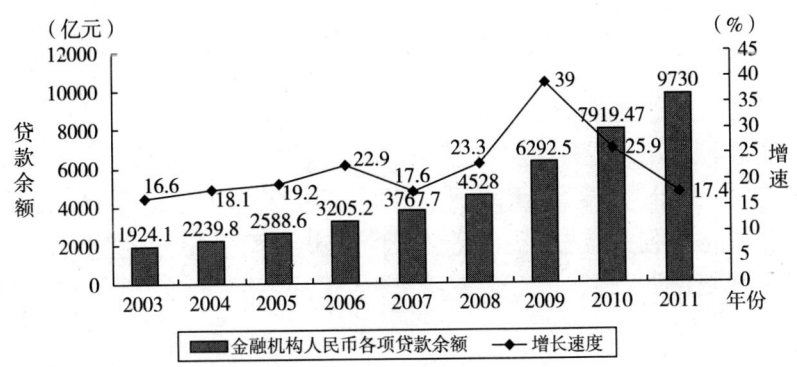

图1-2 2003～2011年内蒙古自治区金融机构人民币贷款余额及增速

资料来源:内蒙古银监局(2012)。

(二)战略性新型产业投资增长较快

"十二五"时期以来,在"国发21号文件"和西部大开发政策效应不断加大等一系列积极因素的影响下,区内外各类投资纷纷涌入,全区工业固定资产投资情况持续看好,其中,六大优势特色产业依旧是全区工业投资的绝对主力。以2011年为例,六大优势特色产业累计完成投资额4651.68亿元,同比增长15.23%,占全区工业固定资产投资比重的92.38%。从行业来看,高新技术行业、机械装备制造业、化工行业投资增势强劲,分别增长了101.39%、50.12%和42.17%。其中,制造业投资继续保持快速增长,投资量最大,已成为全区投资第一大行业,制造业完成投资2833.8亿元,占工业固定资产投资完成额的56.3%,同比增长44.84%,显示了制造业发展的生机与活力。

表 1-1 内蒙古自治区六大优势特色产业投资完成情况

行业	投资额（亿元）	同比增速（%）	占全区工业固定资产投资比重（%）	较去年同期提升（%）	占六大优势特色产业比重（%）	较去年同期提升（%）
高新技术行业	176.54	101.39	3.51	1.48	3.8	1.62
机械装备制造业	646.98	50.12	12.58	2.9	13.91	3.23
化工行业	659.3	42.17	13.09	2.38	14.17	2.69
冶金建材行业	1183.12	36.1	23.5	3.42	25.43	3.9
农畜产品行业	382.96	32.54	7.61	0.93	8.23	1.08
能源行业	1602.76	−15.48	31.83	−11.96	34.46	−12.52
累计	4651.68	15.23	92.38	—	—	—

资料来源：根据内蒙古自治区发改委经济信息中心资料整理(2012)。

（三）亿元以上项目投资总量大，大项目带动作用增强

在充分发挥政府投资引领作用下，内蒙古自治区进一步优化了政府投资方向，优先确保重大工业项目、基础设施和民生公益项目建设。在内蒙古自治区大唐托电三期和四期、内蒙古自治区准大发电厂、上都电厂、北方联合电力有限公司各地电厂以及唐山永丰集团、蒙华海勃湾电厂、内蒙古自治区凉城岱海电厂、华电卓资、华电乌达金山发电和鄂尔多斯电力冶金有限责任公司等一批大项目引领下，带动全区固定资产投资的快速增长。从地区来看，亿元以上投资项目进一步向蒙西地区倾斜，西部七盟市新开工亿元以上工业项目 384 项，占全区新开工项目数的 61.64%；累计完成投资 1205.98 亿元，占全区的 60.78%。同期，东部盟市亿元以上投资项目建设步伐加快，其中，通辽市和赤峰市分别以 76 项、73 项位居全区第二位和第四位，这些大项目的建设对内蒙古自治区及各盟市全年固定资产投资的拉动起着举足轻重的作用。

（四）地方投资积极性高涨，成为推动投资高增长的主导力量

地方政府成为近年固定资产投资的主要推手，以 2011 年为例，2011 年全年中央项目投资 815.4 亿元，增幅较 2010 年同期大幅下降 23.8%；地方项目投资 9972.5 亿元，增长 25.4%，增幅比 2010 年同期提高 5.3%。从中央与地方项目投资增速变化看，地方项目增速进一步加快，远高于中央项目增速，与 2010 年同期相比,地方项目均提高了5%～10%,而中央项目持续回落。这表明,2011年以来投资的较快增长主要得益于地方项目的推动,见图1-3。

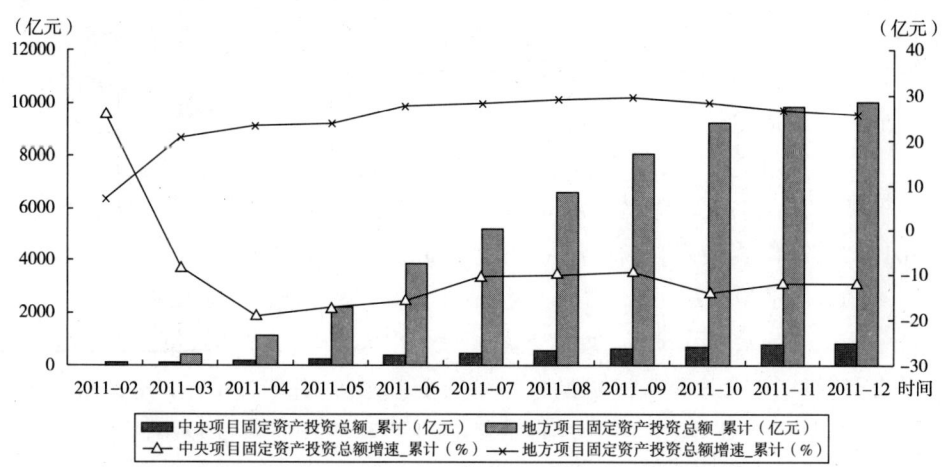

图 1-3 按隶属关系分析内蒙古自治区固定资产投资走势

资料来源:《内蒙古统计年鉴》(2012)。

二、内蒙古自治区投资产业结构现状分析

考察和把握投资产业结构演进的一般规律是研究产业结构问题的首要课题。产业结构作为以往经济增长的结果和未来经济增长的基础,成为推动经济发展的主要因素。从国际产业发展历史演变的实践来看,产业结构演化揭示产业结构的演变规律,主要有配第—克拉克定理、霍夫曼比率理论等。

(一)配第—克拉克定理与内蒙古自治区产业结构判断

配第—克拉克定理即投资的三次产业结构演进规律。英国经济学家配第和克拉克通过研究,先后发现:随着全社会人均国民收入水平的提高,就业人口首先由第一产业向第二产业转移;当人均国民收入水平有了进一步提高时,就业人口便大量向第三产业转移。配第通过进一步考察后得出结论:比起农业,工业的收入多;而商业的收入又比工业多,即工业比农业、服务业比工业的附加价值高。库兹涅茨进一步证明了配第—克拉克定律,并得出产业结构的变动受人均国民收入变动影响的结论。在前工业化时期,第一产业占主导地位,第二产业有一定发展,第三产

业占微小的比例;在工业化初期,第一产业产值占 GDP 的比重逐步缩小,其地位不断下降,第二产业有较大的发展,工业重心从轻工业主导型逐渐转向基础工业主导型,第二产业逐渐占主导地位,第三产业也有一定的发展,但在 GDP 中的比重还比较小;在工业化中期,第二产业的比重继续下降,第三产业快速发展,特别是信息产业增长加快,第三产业产值比重在 GDP 中占有支配地位;在后工业化阶段,产业知识化成为主要特征。

综合考察内蒙古自治区的投资结构演进规律,三次产业增加值在经济总量中的比例关系,由 1978 年的 32.7:45.4:21.9 变为 2012 年的 9.1:55.4:35.5。与全国相比,2011 年,内蒙古自治区第一产业比重低于全国平均水平 0.9%,第二产业比重高于全国平均水平 10%,工业增加值比重高于全国水平 10.3%,第三产业比重低于全国平均水平 9.1%。总体上,第一产业是逐年稳步下降,第二产业呈持续上升态势,第三产业比重虽然也呈持续稳定上升态势,并于 1985 年开始超过第一产业,但和第二产业相比,内蒙古自治区第三产业上升的幅度较小,尤其是 2011 年,第三产业的比重不升反降,从 2010 年的 36.1% 降至 34%。根据内蒙古自治区三次产业的变化,得到如下结论:一是内蒙古自治区三次产业结构变化基本符合世界范围的产业结构演变规律,即第一产业比重下降,第二产业、第三产业比重上升。按照配第—克拉克定律,内蒙古自治区处于工业化初期向工业化中期的过渡阶段。二是从增加值的比重变化上看,内蒙古自治区的三次产业结构在 20 世纪 80 年代中期发生了转折性的变化,第三产业比重于 1985 年开始超过第一产业,并于其后稳步增长,因此,全区国民经济总量增长从主要依靠第一产业、第二产业带动转为主要由第二产业、第三产业带动。三是内蒙古自治区第三产业的比重有待提高。一般认为,第三产业在 GDP 中的比重超过 50% 时,该地区或城市就进入比较发达的经济社会,这也是"后工业社会"的一个特征。内蒙古自治区第三产业占 GDP 的比重在"七五"时期突破 30%,但目前为止仍然在 35% 上下徘徊,距离 50% 尚远。北京市的第三产业的比重超过了 50%,而经济较发达的广东省第三产业比重在 44% 左右。而同样不发达的甘肃省、青海省第三产业的比重在 40% 上下波动,因此,内蒙古自治区第三产业发展水平仍有待提高。

(二)霍夫曼比率定理与内蒙古自治区投资产业结构判断

霍夫曼比率定理也称为重工业化规律。适用于衡量一定时期的工业化水平和工业化阶段的划分。德国经济学家霍夫曼搜集了近 20 个国家的时间序列数据,对工业化过程中的工业产业结构演变问题进行了深刻研究分析,得出了"霍夫曼工业化经验法则"的工业化阶段理论,阐述的主要是工业化过程中重工业化阶段的结构演变情形。根据霍夫曼比率,即消费品工业净产值与资本品工业净产值的比率,把工业化划分为四个发展阶段:消费品工业占主导地位,霍夫曼比率为 5 ± 1;资本品工业快于消费品工业的增长,消费品工业降到工业总产值的50%左右或以下,霍夫曼比率为 2.5 ± 0.5;资本品工业继续快速增长,并已达到和消费品工业相平衡状态,霍夫曼比率为 1 ± 0.5;资本品工业占主导地位,这一阶段被认为实现了工业化,霍夫曼比率为1以下。霍夫曼比率越小,重工业化程度越高,工业化水平也越高,它表明随着工业化程度的提高,加工程度的产业份额比例将增长。因此,本书将运用轻重工业产值之比,来近似判断和衡量内蒙古自治区的工业化水平及其所处阶段。

1978~2010年,内蒙古自治区工业发展迅速,从表2-1可以看出,内蒙古自治区的霍夫曼系数自1978年以来,一直在0.7及其以下,工业结构以重工业为主体,说明内蒙古自治区工业的重工业化特征明显,进入2000年后,内蒙古自治区霍夫曼系数持续下降,2010年仅为0.41,重工业占绝对优势,已处于霍夫曼工业阶段的第四阶段,工业重型化特征愈加突出。改革开放以来,在工业总产值比例中,内蒙古自治区重工业一直在上升,2010年高达71%。轻工业在20世纪90年代有所改善,但进入1995年后明显滑落,轻重工业增长差距不断拉大,两者的比例由1978年的0.68降低到2010年的0.41,轻工业发展速度低于重工业发展速度,由此也反映出内蒙古自治区经济仍主要依赖于投资拉动,尤其是某些重化行业盲目投资和重复建设加剧,这不仅是一个单纯的宏观经济现象,其后隐藏着深层次的结构性问题。重工业生产产品虽然在总产量上能够自给有余,但其结构严重失调,轻工业长期处于被挤的地位,影响着两大部类间的协调发展。

表1-2　内蒙古自治区轻重工业发展情况(1978~2010年)

年份	1978	1990	1995	2000	2005	2010
轻重工业比例	40.3:59.7	41.2:58.8	34.5:65.5	38.6:61.4	30.3:69.7	29:71
轻重工业产值比	0.68	0.7	0.53	0.63	0.43	0.41

资料来源:《内蒙古统计年鉴》(2012)。

纵观发达国家和地区的发展历程,在工业化中期阶段,其经济发展一般都有以下几个特征:第一,结构调整在推动工业发展、加速经济增长方面起核心作用。在工业化的不同时期,结构调整的范围和特点不同。一般来讲,人均收入超过1000美元,就标志着进入工业化的加速发展时期。在工业化加速发展时期,结构调整最频繁,结构变动最剧烈,对经济增长的作用最有力。第二,在生产诸要素中,资本和科技创新是推动经济增长的主要力量。在工业化发展的不同阶段,不同要素对经济增长贡献的重要性相对不同。在工业化中期,资本投入仍然是经济增长的主角,对经济增长的贡献最大,但总的趋势是逐步下降的。而技术进步引起的全要素生产率的提高对经济增长的贡献逐步上升,到工业化持续发展时期,它已取代资本而成为经济增长最主要的因素。第三,在各类需求中,中间需求(或者生产需求、投资需求)的增长是总需求增长的主角。在工业化中期,相对于国内最终消费需求和出口需求来讲,中间需求的增加是制造业迅速成长、产业链拉长的主要原因。根据上述几个特征,结合内蒙古自治区实际,在提升工业化、加快经济发展中应注重以下几个问题:一是还需把工业作为"十二五"时期的重中之重来抓;二是要更加注重经济结构调整,这期间,结构调整和科技创新因素将在很大程度上决定着经济增长的速度和质量。因此,下大力气抓好结构调整,加快产业、产品的优化升级,是推进内蒙古自治区工业化进程、提高经济整体竞争力的必然要求,并把加强技术创新与加快工业化进程紧密结合起来,用高新技术改造传统资源型产业,加快发展战略型新兴产业,大力发展生产型服务业及中高端的生活性服务业,着力培育并形成若干个在国内外具有较强市场竞争能力的优势产业集群。

三、内蒙古自治区投资结构问题分析

产业结构的变动是内蒙古自治区经济持续、健康发展必经的一个过程。目前,内蒙古自治区的经济已从一个以小农经济和畜牧业经济为主体的经济体制发展成了一个较为发达和综合的产业体系,其中以六大支柱产业为主导、现代农牧业经济为助推的特色内蒙古自治区现代经济体制正在壮大。国内生产总值结构已由最初的"一、二、三"比例构成演变成了"二、三、一"的比例构成结构,这种转变大大促进了内蒙古自治区经济的快速增长和全面发展。但不容忽视的是,内蒙古自治区当前的产业结构仍存在着内部演化速度缓慢、"一、二、三"产业发展失衡等问题。这些问题的存在已经制约着内蒙古自治区的产业结构的调整和升级。

(一)较高的投资率助推了重工业的超前发展

分析内蒙古自治区"十一五"和"十二五"时期的产业结构,内蒙古自治区三次产业增加值的比例由 2005 年的 15.1∶45.4∶39.5 演进为 2012 年的 9.1∶55.4∶35.5,工业增加值占地区生产总值的比重由 37.9% 提高到 48.1%。2011 年,三次产业比重进一步演变为 9.2∶56.8∶34。总的趋势是:第一产业占地区生产总值的比重逐步下降,第二产业比重明显提高,第三产业比重有所降低,见表 1-3。与全国相比,2011 年,内蒙古自治区第一产业比重低于全国平均水平 0.9%,第二产业比重高于全国平均水平 10%,工业增加值比重高于全国平均水平 10.3%,第三产业比重低于全国平均水平 9.1%。造成内蒙古自治区产业结构调整步伐相对缓慢、服务业发展严重不足的现实局面是由于过于集中于重工业发展的投资率所致(见图 1-4)。从 2005 年以来,内蒙古自治区固定资产投资率一直在高位运行,投资增长率每年以 20% 的速度增长,已经超过 GDP 的增长率。显然,工业的过快增长是投资拉动的,在一定的投资规模下,过多的投资集中于第二产业,而服务于工业化进程中的第三产业投资严重不足,这种失衡的产业结构严重制约了产业升级,也不利于内蒙古自治区工业化的有序进展。

表 1-3　内蒙古自治区三次产业增加值结构对比　　　　　　　　单位:%

年份 产业	2005	2010	2011	2012
第一产业	15.1	9.4	9.2	9.1
第二产业	45.4	54.5	56.8	55.4
第三产业	39.5	36.1	34	35.5

资料来源:《内蒙古统计年鉴》(2013)。

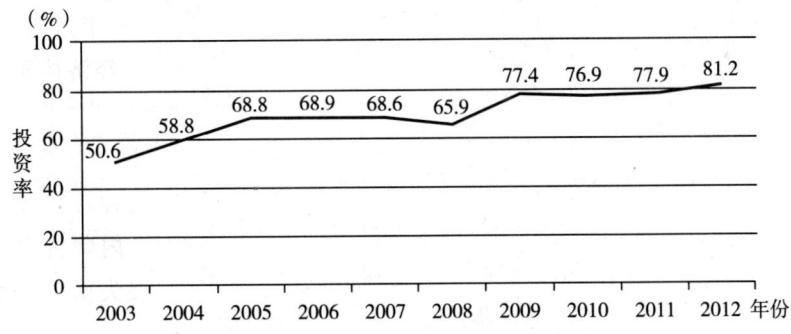

图 1-4　内蒙古自治区固定资产投资率增长趋势图

资料来源:依据《内蒙古统计年鉴》(2013)计算所得。

(二)内蒙古自治区投资的所有制结构不合理

内蒙古自治区小型、中型、大型企业总产值占工业总产值的比重由2005年的31.5:29.8:38.8演进为2010年的37.8:35:27.2,小型、中型企业总产值比重有所上升,大型企业总产值比重下降。与全国相比,2010年内蒙古自治区大型企业比重低于全国5.7%,中型企业总产值比重高于全国5.8%,小型企业总产值比重与全国平均水平基本持平。

表1-4　2005年、2010年小型、中型、大型企业总产值占工业总产值比重对比　　　单位:%

年份 企业类型 地区	2005			2010		
	小型企业	中型企业	大型企业	小型企业	中型企业	大型企业
内蒙古	31.5	29.8	38.8	37.8	35.0	27.2
全国	—	—	—	37.9	29.2	32.9

资料来源:内蒙古宏观经济监测预测系统。

(三)就业能力与三次产业结构不相匹配

从内蒙古自治区三次产业就业结构比重看,就业结构由2005年的53.8:15.6:30.5调整为2010年的48.2:17.4:34.4,第一产业就业比重明显下降,第二产业就业比重小幅度上升,第三产业吸纳就业能力显著增强。但与全国相比,内蒙古自治区第二产业就业比重比全国平均水平低11.3%,第三产业就业比重比全国平均水平低0.2%,第一产业就业比重比全国平均水平高11.5%。内蒙古自治区第二产业的比重高,但就业结构的比例却较低,这两者相比,显示了极为不匹配的结构失衡现象,见表1-5。截至2012年底,内蒙古自治区三次产业就业结构为44.7:18.1:37.2,第二产业就业变化不大,而第一产业和第三产业交叉变化,这说明,就业能力与三次产业结构不匹配特征进一步凸显。

表 1-5　2005 年和 2010 年三次产业就业结构对比　　　　　　　　单位:%

地区	年份	第一产业从业人员数占就业总人数的比重	第二产业从业人员数占就业总人数的比重	第三产业从业人员数占就业总人数的比重
内蒙古	2005	53.8	15.6	30.5
	2010	48.2	17.4	34.4
全国	2005	44.8	23.8	31.4
	2010	36.7	28.7	34.6

资料来源:内蒙古宏观经济监测预测系统。

四、内蒙古自治区产业投资战略重点的确定

自治区党委提出的"8337"发展思路是内蒙古自治区"十二五"以及"十三五"时期社会经济发展的主要任务,是使内蒙古自治区由欠发达地区迈向发展中地区甚至达到发达地区经济发展水平的关键机遇和重要抓手。伴随着工业化、城镇化的推进,如何全面落实"8337"发展思路,尤其是着力打造"五个基地、两个屏障到一个桥头堡和沿边经济带",一个重要的手段或途径就是要通过投资的产业布局和优化投资结构加以实现。

(一)内蒙古自治区产业投资战略重点确定的背景分析

1."8337"发展思路是内蒙古自治区投资战略重点确定的重要依据

2013 年 3 月 19 日,在全区传达贯彻全国两会精神干部大会上,自治区党委、政府,提出了"8337"的发展思路。"8337"发展思路,着眼于在我国西部地区率先全面建成小康社会的目标,立足于内蒙古自治区欠发达的基本区情,抓住了内蒙古自治区推动科学发展的突破口和着力点,具有很强的针对性和指导性,是内蒙古自治区当前和今后一个时期发展的目标方向。选择"8337",是保障国家能源安全、有效缓解国家能源供需矛盾和提高内蒙古自治区资源利用水平、实现可持续发展的客观要求;是内蒙古自治区借助科技抢占产业发展制高点和推动传统产业新型化、新兴产业规模化、支柱产业多元化的迫切要求;是保障国家粮食和农畜产品安全供应、促进内蒙古自治区产业结构调整和改善民生的客观需要;是做优一产、做强二产、做大三产和培育新经济增长点、深化改革开放、发挥"三驾马车"协调拉动作用的迫

切要求。

因此,确定内蒙古自治区投资战略重点要紧紧以"8337"发展思路为核心。

2. 区情是内蒙古自治区投资战略重点确定的主要出发点

经历了三十多年的经济快速发展,内蒙古自治区突出的社会和经济矛盾是:资源型产业已形成规模,但初级产品居多;非资源型产业、新型产业发展刚刚起步,产业结构单一的瓶颈亟待突破;传统产业基础扎实,但产业低端化特征明显;城、乡居民收入连年位居西部第一,但两项收入均未达到全国平均水平;生态建设已见实效,但生态脆弱的现状没有改变;草原文化内涵厚重,但体现文化特色的旅游业却亟待做大;县域国内生产总值虽已占全区总量的59%,但全区还有约一半旗县的经济总量未达到百亿元,旗县财政收入不到10亿元的还有52个,全区尚有31个国家级贫困县和26个自治区贫困县;东西发展不平衡、城乡发展不平衡成为实现区域协调和城乡一体化的最大障碍,县域经济、非公经济亟待发展壮大。

以上结构性矛盾正是欠发达地区的显著特征,也是投资三次产业结构演进规律的主要表现。任何一个国家或地区,由欠发达地区迈向发展中地区并最终走向发达地区均强调了投资是经济增长的主要推动力。因此,认清区情、理性把脉,确定重点产业,充分发挥投资的拉动作用是内蒙古自治区经济发展实现质的跨越的关键。

3. 调整产业结构和产业升级是内蒙古自治区投资战略重点确定的重要抓手

产业结构与经济发展密切相关,产业结构不断优化升级是经济发展的一般规律,合理的产业结构是国民经济持续发展的重要保证。世界经济发展的历史已经表明,经济的高速增长总是与产业结构的适时调整相伴而生,产业结构转换能力的强弱决定着一国的经济兴衰和实力对比。积极推动产业结构向合理化、高级化演进,增强产业结构转换能力,以结构优化求速度、求效益,已成为当今世界各国尤其是发展中国家及地区普遍追求的目标。当前内蒙古自治区持续、稳定的经济增长主要依赖于增加生产要素的投入和物质的消耗来推进,经济的发展也因此形成了高投入、高污染、高消耗的典型粗放式模式,经济增长与能源消耗和环境污染的矛盾日益尖锐突出。尤其是产业发展存在的深层次问题:资源型产业比重过高,且产业链和价值链都还处在中低端(尤其是绿色资源远远没有做大做强;草原文化产业和农畜产品加工产业发展空间巨大);自主创新能力显著不强;已经确定的主导产业规模还不够大、水平还不够高;产品的市场份额还不够大,品牌产品少、规模小,竞争力还不够强;产业中企业之间还没有形成最佳配置,产业分工还需要进一步深化、专业化;产业链还需要进一步构建和完善,产业集群优势尚需进一步培育。

第一章 内蒙古自治区产业投资结构运行分析

加快产业结构的调整和产业升级是内蒙古自治区当前和今后一个时期发展的目标方向,是"8337"发展思路的主要着力点。要实现这一目标,需要在创新驱动的条件下通过投资手段加以实施,并始终通过投资的方式加以解决。

4. 加快实施创新驱动发展战略是确定内蒙古自治区投资战略重点的重要推手

党的十八大明确提出要实施创新驱动发展战略,强调科技创新是提高社会生产力和综合国力的战略支撑,必须摆在国家发展全局的核心位置。根据联合国教科文组织对科技创新能力的认定和世界各国发展的一般规律,研究开发经费占GDP不到1%的国家和地区,缺乏创新能力;在1%~2%的国家和地区,会有所作为;大于2%的国家和地区,创新能力比较强。内蒙古自治区的研究开发经费投入占GDP比重从2001年开始逐年上升(见表1-6),以后虽逐年上升,但增幅相当缓慢,而且始终没有达到1%的水平,在全国31个省市自治区中排列28~29位,还不如宁夏(0.78),在其后的是贵州、新疆、海南、西藏等省、市、自治区。

表1-6 内蒙古自治区R&D投入强度(占GDP比重)

项目	年份	2002	2003	2004	2005	2006	2007	2008	2009	2010	2011	2012
全国	R&D支出(亿元)	1287	1539	1966	2450	3003	3710	4616	5802	7062	8687	10298
全国	比重(%)	1.23	1.31	1.23	1.34	1.42	1.49	1.54	1.70	1.75	1.84	1.98
内蒙古	R&D支出(亿元)	4.8	6.4	7.8	11.7	16.5	24.2	33.9	52.1	63.7	85.2	101
内蒙古	比重(%)	0.28	0.30	0.28	0.31	0.34	0.40	0.44	0.52	0.55	0.59	0.64

资料来源:根据《全国科技经费投入统计公报》(历年)整理。

确定战略性新兴产业、加快产业结构调整和升级等一系列经济发展方式的转变必须依靠科技创新才能实现,而科技创新又必须依靠投资得以推进。因此,内蒙古自治区必须加大科技投入强度,加快实施创新驱动发展战略,并把推动科技创新作为全社会共同奋斗的目标。

(二)内蒙古自治区产业投资发展战略重点的确定

1. 内蒙古自治区产业投资发展战略重点确定的依据

(1)《内蒙古自治区"十二五"规划纲要》(2011~2015年)。

(2)《国务院关于进一步促进内蒙古自治区经济社会又好又快发展的若干意

见》(国发[2011]21号)。

(3)"8337"发展思路(2013年3月19日)。

2. 内蒙古自治区产业投资战略重点

(1)科技创新投资战略。实施科技创新投资战略可以提升内蒙古自治区所有的产业升级和结构调整,能够培育战略性新兴产业的发展,尤其是作为国家级重要的能源基地,可有效实现能源的可持续发展,这对于破解"8337"发展思路提出的把内蒙古自治区打造成为国家重要的清洁能源输出基地来说至关重要。例如,作为依靠能源经济发展的内蒙古自治区而言,实施科技创新投资战略的意义在于:①以科技创新促进转型升级,以转型升级推动科学发展,是破解能源经济发展面临深层次矛盾的根本途径;②创新驱动是改变资源和环境约束的现实需要;③创新驱动是加快转变能源行业发展方式的关键环节;④创新驱动是提升内蒙古自治区能源企业国际竞争力的必然选择。为此,实施科技创新投资战略,必须加大对科技的投入,坚持以政府投入为主导的科技投融资体制,激活科技的活力,让科技创新真正成为:引领清洁、低碳发展;提升核心竞争力;做强优势产业;构建"产、学、研"结合新模式。

(2)战略性新兴产业投资战略。国务院将战略性新兴产业定义为以重大技术突破和重大发展需求为基础,对经济社会全局和长远发展具有重大引领带动作用的知识技术密集型产业。当前,被列为重点投资的战略性新兴产业有节能环保产业、新一代信息技术产业(云计算)、生物产业、高端装备制造产业、新能源产业、新材料产业和新能源汽车产业。为此,2013年5月,内蒙古自治区党委召开战略性新兴产业发展领导小组会议,研究《内蒙古自治区战略性新兴产业发展规划(2013～2020年)》,到2015年,内蒙古自治区战略性新兴产业形成稳步发展、重点推进的产业格局,对产业结构调整和升级的推动作用明显增强,增加值占国内生产总值的比重力争达到8%左右。到2020年,全区战略性新兴产业增加值占国内生产总值的比重力争达到15%左右。将新材料(包括稀土功能材料)、高端装备制造产业、节能环保、煤清洁高效利用产业培育成为全区经济发展中的支柱产业;将新能源、生物、新能源汽车培育成为先导产业。

(3)生态安全与环保投资战略。内蒙古自治区是我国重要的能源基地。开发利用内蒙古自治区丰富的能源、矿产资源,是现阶段发达地区进入内蒙古自治区地区实施产业转移的主要动机。特别是在2003年、2004年之后,全球能矿资源价格飞涨,煤炭、有色金属和水电资源开发的暴利,诱惑愈来愈多的包括东部资本在内的一些资金流入内蒙古自治区,从事能源、矿产资源的勘察、开采和交易活动。此外,高耗能产业在内蒙古自治区的迅猛发展,虽然推动了内蒙古自治区工业、出口乃至整个地区经济的高速增长,但其高消耗、高排放、高污染的产业特征也使其成为污染内蒙古自治区环境的主要力量。这种势头使内蒙古自治区的生态资源环境面临着空前广泛而高强度的开发压力,再加上内蒙古自治区迫于发展的压力,环境标准低,制度不健全,管理不到位,寻租现象严重,能源、矿业市场泛滥的资金和过热的投资造成对内蒙古自治区资源的粗放、无序开发和过度利用,由此引发了一系列的生态安全问题。

"8337"发展思路明确提出把内蒙古自治区建成体现草原文化、独具北疆特色的旅游观光、休闲度假基地和我国北方重要的生态安全屏障,就必须大力发展环保产业、绿色产业。为此,确定生态安全与环保投资战略的宗旨意在重点发展环保产业,并加大对绿色产业投资的力度,可有效实现生态安全和构建独具北疆特色的旅游观光、休闲度假基地。

(4)主导型产业升级投资战略。在产业结构升级过程中要求实行合理的产业投资政策。针对内蒙古自治区大力发展的优势特色产业、战略性新型产业、煤资源型产业及现代服务业等领域,要在把握好国家产业政策导向的基础上,结合内蒙古自治区区情,制定切实可行的产业政策并突出重点领域和行业。在优势特色产业中,要继续发展好能源、农畜、有色等在全国已经具有较强比较优势的行业;在战略性新型产业中,要着重培育新能源、新材料、生物等既是国家鼓励发展的又适合内蒙古自治区资源禀赋的行业;在非资源产业中,要着重培育汽车、装备制造、环保、轻纺等内蒙古自治区已具有一定产业基础的,而且有较大市场潜力的行业;在现代服务业中,要优先发展生产性服务业、旅游业、文化产业及金融业等,这些行业既有利于提升内蒙古自治区服务业层次,又会带动内蒙古自治区工业的提质升级。确定主导型产业升级投资战略,完全符合"8337"发展思路,在确立多元化发展的主基调下,重点发展支柱型产业,通过投资的手段,加快支柱型产业升级和结构优化,以此确保支柱型产业的做强和做大。

(5)草原文化产业大发展投资战略。文化是民族凝聚力和创造力的重要源泉,是综合国力竞争的重要因素,是经济社会发展的重要支撑。内蒙古自治区历史悠久,文化底蕴深厚,草原文化是中华文化的重要组成部分。在全面建设小康社会的关键时期,促进内蒙古自治区文化事业全面繁荣和文化产业快速发展,对于加强民族团结、巩固边疆稳定、转变经济发展方式、增强地区综合实力、保障国家文化安全、实现全面建设小康社会奋斗目标,具有重大意义。如今,发展文化产业已经上升为国家战略。在内蒙古自治区十一届人大四次会议上提出:"自治区经济、社会、文化和民生发展还很不协调,经济发展主要依靠第二产业拉动,第三产业发展始终偏弱。而第三产业中的文化产业,其增加值仅占全区GDP比重的1.08%,远低于全国2.5%的平均水平。要实现'十二五'期末文化产业增加值达到1000亿元、占全区GDP比重4%的目标,必须寻求快速发展路径。"然而,由于资金供给的不足,导致内蒙古自治区文化产业发展相当缓慢。依据《内蒙古自治区"十二五"文化发展规划》确定的奋斗目标和五项重大任务以及内蒙古自治区政府于2010年初提出的"文化产值占地区生产总值的比例到2015年达到4%的目标测算",到2015年,内蒙古自治区构建文化产业体系每年至少需投入100亿~150亿元人民币(按不变增长率计算),才能实现占GDP 4%的目标。

第二章 内蒙古自治区产业投资的金融环境分析

加快实施"8337"发展思路,加快推动产业转型和升级,关键是要实现投资资源在不同部门、不同地区、不同产业间的重新配置和优化,而优化资源配置是金融市场的一项基本功能。因此,不论是对资源增量的重新投入,还是对已有资源的重新配置,都离不开强有力的金融支持。

一、内蒙古自治区金融业发展现状分析

进入"十二五"以来,全区金融业走过了经济带动金融发展阶段,进入了经济和金融良性互动发展阶段,金融发展对实体经济的推动作用不断增强,已成为自治区重要的新兴产业。

(一)金融组织体系逐步健全

近年来,全区累计引进金融机构30多家,地方性金融企业发展势头良好,内蒙古自治区银行正发展成为全区性商业银行,包商银行在区内外设立了13家分支机构、18家村镇银行和1家贷款公司,资产突破1000亿元,正在向全国性商业银行发展,鄂尔多斯市商业银行更名为鄂尔多斯银行,乌海市城市商业银行更名为乌海银行,已经成为区域性股份制商业银行。截至2012年末,内蒙古自治区经过引进和培育本地金融机构,已形成由国有商业银行、股份制商业银行、城市商业银行、农村合作金融机构、新型农村金融机构以及政策性银行等943家机构所组成的金融机构体系,初步形成了结构合理、功能完备的现代金融组织体系,见表2-1。

表2-1 2012年内蒙古自治区各类金融机构数

金融机构	数量(家)
国有商业银行和政策性银行	7
股份制商业银行	8
外资银行	2
城市商业银行	4
新型农村金融机构	52
农村商业银行	3
农村合作银行	7
旗县统一法人社	81
信托公司	2
资产管理公司	3
银联卡服务机构	2

续表

金融机构	数量(家)
人寿保险公司	15
财产保险公司	17
证券公司	3
证券营业部	59
期货公司	1
期货营业部	9
中小企业信用担保公司	206
小额贷款公司	462
合计	943

资料来源：内蒙古银监局。

(二)金融资产规模逐步扩大

1. 银行业务总量大幅增长

进入"十二五"以来，内蒙古自治区金融业经营规模出现了大幅增长。截至2012年底，内蒙古自治区金融机构人民币各项存款余额达13612.72亿元，全年新增1549.47亿元，比2011年末增长12.8%，较2011年末增速回落4.6%。金融机构人民币各项贷款余额11284.2亿元，全年新增1541.71亿元，比2011年全年新增贷款少300多亿元，比2011年末增长16%，较2011年末增速回落6.8%。见图2-1、图2-2。

2. 证券业发展潜力巨大

从"十一五"时期以来，内蒙古自治区资本市场从无到有，从小到大，上市公司数量逐年增加，直接融资比重逐步提高，债券、期货市场也有一定的发展，区域资本市场初具规模。截至2012年底，全区共有28家境内外上市公司，其中在主板上市的A股有21家，创业板上市的有3家、香港上市的有2家、境外上市的有2家。此外，通过采取激活存量与扩大增量相结合、多层次资本市场与多板块上市相结合、引进来和走出去相结合，先后有30家企业通过发行企业债券、可转债、短期融资券、中期票据等在债券市场融资。全区累计实现资本市场融资812.8亿元。

图 2-1　内蒙古自治区金融机构人民币存款余额及增速

资料来源:内蒙古银监局(2013)。

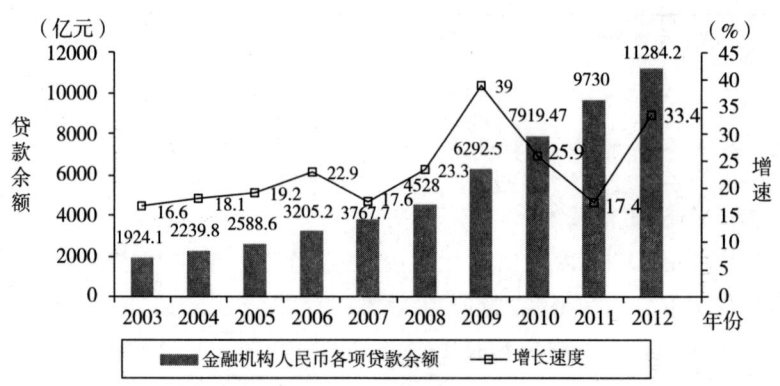

图 2-2　内蒙古自治区金融机构人民币贷款余额及增速

资料来源:内蒙古银监局(2013)。

3. 保险功能逐步完善,农业保险保障能力提高

内蒙古自治区保险业持续健康发展,保险机构经营效益显著提高,保障服务功能日益增强,险种结构不断优化。截至 2011 年末,全区省级保险机构达到 32 家,保险分支机构达到 1765 家,保险从业人员达到 8.4 万人。2011 年实现保费收入 229.8 亿元,同比增长 15.6%,高于全国 5%,是 2005 年末的 3.8 倍,年均增长率达到 26.88%;赔付支出 71.2 亿元,同比增长 19.8%,是 2005 年末的 5.0 倍,年均增长率达到 34.0%。保险密度由 2005 年的 256 元增加到 2011 年的 952 元,保险深度由 2005 年的 1.4%提高到 2011 年的 1.8%,见图 2-3。

第二章　内蒙古自治区产业投资的金融环境分析

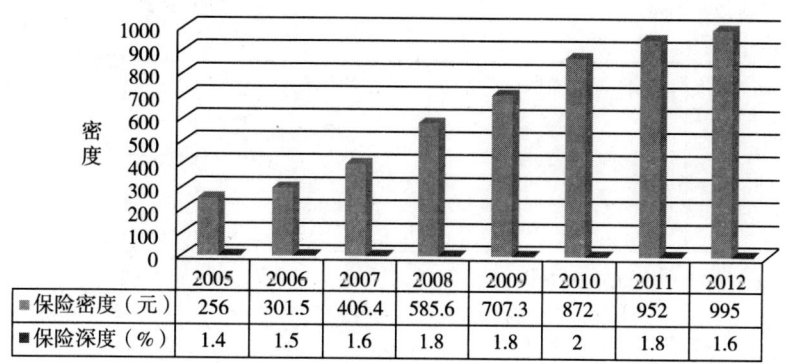

图 2-3　内蒙古自治区保险密度与深度增长情况

资料来源：根据内蒙古保监局各年统计数据公报整理。

（三）金融对经济增长的贡献度进一步提升

进入"十二五"以来，内蒙古自治区金融业增加值达到 346.44 亿元，占到服务业增加值的 8.2%，比"十一五"初提高了 3.3%，"十一五"期间年均增长 21.8%（见表 2-2），超过地区生产总值增长速度，进入"十二五"以来，继续保持快速增长态势，达到 447.46 亿元，实现了金融业与地方经济社会发展的良性互动，金融业已成为支持地方经济社会发展的重要力量。

表 2-2　内蒙古自治区金融业增加值、增长速度及占第三产业比重变化情况

年份	金融业增加值（亿元）	增长速度（%）	占第三产业比重（%）
2003	27.8	2.1	3.7
2004	55.9	5.6	4.4
2005	67.5	17.2	4.4
2006	105.3	26.5	5.7
2007	137.8	26.6	6.3
2008	219.1	20.2	6.8
2009	291.1	34.2	7.9

续表

年份	金融业增加值(亿元)	增长速度(%)	占第三产业比重(%)
2010	346.44	10.8	8.2
2011	447.46	29.2	8.9
2012	502.01	10.86	8.9

资料来源:《内蒙古统计年鉴》(2013)。

(四)征信系统建设取得重要进展,信用环境得到显著改善

企业和个人征信系统已经覆盖了全区除农村信用社以外的所有金融机构。截至2011年底,内蒙古自治区企业征信系统为13.7万户企业建立了信用档案,企业信用报告累计查询27.6万次;个人征信系统为1030万个自然人建立了信用档案,个人信用报告全年累计查询354万次;累计征集中小企业信用信息3.3万户,取得银行授信意向1.4万户,6240户获得贷款;为全区240万农户建立了信用档案,评定信用农户190万户,其中189万农户获得贷款。中国人民银行呼和浩特中心支行还围绕服务"三农三牧",把支持农村牧区青年创业成才和信用体系建设结合起来,出台了"贷款优先、额度放宽、手续简便、利率优惠、期限延长"等一系列措施,推动农村牧区青年信用示范户创建工作。2011年,内蒙古自治区共评选500多名青年信用示范户,累计发放信用示范户贷款1600万元。

二、内蒙古自治区主体产业发展的投融资瓶颈分析

由于内蒙古自治区金融业处于传统金融业向现代金融业转型时期,金融业推动金融资本向产业资本转化的效率还不高,金融资源优势还难以有效转化为产业发展优势,在结构、质量、效益等方面,与内蒙古自治区经济发展极不匹配,与西部大开发、县域(区域)经济发展和内蒙古自治区加快产业转型升级的要求相比,还存在许多亟待解决的问题。

(一)金融支持产业转型和升级动力不足

1.资源依赖型的产业结构制约了金融资源的有效配置

能源经济与能源金融的景气度高度关联制约了金融的创新发展。近几年,由

于内蒙古自治区能源产业的行业利润和回报率相当可观,银行信贷资金高度集中在以煤炭为主的能源行业,尤其是鄂尔多斯市和乌海市,贷款中的80%资金投入能源行业。信贷资金高度集中在能源产业,增加了信贷资金风险管理压力,导致能源产业与能源金融景气度高度关联,金融政策与能源产业政策之间的相互制约作用越来越大,金融资金效益受制于能源产业效益,能源产业效益又受制于金融政策的调整和变化。这种双重制约性既不利于能源产业链的优化升级,也不利于提高信贷资金的使用效率。

2.金融资源配置不合理,加大了产业结构的失衡

金融机构在经济发展中的定位不准,无序竞争,内部机制不灵活以及地方政府短期利益的追逐导致金融资源配置中的盲目性和风险性,使得金融资源过度投向能源产业建设方面,导致了内蒙古自治区产业结构的失衡。在能源产业建设中,对能源开采阶段投入大,而能源产业的深加工和技术改造投入明显不足,进而制约了能源资源产业链的提升。特别是由于信贷资金的错配,大部分资金流向能源企业的基本建设项目和一次性资源的开采方面,对于能源企业的技术改造和节能环保投入明显不足,金融资本过度集中在粗放型能源工业发展上,造成了严重的资源浪费和环境污染。

3.经济金融化程度低,制约了产业结构的转型和升级

内蒙古自治区作为国家重要能源、资源基地,发展后劲不断增强,经济发展主要指标均居全国前列。近年来,凭借着丰富的煤炭、天然气、有色金属、乳、肉、绒毛等资源,初步形成了能源、冶金、化工、农畜产品加工、装备制造和高新技术产业六大优势特色产业,"十一五"期末六大优势特色产业增加值占规模以上工业增加值的80%以上。然而,内蒙古自治区金融服务体系滞后,整体金融密集度较低,金融市场化程度低,尚未形成多层次、多元化的金融市场体系,严重制约了主导产业的发展和产业链的提升。2011年末,全区金融资产总量为1.3万亿元,与区内生产总值之比为108%,全国金融资产总量94.3万亿元,与国内生产总值之比为237%,内蒙古自治区金融资产相关率不到全国的一半,特别是占全区GDP 60%以上的呼和浩特—包头—鄂尔多斯"金三角"地区,其GDP总量达到了北京市的40%、天津市的70%、上海市的30%,但"呼包鄂"地区金融机构数量和人均金融资源占有量还不到上述三个城市的1/3。此外,资本市场的功能没有得到有效的发挥,尤其是优质的上市公司融资能力较低,债权类和信托类金融产品占比较低,上市公司的规模、数量相对较少。保险业在工业生产中的风险释放功能没有得到充分发挥。由此可见,内蒙古自治区金融业的发展严重滞后于经济的发展,将不利于

主要产业升级和转型,甚至所有产业的可持续发展,见表2-3。

表2-3　内蒙古自治区法人金融机构占全国比重

金融机构	全国数量(家)	自治区数量(家)	占比(%)
股份制商业银行	12	0	0
外资银行	40	0	0
城市商业银行	147	4	2.7
新型农村金融机构	395	52	13.2
农村商业银行	85	3	3.5
农村合作银行	223	7	3.1
旗县统一法人社	2646	81	3.1
信托公司	63	2	3.2
人寿保险公司	36	0	0
财产保险公司	38	0	0
证券公司	109	2	1.8
期货公司	163	1	0.6
证券投资基金管理公司	66	0	0

资料来源:内蒙古银监局(2012)。

(二)金融体制的缺陷致使存贷差越来越大

受制于体制的约束,国有商业银行吸收的各项存款均由总行统一配置金融资源,这样,存贷差越大,本地区流失的资金越多,金融支持本地区经济发展的强度就越低。在内蒙古自治区金融组织机构格局中,国有商业银行占据了80%的市场份额,尤其是四大国有商业银行凭借着便利的营业网点,吸纳了90%以上的本地存款,而地方本级银行由于发展滞后,营业网点少,竞争力差,吸储能力较低。依据历年存贷差数据,内蒙古自治区各项存贷差的变化出现了逐年递增态势,尤其是2008年以后,存贷差越来越大,2009年的存贷差比2008年增长了14.7%,2010年存贷差比2009年增长了13.35%,其中2012年的存贷差比2011年全年的存贷差增长了7.29%,见表2-4。

表2-4 内蒙古自治区各项存贷款余额与存贷差比较　　　　　　单位：亿元

年份	2001	2002	2003	2004	2005	2006	2007	2008	2009	2010	2011	2012
存款余额	1498	1735	2090	2576	3298	4036	4953	6341	8373	10278	12132	13299
贷款余额	1470	1649	1924	2239	2588	3205	3767	4527	6292	7919	9813	10811
存贷差	28	86	166	337	710	831	1186	1814	2081	2359	2319	2488

资料来源：《内蒙古统计年鉴》(2011)，2012年数据来自中国人民银行呼和浩特中心支行。

此外，内蒙古自治区金融业营业规模有限，虽然占全国的比重有所提高，但所占比重小、影响力有限的总体形势仍然没有改变。内蒙古自治区存款余额不到全国1.5%，尤其是在2012年，比2011年下降了0.05%，不增反降；贷款余额不到全国1.8%，远低于内蒙古自治区GDP占全国的比重，见表2-5。

表2-5 内蒙古自治区存款、贷款余额及占全国比重

年份	存款余额（亿元）		比重（%）	贷款余额（亿元）		比重（%）
	全国	内蒙古自治区		全国	内蒙古自治区	
2005	287169.5	3298.2	1.15	194690.4	2588.6	1.33
2006	335459.8	4036.6	1.20	225347.2	3205.2	1.42
2007	389371.2	4953.7	1.27	261690.9	3767.7	1.44
2008	466203	6341	1.36	303394.6	4527.9	1.49
2009	597741	8373.7	1.40	399684.8	6292.5	1.57
2010	718233	10278.7	1.43	479196	7919.5	1.65
2011	809369	12064	1.49	547945	9730	1.78
2012	942965	13612	1.44	630136	11284	1.79

资料来源：《中国统计年鉴》(2013)和中国人民银行呼和浩特中心支行。

（三）金融支持科技创新不足，制约了产业升级和转型的进度

内蒙古自治区经济结构正处于工业化和城市化加速发展时期，产业结构调整和消费结构升级进一步加快，为内蒙古自治区发挥资源优势，承接产业转移，全面提升产业分工地位，发展壮大产业集群，优化经济结构带来了战略机遇。要实现粗

放型增长方式向集约型增长方式的转变,保持经济的可持续发展就必须依靠科学技术创新。而科技发展在内蒙古自治区除了受到体制因素制约外,面临最大的问题是资金支持问题。然而,在内蒙古自治区科技创新体系建设中,因缺乏多层次的金融支撑体系、缺乏自主增长的财政科技投入机制和企业自主创新投入动力不足等因素严重制约了内蒙古自治区科技创新能力的提升,进而制约了产业的升级和转型。

(四)全方位构建现代金融支撑体系不足

无论是产业转型还是产业升级,必将对金融业提出更高的需求。由于产业升级的高投入、高风险和有较强的公共性、外部性,因此,只有建立和完善有效的金融支持体系,才能全方位地满足产业转型和升级的金融需求。内蒙古自治区属于欠发达地区,金融服务体系滞后,金融市场化程度和金融密集度低,至今尚未形成多层次、多元化的金融市场体系,严重制约了经济转型和产业升级。目前金融对产业转型和升级的支持作用仍十分薄弱。主要表现为:一是由于考核机制存在缺陷,流程设计仍不完善,信贷投向存在偏差和利率结构不尽科学,国有商业银行不能满足产业转型和升级的融资需求;现有的三大政策银行与产业转型和升级项目或企业融资之间并无直接联系,大部分项目和企业难以从政策性银行获得融资支持。此外,内蒙古自治区的金融机构改革和建设仍然滞后,它们之间因业务范围、竞争结构的不同,没有形成有机的竞争互补机制,难以对产业转型提供充足的信贷资金支持。二是由于内蒙古自治区的金融市场化程度和金融密集度低,金融服务体系建设严重滞后:①银行组织机构的格局严重失衡,国有商业银行比重大、地方商业银行比重小;②证券服务机构严重偏小,全区共有证券公司6家,其中只有两家属于本地区,且规模小、业务单一,无法满足内蒙古自治区的融资需求(更主要的是总部已迁移北京);③保险市场发展滞后,在全区已开业保险省级分公司25家中,无一家属于本地区,其显著特点是业务单一、创新性不足、保险覆盖面窄。三是直接融资的比重不高、项目融资等新兴融资工具使用率低以及风险投资的缺乏,极大地收窄了产业转型和升级的融资渠道。主要表现在:资本市场的功能没有得到有效发挥,尤其是优质的上市公司融资能力较低,上市公司的规模、数量相对较少;债权类和信托类金融产品占比较低;产权交易市场发展规模偏小,发展速度缓慢;风险资本市场建设滞后,私募股权投资发展不足,各类投资基金寥寥无几,尤其是私募股权投资基金、节能减排基金、新能源发展基金等基本空白。四是由于缺乏风险补偿机制和社会担保体系,面对区域规划科学评估的复杂性、项目投资收益与风险的不确定性及不对称性,资金趋利避险的本性导致资金难以快速、有效地支持产业转型的发展,加之整体社会信用环境不佳,极大地制约着对产业转型和升级的金融支持。由此可见,内蒙古自治区金融市场的发展严重滞后于经济的发展,将非常不利于所有产业转型和升级的可持续发展。

(五)地区发展水平不平衡

内蒙古自治区金融业地区之间发展不平衡,相对于西部地区而言,东中部地区金融发展水平和层次较低。以2010年的信贷投放为例,"呼包鄂"地区的各项贷款占了全区的59.7%,而东部地区的兴安盟各项贷款仅占全区的1.8%,经济发展不平衡导致金融发展不平衡,金融发展不平衡又反过来制约经济的发展,成为恶性循环,见表2-6、图2-4、图2-5。另外,内蒙古自治区中心城市和广大县域之间金融发展不平衡,出现了明显的金融城乡二元结构。因而,东部地区在产业升级和转型过程中遇到了更大的融资瓶颈。

表2-6　2010年末内蒙古自治区各盟市存贷款余额比较　　　　单位:亿元

地区	各项存款余额	新增额	各项贷款余额	新增额
呼和浩特市	2562.9	585.1	1539.4	347.79
包头市	1705.6	209.4	1037.3	223.24
乌海市	411.5	80.8	279.6	62.05
赤峰市	879.4	159.0	465.9	70.4
呼伦贝尔市	762.3	114.1	430.5	103.09
兴安盟	234.4	46.0	124.1	3.22
通辽市	479.4	87.4	464.0	59.82
锡林郭勒盟	355.5	81.5	308.8	76.54
乌兰察布市	426.3	75.9	241.1	30.43
巴彦淖尔市	459.3	64.9	346.4	65.44
鄂尔多斯市	1754.8	409.4	1562.0	359.02
阿拉善盟	148.3	23.3	137.2	21.68

资料来源:根据中国人民银行呼和浩特中心支行公布数据整理。

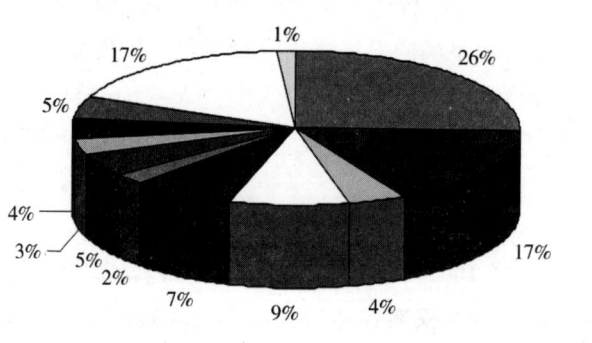

图 2-4　2010 年内蒙古自治区各盟市存款余额

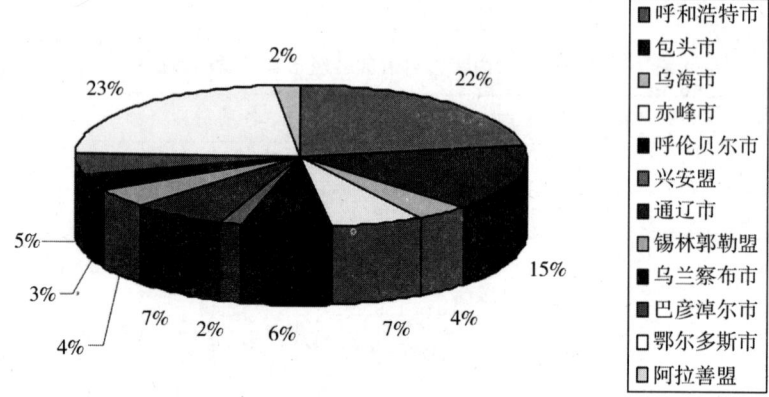

图 2-5　2010 年内蒙古自治区各盟市贷款余额

(六)民间借贷有待规范

目前,在内蒙古自治区个别地区民间借贷非常活跃,其中,鄂尔多斯地区尤为突出。据多个研究机构和部门调查测算,鄂尔多斯民间借贷规模超过了 2000 亿元,成为西北地区重要的民间借贷集散地。鄂尔多斯民间借贷出现的最大风险隐患在于贷款期限短、利率高,且大量贷款资金流向房地产行业,致使鄂尔多斯地区房价持续高涨,集聚了大量的价格风险。另外,在内蒙古自治区广大农村牧区普遍存在民间借贷现象,民间借贷虽然解决了农村牧区的资金需求,但也存在借贷行为不规范,利率过高,增加了贷款人的还款压力,个别地区引发了贷款纠纷产生的群体性事件,成为影响社会稳定的因素。

第三章

内蒙古自治区战略性新兴产业投资报告

　　战略性新兴产业是以重大技术突破和重大发展需求为基础,对地区经济社会全局和长远发展具有重大引领带动作用,知识技术密集、物质资源消耗少、成长潜力大、综合效益好的产业。从其战略性来讲,战略性新兴产业必须在区域经济中具有战略地位,具有能够成为一个国家或地区未来经济发展支柱的可能性,对经济社会发展具有重大影响;新兴的"新"是以科技创新为核心,而"兴"是指技术的先导性,产业的辐射性,经济的带动性,发展的可持续性,占领竞争制高点的可能性;"产业性",即把新技术、新材料产业化,有利于提高劳动生产率,有利于实体经济的发展。

第三章 内蒙古自治区战略性新兴产业投资报告

一、内蒙古自治区战略性新兴产业发展现状

2012年内蒙古自治区政府根据《加快培育和发展战略性新兴产业的实施意见》,立足自治区产业基础、创新能力和资源禀赋,坚持有所为有所不为,确定了新材料、先进装备制造、生物医药、新能源、煤炭清洁高效利用、电子信息、节能环保和高技术服务业等重点新兴产业,提出到2015年战略性新兴产业增加值占国内生产总值的比重达到8%,2020年超过全国平均水平的目标,明确了提升区域自主创新能力和促进产业集聚发展的七项具体任务。

依据内蒙古自治区现有的新兴产业发展优势,本章主要阐述新能源、新材料和生物产业为内蒙古自治区优先发展的三大战略性新兴产业。

(一)新能源产业

内蒙古自治区作为资源优势突出的新能源基地,拥有丰富的风能资源和太阳能资源,具有土地资源、水资源和廉价电力供应等优势。依据《加快培育和发展战略性新兴产业的实施意见》,重点建设5个百万千瓦级风电基地和阿拉善盟、巴彦淖尔市、鄂尔多斯市、赤峰市、通辽市等太阳能发电基地,到2015年全区风电装机容量达到3000万千瓦、太阳能发电装机达到150万千瓦。

1. 风电产业

内蒙古自治区幅员辽阔,风能资源丰富。风能资源主要分布在典型草原、荒漠草原及荒漠区域。内蒙古自治区风能可开发容量超过1.5亿千瓦,占全国陆地风能资源储量的50%以上,被国家确定为"风电三峡"基地,内蒙古自治区规划建设的风电装机容量到2015年为3000万千瓦。截至2012年底,内蒙古自治区风电装机在全国率先突破了1000万千瓦大关,占全国风电总装机的32.2%,位居全国第一位。

2. 太阳能

内蒙古自治区的太阳能资源十分丰富,总辐射量在1740千瓦时/平方米·年以上的太阳能丰富地区和总辐射量在1400~1740千瓦时/平方米·年的太阳能较丰富地区所占面积为72万平方公里,约占全区总面积的61%。光伏并网发电技术尚处在刚刚起步阶段,目前已建成内蒙古自治区神舟硅业太阳能光电建筑100KWp光伏发电项目,正在建设的有呼和浩特市金山开发区5MWp并网光伏发电项目等。

（二）新材料产业

目前，世界上各种新材料规模每年已超过4000多亿美元，与新材料技术相关的产业部门年营业额突破了2万亿美元。新材料产业将是21世纪发展最快的战略性新兴产业之一。

1. 稀土产业

稀土资源产业是战略性产业，关系到国家的战略性新兴产业和国防科技工业，影响巨大。内蒙古自治区稀土资源丰富，居世界首位，已探明的稀土工业储量（REO）约为5738万吨，占全国稀土储量的80％以上，占世界稀土储量的50％以上。目前全区已能生产200多个品种、1000多种规格的稀土产品，成为全国乃至世界上最大的稀土原料供应基地，在全国稀土产品及世界稀土市场上均占有重要地位。

2. 硅产业

由于电子信息产业的快速发展和太阳能利用的不断推广，对多晶硅和单晶硅的市场需求日益旺盛，硅产业是一个典型的高载能产业。内蒙古自治区具有独特的硅资源优势，目前已经形成了年生产40万吨甲醇、80万吨硫酸、37万吨烧碱、20多万吨盐酸、近10万吨工业硅的能力，同时现有的铁合金生产能力由于工艺设备相似已经转化为工业硅生产能力。

3. 锗产业

锗是一种稀有元素，在地球上储量极少。目前，锗已成为高科技产品的重要原材料，在红外光学、光纤通信、电子器件、半导体超导材料、医疗保健等领域获得广泛应用。国际市场上二氧化锗价格昂贵，供不应求。锡林郭勒盟锗资源丰富，锗储量达3226吨，占全国可开采储量的65％，占世界探明储量的38％。当前，锡林浩特锗工业园区依托胜利煤田丰富的锗煤资源和中国有色研究总院、天津大学等知名科研院所的锗加工技术，进行锗产品精深加工，最终实现资源综合循环利用。随着企业的发展和技术水平的提高，锡林浩特市锗工业园将建设成为代表国内先进技术的最大的锗工业加工基地。

（三）生物产业

生物产业等高技术产业将是引领未来世界经济走出危机的主要力量，加快发展生物产业将是顺应世界科技发展潮流、迎接世界新一轮科技革命的到来，发挥内蒙古自治区生物资源优势、优化产业结构，努力开创内蒙古自治区创新型发展战略的抉择。

1. 生物医药产业

据资料显示,内蒙古自治区草原、沙区、林区产出的丰富动物、植物资源为发展生物制药产业提供了得天独厚的资源优势。内蒙古自治区是全国最大的中草药种植基地:蒙药材2230种、蒙药药品达5000余种,不仅在国内具有很高的声誉,而且在日本、韩国、俄罗斯等国十分畅销,生物医药企业大部分也都建设了自己的规范化中蒙药种植基地。

内蒙古自治区生物产业已具备一定产业基础。内蒙古自治区拥有国家级兽用生物疫苗工程研究中心、实验中心、生物胚胎移植国家高技术产业化示范项目等,初步形成了生物制药产业体系。龙头企业内蒙古兰太药业有限公司在联合国计划开发署的援助下,成功地从盐藻中提取生产出天然胡萝卜素,达到了世界先进水平,被国家绿色食品发展中心认定为绿色食品。内蒙古集宁生物制药厂与北京福麦特技术开发公司进行资产重组后,开发生产了国家三类新药复方鳖甲软肝片,目前年生产能力超过1亿片,销售收入突破亿元。在技术研发方面,内蒙古自治区有内蒙古大学、内蒙古农业大学、内蒙古工业大学、内蒙古医科大学等多所高校,科研力量较强,其中,生物科技基础理论研究的多项重要成果已达到世界领先水平。

2. 生物质能

生物质能是以生物为载体的一种可再生能源,是一种有效实施循环经济、节能环保、降低雾霾成分的新能源。在内蒙古自治区118万平方公里国土面积中,耕地面积只占到1/18,而荒漠化土地比例超过半数,宜农宜林荒山荒坡等占到1/10,利用这些土地种植文冠果、曼陀罗等高油脂非粮作物,会使这类边际土地发挥与农田一样的作用。据测算,每生产10万吨生物柴油相当于再造73万亩良田。以文冠果为例,内蒙古自治区现有种植面积200万亩,每年可转化为生产生物柴油100万吨以上,会形成50亿元的产业规模;沙生灌木资源非常丰富,现有灌木林总生物量2500多万吨,沙生灌木每年可利用生物量850多万吨,折合标准煤550多万吨。内蒙古自治区林区分散着大量的生物质资源,特别是农作物秸秆、林木采伐剩余物、畜禽粪便等。粗略估计,"十一五"期间内蒙古自治区林木采伐剩余物可获得生物质原料约为770万吨,折合标准煤500万吨,农作物秸秆约为1900万吨,折合标准煤920万吨,牲畜存栏1亿多头,畜禽年产粪便约1.2亿吨,折合标准煤5800万吨。通过发展生物质能产业,充分利用这类资源,会为农牧民带来巨大的经济效益。

内蒙古自治区是农、林、牧业大区,具有丰富的生物种类,发展生物质能具有广阔的前景。目前,内蒙古自治区已经建成发电项目8个,总装机容量23.2万千瓦,主要分布在鄂尔多斯市、赤峰市、巴盟、兴安盟等地。如投资3.3亿元建设的内蒙古自治区毛乌素2*12MW生物质热电厂是全国乃至全球首家利用沙生灌木平茬剩余废弃物进行直燃发电的示范项目,电厂已提前进入商业化运行阶段,累计发电量已达到3000万千瓦时,处于国内同等规模生物质热电厂前列。

二、内蒙古自治区战略性新兴产业发展问题与瓶颈分析

内蒙古自治区正处在经济结构转型和发展方式转变的关键时期,加快培育和发展具有内蒙古自治区特色的战略性新兴产业,是立足当前,着眼长远,科学谋划内蒙古自治区未来发展的重大战略举措,对于提升产业层次、发展非资源型产业,促进经济结构优化调整具有重要的带动作用。但是,内蒙古自治区资源丰富,资源依赖和工业重型化的惯性发展思维普遍存在,对发展战略性新型产业重视程度不够。为了统一思想,提高对发展战略性新兴产业重要意义的认识,2013年上半年,根据国家战略性新兴产业"十二五"发展规划,结合实际,内蒙古自治区专门编制了《内蒙古自治区战略性新兴产业发展规划(2013~2020年)》,进一步明确了培育和发展战略性新兴产业的发展目标、发展路线图和重大工程。

(一)内蒙古自治区战略性新兴产业发展问题

2013年上半年,在国家和自治区政府的关心和支持下,内蒙古自治区推进战略性新兴产业发展工作取得显著成效。据初步估算,2013年1~5月内蒙古自治区战略性新兴产业总产值约为723.6亿元,增长5%。其中,先进装备制造业155.8亿元,增长6.1%;生物产业109.9亿元,增长19.1%;新能源产业138.2亿元,增长12.7%;煤炭清洁高效利用产业41.1亿元,增长32%;电子信息产业7.6亿元,增长45.7%;新材料产业232.5亿元,下降4.7%;其他产业38.5亿元,下降18.2%[1]。但是,由于起步晚,认识不到位,在发展中存在着产业基础薄弱、投入不足、层次较低、政策体制环境有待进一步优化等诸多问题。

1. 对新能源产业的布局缺乏统筹安排

内蒙古自治区发改委于2006年编制的《内蒙古"十一五"风力发电发展规划及2020年远景目标》,确定了2010年自治区风电装机达到500万KWH的目标,超

---

[1] 内蒙古发改委提供的数据。

过国家规划100万KWH。而实际上2010年风电装机突破了1000万KWH的大关,大大超过了自治区的风电规划。此外,内蒙古自治区已经出台了《内蒙古光伏产业发展纲要》、《内蒙古光伏产业发展框架协议》、《内蒙古光伏产业环境评估体系》等系列文件,在税收、投资补贴、电价、用地等方面对光伏给予优惠支持。但是由于缺少明细标准,使政策在执行过程中大打折扣,其效果并不理想。同时,配套法规和政策不完善,缺乏系统性和可操作性,运行机制有待改善。导致新能源产业出现了多头管理、政出多门、协调性差、效率低下、资金分散、重复建设等问题,不利于整个产业的健康发展。

2. 并网问题是风电产业发展的最大问题

当前内蒙古自治区风电装机容量已超过最高供电负荷的27%以上,但内蒙古自治区电网通过优化调度,白天风电都能够满足负荷运行。但是,到夜间低谷期,为保证城市居民供热,风电不得已采取全部"弃风"的措施。这便是当前风电发展中的最大瓶颈:不能全部上网。按照国家能源局公布的数据,内蒙古自治区目前约有1/3的风电装机处于闲置状态。出现这种情况既有体制上的原因,也有技术上的制约。

作为国家电力体制改革中特别保留的唯一自治区属电网,蒙西电网管辖着内蒙古自治区除蒙东赤峰、通辽、兴安盟、呼伦贝尔四个盟市之外其余8个盟市的电网建设等工作,这8个盟市同时也是内蒙古自治区主要的电力来源地,占内蒙古自治区发电总装机的60%。另外40%的发电装机来自上述蒙东4个盟市,由内蒙古东部电力有限公司管辖,后者是隶属于国家电网公司的省级电力公司(称蒙东电网)。蒙西电网相当于局域网,如果蒙西的富余电要想输送到其他地区,就只能通过国家电网。而国家电网一直有兼并蒙西电网的计划,因为内蒙古自治区的电力不但富余而且便宜,如果能把内蒙古自治区的电送到华中、华东等地,经济性远超从其他区域电网输电。因此,目前国网公司上报国家发改委的特高压外送通道方案,并未考虑与蒙西电网联网。两大电网公司的利益博弈,导致内蒙古自治区风电"窝电",而南方地区"缺电"。

3. 新能源产业的自主创新能力与科技成果转化不足

内蒙古自治区新能源产业的研发偏重单项技术突破,而缺乏综合解决方案。单从新能源产业链的各个环节上去攻克各种技术上的难题,但具体到实际应用,成功的案例却屈指可数。这也是目前制约我国新能源产业发展的重要因素。例如,在我国光伏产业中,关键材料与技术装备主要依赖国外进口,在多晶硅材料的制备、太阳电池的加工工艺、生产装备的制造以及系统工程与应用等领域的很多核心技术尚未形成自主知识产权,特别是多晶硅硅片表面的制绒工艺还在国外设备制造商的垄断之下。风电设备的制造技术也基本依赖国外,2010年7月,世界排名第一的风力发电设备生产商丹麦维斯塔斯公司位于呼和浩特市的工厂开工建设,建成后将在国内的风电设备市场上形成卖方垄断。

4. 生物企业规模相对较小

内蒙古生物产业在近十年的时间虽然发展比较迅速,但是整体规模较小,产值相对较低。内蒙古生物企业主要集中在生物制药方面,虽然部分生物医药企业已经具备了一定的生产规模,但是从整体上来看内蒙古生物制药企业规模相对来说还是比较小的。目前中国生物医药企业上市公司有四十多家分布在北京、上海、广东、安徽、贵州、云南、重庆等地,至今内蒙古自治区涉及生物制药的上市公司有内蒙古金宇集团和亿利集团。根据《2010中国医药统计年报》,内蒙古自治区尚没有医药企业进入2010年全国百强医药企业,百强医药企业主要集中在北京、上海、山东、浙江等产业发达地区,目前内蒙古尚无销售收入达10亿元的生物医药企业,内蒙古生物医药产业缺乏龙头企业。

5. 生物产业聚集度不高,缺乏统一专业的产业载体

聚集化发展是当今生物产业发展的重要趋势,但内蒙古自治区还存在产业集中度不够高的问题。以生物制药为例,医药产业的典型特征之一是持续的技术先导型产业,这就要求企业必须具有高产业集中度,使企业集中足够投资强度形成稳定的技术输出。在国家发改委批准建立的22个国家生物产业基地城市中,北京、上海、广州、深圳和长沙等地都规划建设了专门的生物产业园区,并采取一系列措施引导和促进生物产业在知识密集区域聚集化发展。从生物制药企业的总量规模上来看内蒙古自治区生物制药企业规模相对较小,大规模的生物制药企业数量稀少,这样很难形成产业的聚集。内蒙古自治区生物医药企业分布相对比较分散,主要分散在呼和浩特、鄂尔多斯和赤峰等地,虽然在呼和浩特金川经济技术开发区设有生物医药园区,但是该园区只有5家生物制药企业,呼和浩特的两家规模较大的生物制药企业,金宇宝灵生物制药有限公司和内蒙古双奇制药有限公司都分布在该生物医药园区之外。由于产业集中度较低,自然难以承担对科技创新活动的高投入带来的风险,难以提高生物制药产业的总体收益。

6. 尚未建立有效的产学研合作机制

内蒙古自治区生物技术已具备了一定的基础,在技术人才方面,内蒙古自治区有内蒙古大学、内蒙古农业大学、内蒙古工业大学、内蒙古医科大学等多所高校,科研力量较强。一些研发机构与部分生物企业之间建立了合作关系,将企业作为高

校、科研机构研发成果的产业化基地,但产学研合作联盟还远未形成,高校、科研机构与企业联合开发、共同合作的氛围还不浓厚,以至于许多优秀的科研成果流向外地实现产业化,影响了内蒙古自治区生物产业的发展规模和经济效益以及自主创新能力。空间邻近的企业与科研机构没有进行合作的原因有彼此间不信任、交流障碍和文化冲突、研发成果与产业化脱节等。有些研发机构开发的项目并不具备产业化前景,并且在运作机制方面与企业脱节,以至于使一些企业望而却步。

7. 促进产业发展的资金保障不足,融资渠道单一

内蒙古自治区生物企业的融资渠道主要通过政府资助、企业自筹和投资机构来融资。其中政府对生物产业的扶持力度很强,通过无偿资助、贷款担保等形式为企业拓宽了融资渠道,但对于高投入的生物产业而言,还远不能满足企业的需求。内蒙古上市生物产业公司数量稀少,各类直接融资渠道不畅,企业资金十分匮乏。风险投资机构的缺乏、资本市场不健全,使许多创业企业在研发和产业化过程中遇到了资金瓶颈,从而导致研发投入不足、技术成果转化率低的问题,束缚了内蒙古生物产业自主创新能力的提高。发达国家的经验表明,风险资本影响高科技产业创业阶段投资的主要来源。由于生物技术产业具有高投入、高风险等特征,许多生物技术企业尤其是中小民营科技企业缺乏风险资金的支撑,严重地制约企业发展,以致一些好的生物科技成果没有得到很好的开发。

(二)内蒙古自治区战略性新兴产业发展瓶颈

在国家和自治区政府的关心和支持下,内蒙古自治区推进战略性新兴产业发展工作取得显著成效。但是,由于起步较晚,发展基础比较薄弱,与相邻的山西、陕西相比,新兴产业发展相当缓慢,究其原因,制约内蒙古自治区战略性新兴产业发展问题的最大瓶颈就是科研创新能力的不足。

1. 科技投入不足是制约内蒙古自治区战略性新兴产业发展的最大瓶颈

考量一个国家或地区是否具有科技创新能力的主要指标是 R&D 经费投入的强度,其中,强度不足 1% 的被视为缺乏科技创新能力。内蒙古自治区的 R&D 经费投入占 GDP 比重如表 3-1 所示,2000 年为 0.24%,以后虽逐年上升,但幅度相当缓慢,而且始终没有达到 1% 的水平,在全国 31 个省(市、自治区)中排列 28~29 位,在其后的是海南、青海、西藏等省(市、自治区)。可见,内蒙古科技投入不足导致科技创新缺乏动力,严重制约了内蒙古自治区新兴战略产业的发展,这与内蒙古自治区提出的构建创新型内蒙古的"科技强区"战略极为不符,而且相差甚远。

表 3-1 内蒙古自治区 R&D 投入强度(占 GDP 比重)

项目	年份	2005	2006	2007	2008	2009	2010	2011	2012
全国	R&D 支出(亿元)	2450	3003	3710	4616	5802	7062	8687	10298
全国	比重(%)	1.34	1.42	1.49	1.54	1.70	1.75	1.84	1.98
内蒙古	R&D 支出(亿元)	11.7	16.5	24.2	33.9	52.1	63.7	85.2	101
内蒙古	比重(%)	0.31	0.34	0.40	0.44	0.52	0.55	0.59	0.64

资料来源:根据《全国科技经费投入统计公报》(历年)整理。

内蒙古自治区 R&D 经费投入的资金来源渠道主要有财政资金、银行信贷以及企业的自有资金。但这三项资金的投入均处于较低的发展水平。具体分析如下:

(1)财政投入渠道分析。"十一五"至"十二五"期间,内蒙古自治区科技财政支出呈现逐年增长态势,从 2001 年的 4 亿元增至 2011 年的 28.2 亿元,10 年翻了近 7 倍。但是,从财政科技投入的比重来看,科技财政拨款在财政支出中的比例却在下降,从 2001 年的 1.27% 下降到 2011 年的 0.94%,在"十一五"时期和"十二五"期间呈现逐年下降的趋势(见表 3-2)。

表 3-2 内蒙古自治区财政科技经费投入统计表

项目	年份	2001	2002	2003	2004	2005	2006	2007	2008	2009	2010	2011
R&D 经费	总投入(亿元)	3.9	4.8	6.4	7.8	11.7	16.5	24.2	33.9	52.1	63.7	85.2
R&D 经费	占 GDP 比重(%)	0.25	0.28	0.30	0.28	0.31	0.34	0.40	0.44	0.52	0.55	0.59
财政拨款	财政科技拨款(亿元)	4.0	4.6	5.1	5.0	7.0	7.9	9.1	15.4	17.4	21.4	28.2
财政拨款	占财政支出比重(%)	1.27	1.16	1.15	0.89	1.03	0.97	0.84	1.07	0.90	0.94	0.94

资料来源:《全国科技经费投入统计公报》(历年),内蒙古自治区财政厅(2012)。

(2)银行信贷投入渠道分析。近年来,科技与金融结合力度明显提高,其中,政策性银行和国有商业银行是内蒙古自治区科技创新投入的主要信贷支持来源。在全区各类贷款逐年增加的同时,对科技信贷的投入也明显上升。但在各类商业银行提供的贷款中,科技信贷的总额在全部信贷中的比例极其低下(见表 3-3)。截至

2012年底,科技贷款31.94亿元,占全部贷款余额的0.27%,尚不足0.5%的最低要求。

表3-3　内蒙古自治区科技信贷投入情况

年份 项目	2005	2006	2007	2008	2009	2010	2011	2012
信贷总额(亿元)	2618	3094	3803	4654	6292	8059	9917	11524
科技信贷(亿元)	1.04	1.9	4.9	7.73	12.85	21.56	23.86	31.94
占比(%)	0.04	0.06	0.13	0.17	0.20	0.26	0.24	0.27

资料来源:内蒙古自治区银监局.内蒙古自治区主要经济金融指标,2012。

(3)企业自主投入渠道分析。企业科技投入是内蒙古自治区科技经费投入的主渠道。从企业R&D经费支出的增长来看,呈现了强劲的增长态势,尤其是进入2006年以来,各类企业加大了科技创新的投入。但由于缺乏多元化的科技投入资金来源,致使企业科技投入占全区R&D投入不到80%(具有科技创业能力的国家和地区均在85%以上),原因是内蒙古自治区是典型的资源型地区,企业投资资源型行业获利空间大,将本应该用于R&D经费支出的资金投向高额回报的资源投资市场,导致科技资金挪用而错失新产品和新技术的开发良机。见表3-4。

表3-4　内蒙古自治区各类企业R&D科技经费投入情况

年份 项目		2002	2003	2004	2005	2006	2007	2008	2009	2010	2011
企业内部	R&D经费支出(亿元)	1.75	2.42	3.60	4.84	8.19	12.1	26.8	35.7	47.4	66.1
	占全区R&D经费总支出比重(%)	36.5	37.8	46.1	41.4	49.6	50.0	79.1	68.5	74.4	77.5

资料来源:《内蒙古自治区统计年鉴》和内蒙古自治区科技进步统计监测分析,2012。

2.推动新兴产业发展的体制机制不完善

主要体现为:一是科技体制急需深层改革。当前改革面临的难题是科技储备不足,创新研发能力亟待提升,科技创新活动目标导向不明(高校科研过于强调论文学术水平SCI,忽视经济效益,重理论轻实践,重研究轻应用),投入产出低效等问题普遍存在,科技成果转化通道不畅,新技术产业化存在很多体制机制障碍,产学研结合协调机制很不完善,科研既与市场脱节又与企业脱节,企业参与研发的成果只能作为科研样品难以商品化和市场化,无法构建起持续研发的动力机制。二是财政金融等扶持政策力度不够。当前普遍存在着资金使用及管理分散、重点领域投入不足、缺乏稳定而系统的投入支持机制等问题;针对战略性新兴产业人力资本、研发费用占比高、新技术新产品初期进入市场难度较大的相关税收激励政策也显不足;支持战略性新兴产业发展需要的创业投资、场外交易、发行债券等多种直接融资支持和政策性融资支持等制度还需建立健全。

3.战略性新兴产业发展的市场培育严重滞后

内蒙古自治区新兴产业的市场培育困难的原因主要有:一是产品成本高。如太阳能和风能发电的成本是常规火电的3～4倍,且主要靠外需和国家政策补助维持(并网更难)。二是产业的服务设施不配套。产业链和产业基地建设仍旧缓慢,创新能力低和人才断档的问题基本上抵消了内蒙古自治区资源、土地等方面的竞争优势。三是市场发育不健全。近年来内蒙古自治区相继实施了节能产品惠民工程,下一代互联网示范网等新技术应用示范和培育市场的措施,对促进新兴产业快速发展发挥了重要的拉动作用,但市场培育力度还远远不够,相关技术标准制定滞后,有关价格和税收政策不配套,市场竞争秩序有待规范。四是产能过剩。当前,各地对发展战略性新兴产业的积极性很高,但由于缺乏协调机制,各自为政一哄而起的重复建设更容易造成产能过剩,给新兴产业的市场推广带来更大困难。

4.科技研究机构的不足是内蒙古自治区战略性新兴产业发展的重大软肋

截至2012年底,内蒙古自治区仅有2个国家级工程技术中心、3个国家级重点实验室、12个国家级企业技术中心、2个国家级工程研究中心(工程实验室)、10个国家与地方联合共建工程研究中心(工程实验室),在全国处于较低水平。此外,科研力量和人才严重缺乏,全区研究机构仅有91家,占全国的2.5%;研究与试验人员2.7万人,不足全国的1%。

三、内蒙古自治区战略性新兴产业投融资供给分析

战略性新兴产业与金融有着互助互存的并存关系,金融支持有利于战略性新兴产业实现产业化。战略性新兴产业的发展由几个不同的阶段组成,由于金融工具的多样性,导致了各个阶段以及各个环节的投融资的价值不同,对融资的需求和力度也不尽相同。金融机构可以分为商业银行、投资银行、共同基金、风险投资基

金、资本市场等渠道,也就为战略性新兴产业发展的各个阶段的目标和主体来进行相应的选择。战略性新兴产业的发展离不开金融机构的支持,没有大量的资本投入和长期累积,没有健全的融资制度,战略性新兴产业生产组织的变革也就难以实现,从而无法形成新的增长点,无法推进产业结构升级。

(一)财政投入缺口

从每个阶段的资本投资与战略性新兴产业的形成是分不开的。据国外有关统计,高科技开发、战略性新兴产业化的产品,从最初的研发,然后形成工业化的产物,每一步都需要足够的财政支持,如果项目资金链断裂,该项目已经失去甚至开发的试点优势。一般来说,战略性新兴产业,技术发展阶段的产品开发和生产能力的发展阶段,资本投资50%~60%的是人力资本的投入。内蒙古自治区加大对新兴产业的科技投入,但占财政支出的比率却在下降(见表3-2)。战略性新兴产业需要长期的、连续的、大量的投入,财政支出作为促进其发展的主要因素之一,本身即存在一定的滞后性。而其每年定额支出,能否促进新兴产业技术关键部分的发展,能否快速到达最需要投入资金的企业,其在恒定关键技术企业方面和渠道方面都存在很多的不足。战略性新兴产业的一个重要特征是高风险承担的高回报,银行的经营原则是稳健第一,这就决定了银行不能成为一个高科技产业的主要财政支持者。另一个内蒙古战略性新兴产业的特点是这些企业绝大多数是中小企业,使银行往往忽略了它们的资金需求。战略性新兴产业的第三个特点是,许多公司在初期需要数额较大的资金投入,而公司的早期往往无法盈利。

(二)股权融资缺口

战略性新兴产业均为高新技术企业,而大部分高新技术企业的创业资本是通过自我积累和群体聚集形成的,其来源大多为个人储蓄、家庭集资、个人投资商等,其自有资金有限;即使是合伙企业,其合伙资金规模也不大。因为它们不是股份公司,更不是上市公司,所以也就不存在通过发行股票进行股权融资的可能性。当企业需要外部资本时,又很难在资本市场上筹集到资金,存在着较为严重的资本缺口。虽然近几年来风险投资的发展大大地减少了资本缺口,但资本缺口依然是高新技术企业、财务理论界和各国政策制定者关注的主要问题。高新技术企业存在着资本缺口的原因有这样几个方面:①在正式的资本市场上进行股票融资有一个最低资本规模和经营年限的要求,该要求对于高新技术企业来讲显然门槛太高。②风险投资的发展虽然在一定程度上缓解了中小型高新技术企业外部融资的困难,但其规模有限,且投资方向、数量、运行机制等有着严格的限制,并且风险投资的特性决定了其在缓解资本缺口方面的作用有限。③风险投资通常在所投资企业运营一段时间后通过投资的公司上市而置换出原始的投资。在持有一段时间的企业股票之后(通常为5年左右),风险投资通常将股票上市作为其投资退出的出路。这样风险投资所要投资的企业通常在较短的时间内有较高的成长性,并有极其严格的选择条件限制,这就使大多数中小型高新技术企业被排除在风险投资的视野①。④创业板市场门槛过高,难以满足科技型企业的资本需求。

(三)债务融资缺口

一般来说,战略性新兴产业发展的初期均处于科技创新阶段,风险较大,且规模偏小,可供抵押的资产少,财务制度不健全,破产率高,因而商业化经营的银行认为其风险太高而产生惜贷现象,且由于其所需贷款一般单笔数量不大,频率又高,就使得银行对企业放款的单笔管理费用高于对大企业的相关费用,出于安全性、盈利性原则考虑,银行就更不愿对其进行贷款。因此,处于新兴产业早期的高新技术企业在获得银行等金融机构的债务融资时往往面临着有效的资金需求无法得到满足的问题,即存在着一定的债务融资缺口。即使许多高新技术企业可以提供抵押品或者可以接受较高的利率,仍然无法得到银行等金融机构的贷款。与大企业相比,高新技术企业在获得银行贷款和其他金融机构贷款方面处于明显的劣势。高新技术企业在获得银行等金融机构的债务融资时,通常面临着"信贷配给"问题。"信贷配给"是金融市场普遍存在的一个问题,其主要原因是高新技术企业与银行等金融机构之间存在严重的信息非均衡,且这种信息非均衡远比大企业严重得多。信息的非均衡使得高新技术企业不可避免地产生逆向选择和道德风险。这两种效应都将诱使银行自愿地向任何一种借款人收取更高的利息,以使预期收益最大化。在均衡状态下,将会出现武断的信贷配给,造成一大批与得到贷款的人相同但却得不到满足的潜在的借款人(张玉明,2004)。由于高新技术企业的信息非均衡较为严重,往往成为银行信贷配给的对象,必然造成高新技术企业的债务融资缺口加大,使其无法通过债务融资来满足其正常的生产经营需要。

内蒙古自治区金融市场欠发达,市场运作不规范,资本市场功能定位存在缺陷,导致战略性新兴产业的高新技术企业融资缺口更加严重:企业留存比重不足难以支撑科技创新;银行信贷的逐利行为成为信贷配给的偏好(内蒙古资源优势的利

---

① 张玉明.高新技术企业融资及政策支持研究[J].理论学刊,2004(5).

润空间促使银行把较多的金融资源配给到优势产业中去,就会出现高新技术企业的"信贷配给"问题)。根据对包头市和鄂尔多斯市多家科技型中小企业的调查,有相当多的中小型企业在固定资产投资和流动资金需求中缺乏资金,同时 3/4 的企业资金主要靠自有资金积累,金融机构贷款对中小企业的支持非常有限。内蒙古整个地区的科技成果转化率低、高科技产业产值比重低,其主要原因是缺乏足够的资金支持。因而,战略性新兴产业的企业融资困难是制约内蒙古自治区战略性新兴产业发展的主要瓶颈。

四、内蒙古自治区战略性新兴产业发展途径

内蒙古战略性新兴产业发展的基础和资源条件较好,围绕资源型产业优化升级和非资源型产业创新及承接转移,涌现出的新兴产业也取得了积极的进展。2012 年内蒙古自治区政府根据《加快培育和发展战略性新兴产业的实施意见》,立足自治区产业基础、创新能力和资源禀赋,确定了新材料、先进装备制造、生物医药、新能源、煤炭清洁高效利用、电子信息、节能环保和高技术服务业等重点新兴产业,提出到 2015 年战略性新兴产业增加值占国内生产总值的比重达到 8%,2020 年超过全国平均水平的目标,明确了提升区域自主创新能力和促进产业集聚发展的七项具体任务,研究制定了财政、金融、社会投资、税收、土地、资源、市场和体制机制等方面的支持政策,具有十分重要的意义。

(一)内蒙古自治区发展战略性新兴产业背景分析

2013 年 3 月 19 日,内蒙古自治区党委书记王君在全区传达贯彻全国"两会"精神干部大会上,代表内蒙古自治区党委、政府,就深入学习贯彻党的十八大精神和全国"两会"精神,扎实做好各项工作,提出了"8337"的发展思路,即"八个发展、三个着力、三个更加注重、七项重点工作"。具体而言,"八个发展"是指把内蒙古自治区建成保障首都、服务华北、面向全国的清洁能源输出基地;建成全国重要的现代煤化工生产示范基地;建成有色金属生产加工和现代装备制造等新型产业基地;建成绿色农畜产品生产加工输出基地;建成体现草原文化、独具北疆特色的旅游观光、休闲度假基地;建成我国北方重要的生态安全屏障;建成祖国北疆安全稳定屏障;建成我国向北开放的重要桥头堡和充满活力的沿边经济带。与八个发展定位形成呼应的是"三个着力"、"三个更加注重":着力调整产业结构,着力壮大县域经济,着力发展非公有制经济;更加注重民生改善和社会管理,更加注重生态建设和

环境保护,更加注重改革开放和创新驱动。与发展定位息息相关的是"七项重点工作":推动经济持续健康发展;提高经济增长的质量和效益;做好"三农三牧"工作;推进城镇化和城乡发展一体化;改善民生和社会管理创新;深化改革开放和推动科技进步;提高党的建设科学化水平。"8337"发展思路立足于内蒙古自治区欠发达的基本区情,着眼于在我国西部地区率先全面建成小康社会的目标,抓住了内蒙古自治区推动科学发展的突破口和着力点,具有很强的针对性和指导性,是内蒙古自治区今后一个时期发展的目标方向和重要遵循。作为"8337"发展思路的重要内容,今后内蒙古自治区产业结构调整,以及未来新兴产业发展的方向也得到了十分清晰明确的体现。

(二)内蒙古自治区新能源产业发展路径

内蒙古自治区作为资源优势突出的新能源基地,拥有丰富的风能资源和太阳能资源,具有土地资源、水资源和廉价电力供应等优势。加快风功率预测系统建设,发展多种调峰电源和储能方式,推进新型太阳能发电技术研发,推进核心关键技术装备产业化,探索发展区域性智能电网、微型电网,是内蒙古自治区发展新能源产业主要方向。

1. 加大对新能源产业的政策扶持

国务院《关于进一步促进内蒙古自治区经济社会又快又好发展的意见》中明确提出对内蒙古自治区实施差别化产业政策,加快新能源产业的发展。报告中关于产业政策的内容提出"建立健全电力市场机制,大力推进电力多边交易"。电力多边交易是以市场化的协商交易或者集中竞价来对电力进行定价的方式,能够更准确地反映资源的稀缺程度和市场供求关系。电力多边交易的重启将会缓解内蒙古自治区当前的风电装机闲置问题。《意见》中还提出"制定促进风力发电、太阳能发电等行业发展的上网电价"。目前内蒙古自治区的风电上网电价实行风电标杆上网电价。此外,为了支持可再生能源发展,国家对风力发电、太阳能发电实行了补贴政策。当前的主要问题是财政补贴不能及时到位,导致风电厂的资金周转困难。今后政府应当按时拨付财政补贴资金,推动新能源产业的发展。

2. 风电输送应打破网域界限,实现就近并网

风电远距离并网输送既不经济,也不利于电网的安全,就近输送是风电并网的最好选择。内蒙古自治区的锡林郭勒盟灰腾梁风电场距华北网的距离要近于蒙西主网,而且华北电网的容量也大于内蒙古电网,但该风电场属于内蒙古自治区电网的网域,直接输送电量到华北网要跨网输出。建议国家制定政策或协调不同电网,

能够打破网域界限,使风电就近并网。

3. 引入市场机制,加强竞争

新能源产业是一个具有规模经济效应的行业,当前内蒙古自治区的新能源产业普遍规模较小,从长期来看,行业内的竞争将会非常激烈,只有通过市场机制,减少行政干预才能实现优胜劣汰。因此,引入市场机制和竞争机制,鼓励民营企业和机构投资者以股权投资的方式进入这一领域,实现投资主体多元化。

4. 拓宽融资渠道

对新能源产业基础设施建设贷款,优先提供财政贴息,鼓励地方设立专项资金扶持新能源产业发展。加大招商引资力度,在内蒙古自治区招商引资等大型招商活动中专题推荐新能源产业,每年举办或者参与一次新能源光伏产业招商活动。发行信托产品,依托自治区华辰信托投资公司协助新能源产业优势地区发行信托产品,筹集光伏产业基础建设资金。

5. 加强对新能源产业科研工作的支持

一是健全产业人才培训体系,教育主管部门每年选拔一定数量的中青年教师,前往国内外风能、太阳能科研院所进修,在全区形成研究生、本科生、高职生中职生为一体的新能源产业培训体系。二是建立外籍专家定点授课制,邀请国内外专家来讲学、科研。三是自治区人力资源和社会保障部门每年举办一次中级、高级新能源人才交流会,帮助企业加大领军人才的引进力度。做好新能源产业人才需求统计和信息发布工作。

(三)内蒙古自治区新材料产业发展路径

内蒙古自治区稀土、煤炭、萤石等矿产资源十分丰富,具有发展地区特色化工新材料的原料优势。充分发挥内蒙古自治区资源优势,紧紧围绕新材料的发展潜力,广泛集中全社会的力量和资源,在加大R&D投入的背景下大力发展新材料产业。

1. 控制总量,保护资源

从稀土产业看,对稀土总量的控制,主要指对稀土原材料,即稀土初级产品的控制,包括稀土精矿、混合稀土盐类和金属。目前由于国家控制较为严格,导致包钢稀土的初级原材料无法满足生产的需要,"十二五"期间自治区政府应该向国家争取更多的资源可用量。把总量控制的重点放在取消不达标企业的生产权上,这些企业关停之后,私挖乱采稀土原料的情况自然会有所遏制。只有管好稀土原材料,才能主导稀土产品的定价权。

2. 建立新材料产业发展投资基金,拓宽融资渠道

产业发展投资基金具有政策引导和杠杆作用,大力发展内蒙古自治区新材料产业发展基金能够较好地解决新材料产业的研发资金。当前,设立内蒙古自治区新材料产业发展投资基金的资金来源,一是以中央财政转移支付为主导,争取国家投入一部分资金;二是内蒙古自治区财政每年争取拿出一部分资金,列入预算;三是收取稀土企业和多晶硅企业环境污染产品税用于专项基金;四是吸引社会资金和民间资本入股。

3. 加大结构调整力度,鼓励发展深加工产品

稀土、多晶硅和锗都是应用型产业,随着产业链的延伸,其技术含量越高,附加值就越高。内蒙古自治区新材料产业发展的出路,就在于大力发展深加工产品和应用产品。当前,自治区政府应加大引导性项目投资的力度:一是要项目引导,把一些有辐射带动作用的深加工或应用项目争取列入国家或内蒙古自治区主导产业投资建设项目计划;二是加大对引导性项目的资金投入力度;三是要面向社会上所有有能力的企业公开招标,吸引社会资金和社会参与。

4. 促进各种形式的科技交流与合作

新材料是技术密集型产业,高技术和跨学科是其鲜明特点。在这种情况下,政府部门一是应该促进各种形式的交流与合作,如新材料行业内企业间的交流与合作,科研院所、大专院校与企业的交流与合作,政府部门与产业界的交流与合作;二是扩大国际间的交流与合作,引进国外先进技术或工艺设备;三是继续鼓励有实力的外资新材料企业来内蒙古自治区投资,利用国外的资金、技术、销售渠道和管理经验来提升内蒙古自治区稀土产业的技术和装备水平、经营及管理水平。

(四)内蒙古自治区生物产业发展路径

目前,内蒙古自治区应用现代生物技术发展生物医药产业的态势良好,正在为自治区经济发展起着明显的示范带动作用。生物产业的发展需要政府的政策支持,该行业自身不具备自然垄断的条件,因此在后发地区的发展有赖于政策扶持,是具有较强政策驱动性的行业。就内蒙古自治区实际而言,提出成熟的专业化产业政策,在生物产业重点发展领域,金融、税收优惠政策,人才引进及培养等方面提出明确的支持、引导、扶持意见,引导各级政府和企业找准切入点,重点突破、快速发展。同时还需要完善、落实项目行政审批权限、税费优惠政策、财政支持政策、金融支持政策、资源配置政策等一系列有利于内蒙古自治区生物产业发展的促进政策,优化生物产业发展的政策环境,在政策上保障生物产业的快速发展。

1. 加强产学研合作，建立生物产业协同创新机制

大量的科研机构是生物产业集群自主创新的首要条件，只有通过科研机构和企业之间的垂直互动，才能顺利提高内蒙古自治区生物技术企业的自主创新能力。当前首要做的事就是进一步系统地完善有利于产学研合作的政策环境，并制定有利于产学研合作的财税和金融政策，为产学研联盟可持续发展拓展可行性社会空间结构，其次促使产学研合作逐步建立起战略联盟关系，科研机构、大学发挥技术优势，企业发挥资金优势，二者互惠互利，达到双赢的效果，形成生物技术企业持续的协同创新能力。

2. 强化政府的引导和组织协调职能

一是完善政策环境。建议各级政府尽快制定鼓励生物产业发展的政策，进一步完善市场秩序，健全法制环境，简化程序，规范服务，以降低企业经营的成本和难度，尤其是在基础设施配套、资金信贷、税收减免、人才引进、新药审批和市场管理方面应进行重要调整和改革，进一步优化生物产业集群的自主创新环境。二是要提高内蒙古自治区生物医药全行业知识产权保护意识和水平，通过政府引导使企业从研发、经营策略和发展战略的高度上重视和看待知识产权问题。三是加强对公共服务平台的建设。生物技术产业的高技术性决定了生物产业不仅需要有生物技术行业协会、专利评估、研发外包、法律和财务咨询等中介机构，更需要有能为孵化企业提供技术支持的专业化服务机构。因此政府需要整合内蒙古自治区不同生物产业企业、组织的资源，建立公共服务平台，发挥组织协调作用，降低中小企业技术创新门槛。

3. 引入风险资本，依托创业板市场拓宽生物产业的融资渠道

风险投资和私募股权投资基金等资本募集方式对于生物技术产业自主创新所需要的大量资金尤为关键。内蒙古自治区生物产业资金来源单一，投资渠道主要以政府和企业为主，来源于资本市场的金融资本、民营资本和上市公司的资金不多。所以寻求证券市场的支持，鼓励一些大型的生物企业上市融资，积极吸引风险资本的进入，以解决生物产业的融资瓶颈问题。

五、内蒙古自治区战略性新兴产业投融资选择

按照2012年内蒙古自治区政府关于《加快培育和发展战略性新兴产业的实施意见》，立足自治区产业基础、创新能力和资源禀赋，确定了新材料、生物医药、新能源、煤炭清洁高效利用、电子信息、节能环保和高技术服务业等重点新兴产业，提出

到2015年战略性新兴产业增加值占国内生产总值的比重达到8%,2020年超过全国平均水平的目标。为此,内蒙古在自治区发展战略性新兴产业需要一个完备的财政金融支持体系。

(一)财政支持

就财政政策支持战略性新兴产业发展的方式而言,主要是直接投入和资金扶持。但财政资金投入存在的突出问题是对高科技领域投入不足,而低端技术领域重复建设这种低效浪费现象较为突出。另一个较为明显的不足是资金监督的科学性不足,即在资金的分配时,都积极上项目、铺摊子,但是在资金的使用过程以及结项审查工作中却反而不予重视。因此,如何构建一个较为完善的财政支持机制尤为重要。

1. 建立财政投入科技创新机制

改革开放以来,随着内蒙古自治区财政收入的迅速增长和国家转移支付的增加,全区财政对科技投入也有大幅度的增长。但是,由于没有形成稳定的增长机制,财政科技投入的规模相对较小。截至2012年底,内蒙古财政科技投入无论从所占研发经费的比例以及GDP的比例,还是从政府财政支出的比例来看,都比全国平均水平在相应阶段的支出比例要低得多(见表3-2)。即使是在绝对额大幅度增长的同时,科技支出占财政总支出的比重却没有相应提高而出现下降的趋势。保证财政科技投入的稳定增长机制,发挥财政科技投入的杠杆和引导作用是国家科技投入战略的核心内容,需要从制度上、法制上去改革,从根本机制上解决问题。内蒙古自治区在增加财政科技投入的同时,应当在科学发展观和科技强区战略的指引下,在发展经济、培育壮大财源的进程中,进一步发展和完善适应社会主义市场经济体制要求的多元化和多渠道的科技投入宏观体系,使政府支持和促进科技发展、加大投入的职能与职责具备明确的定位,建立政府引导并协调全社会科技投入的协调配合体系和机制,使各方面相互协调,形成合力,共同促进,实现政府、企业、金融、国内外资金和其他资金的有序分工和协调配合。

2. 创新"产、学、研"结合的新机制

随着科学技术的迅猛发展,高等院校与企业间的研发合作成为科技成果产业化的重要途径之一。依据内蒙古自治区R&D投入的强度可知,内蒙古自治区缺乏创新能力,大多数企业的研发能力不足,影响其技术创新,也制约了其科技转化能力。因此,构建"产、学、研"相结合的合作体系,对于战略性新兴产业发展意义重大。目前虽然地方政府对一些重大科技成果的转化积极性很高,但由于资金支持力度不够、缺乏有效的产业化组织方式,致使产业化进展较为缓慢。因此,政府将财政投入资金作为引导,吸引大型企业、银行和社会资金设立"产、学、研"专项合作基金,或建立科技创新协同联盟,把"产、学、研"联合开发工程纳入科技专项计划予以支持。

3.建立财政资金引导的风险融资平台

风险投资是把资金投向蕴藏着失败风险的科技成果及其产品的研发领域,旨在促使科技成果尽快商品化,以取得高资本收益的一种投资行为。科技成果产业化离不开风险投资,多渠道的风险资本来源已成为发展战略性新兴产业的重要条件。目前,内蒙古自治区的风险投资存在资金规模小、结构单一的问题,迫切需要拓宽融资渠道,建立"多方投入、风险共担、利益共享"的风险投资机制,做大做强战略性新兴产业。政府可投入一部分财政资金作为"种子基金",吸引民间资本有效参与,也可通过政府融资担保和补贴资金等形式推动早期风险投资的发展,充分发挥不同投资主体的作用,构建风险融资平台。此外,对风险投资企业实行税收优惠:一是通过税收机制让风险企业将风险投资的损失直接用于抵减其他投资的收益;二是对主要投资于战略性新兴产业领域的创业风险投资的企业,可考虑给予关税优惠并对创业投资企业实行再投资退税政策;三是对整体或部分企业化转制的科研机构实行免征企业所得税、房产的城镇土地使用税、房产税、科研开发自用土地等优惠政策,以增强其自主创新能力。

(二)政策性银行配给和商业银行信贷支持的融资选择

信贷融资是发展新兴产业主要的融资渠道。无论是发达国家还是发达地区,发展战略性新兴产业均给出了信贷支持的政策,主要通过低息贷款、政策性信贷、补偿机制、担保机制等方式支持新兴产业的投资和科技创新活动。

1.信贷资金与科技创新耦合的机理分析

一般新兴产业的发展过程都要经历种子期、创建期、成长期和成熟期。在种子期,该阶段企业尚未真正建立,企业或项目的整个财务还处于亏损期,没有稳定足额的收入来源,没有正式的销售网络和渠道,只有各种成本的费用支出,无直接的投资回报。筹集的资金主要用来购买研发所需要的原材料以及支付各种研发费用。此阶段面临的风险主要是高新技术不成熟的技术风险,以及能否开发出产品及产品能否被市场接受的市场风险,项目的成功率较低,如果此时技术开发遇到严重障碍,无法取得突破性进展,投资人很容易失去耐心,企业或项目会面临非常大的压力。由于没有投入正式的生产经营,种子期的资金需求量相对较小,但投资风险很大,一般的创业风险投资机构、大企业和商业银行等对其缺乏投资信心,因此很难吸引外部资本的介入。该阶段的产品基本处于技术研究开发的中后期阶段,一般只有实验室成果,还没有形成真正的产品,但创业者基本能够确认其研发的产品在技术上是可行的、有市场的。当前种子期企业的金融资源一般有:国家开发和补助资金、企业自有开发资金和其他私人资本,其主要资金来源还是以自有资金、创业者自筹或私人投资者等私人资本为主。在创建期,此阶段的企业尚不具备大批量生产的条件,产品的单位制造成本还比较高,企业的财务仍处在亏损阶段,但亏损额会随产品销量的增加不断缩小。因此,创建期的投资主要是形成一定规模的生产能力以及开拓市场。相对于种子期来说,这一阶段的技术风险有所降低,但市场风险和财务风险仍十分突出,因为由技术转化形成的产品能否得到市场的认可,并不由技术本身一个条件所决定,还受到营销策略、资金运作、持续的技术开发能力等多重因素影响。一个新的投资项目在成本核算、投资收益预测、资金回收周期等方面存在着较大的不确定性,这使企业在财务管理上也存在不小的风险。从高新技术企业发展过程来看,创建阶段是实现从样品到商品这一关键性跳跃的重要阶段,也十分耗费时间和财力,由于存在很高风险,以安全为原则的商业银行一般不会向其提供资金。这一阶段融资难度极大,资金问题也将是阻碍企业发展的主要瓶颈。在创业投资资本介入后,企业的资金实力和承担风险的能力有所增强,财务结构也有所调整,部分商业银行会适度介入,提供一定程度的贷款支持。此外,一些政府性的专项基金对于这一阶段的企业也具有明显的支持作用。在成长期,企业销售收入、现金流量逐渐趋向稳定,但需要更多的资金扩大生产规模,进行全方位的市场开发,并不断进行产品完善和更新。此时企业的产品已经进入市场,潜力也初步显现,企业的风险构成也发生较大变化,技术风险大幅度下降,管理风险以及规模化生产而形成的资金需求缺口的风险迅速放大。虽然在此阶段企业经营业绩逐渐得到体现,但距离企业在证券市场公开募资还有一定距离,不过已经能够从银行等金融机构获得贷款支持。一些实力雄厚的商业银行也开始愿意向企业提供抵押担保贷款。当然,由于商业银行贷款对担保、抵押等要求较高,企业能够获得的资金支持有限,不能完全满足其发展需求,此阶段为创业投资的大规模参与提供机会。在成熟期,企业的发展潜力和优势得到充分体现,其经营业绩高速增长,发展风险逐步降低。为了进一步扩大生产规模,并开始新的技术研发,保持市场竞争力,成熟期企业的资金需求量仍然很大,但由于投资风险大幅降低,成熟期企业的融资能力增强。此阶段,企业的经营业绩稳定,资产收益率高,资产规模较大,可抵押的资产越来越多,商业银行等稳健型金融机构会以比较积极的态度为其提供融资支持。此时,企业可充分发挥财务杠杆作用,利用银行贷款或发行债券的方式获得所需要的资金。

2. 政策性金融是引导科技创新融资的有力工具

政策性金融机构主要是在政府产业政策导向中发挥作用,具有明显的非商业性特点。国家开发银行等近期都加大了对科技创新领域的政策性融资政策的力度,不仅进一步扩大了对科技创新的信贷规模,而且对创新产品,提供开发性金融工具,在担保、参股等方面都做了积极的尝试。政策性金融机构更多追求的是社会发展目标,但这些目标和盈利目标并非绝对分立,政策性金融机构可以,且应当将二者结合起来,这意味着开发性金融机构必须通过有效途径保证贷款本息安全,降低贷款风险。内蒙古地区进行科技创新可以通过加强与政策性金融机构的合作,拓展科技创新融资领域。

(1) 开发性金融信贷风险控制机制的确立。根据对当前自治区科技型中小企业的调查分析,影响企业获得商业银行及信用社贷款的相关因素有资产负债率、市场份额、高新产品占比、企业信用等级、企业技术开发经费、企业性质、银企关系、担保、新产品数量等。其中,起决定因素的主要是企业性质(是否为国有企业)、企业信用等级、是否有担保。老牌国有科技型企业均能顺利获得商业银行(中、农、工、建、交)的贷款,而非国有企业即民营企业普遍存在贷款难的情况,主要原因:一是没有担保;二是无信用评级。综合来看,中小科技型企业信贷风险大使许多银行对其采取谨慎策略。开发银行同样需要防范放贷风险,完善的风险控制机制是贷款安全的有力保障。

(2) 界定科技型中小企业授信条件。根据市场保证及技术进步原则,积极支持发展有潜力、经营有特色、产品有市场、还款有保障、管理规范的优势科技型中小企业,建立科学合理的准入门槛。在具体工作中重点发展:①立足于区域经济优势,同时与优势大型骨干企业、集团型企业建立紧密型合作关系的生产或销售企业;②市场定位明确,能够把产品做深、做精、做细、做专,具有广泛市场前景和竞争力的特色企业;③科技含量高、起点高、市场潜力大的成长型、成熟型高新技术企业;④还款有能力,管理规范,经营者、所有者素质和能力良好且经营理念先进的优秀企业;⑤行业重点从内蒙古自治区六大行业中选拔、培育优秀客户。

(3)建立健全中小科技型企业独立评价体系。中小科技型企业通常存在自身规模小、实力弱以及财务制度不健全等先天不足,原有的企业信用等级评定办法不符合中小科技型企业的特点,导致许多中小科技型企业不能进入银行信用等级评定范畴或等级较低而难以贷款。可将企业的财务因素和非财务因素同时并重考虑,减少企业资产总额、净资产总额等绝对数指标,如经营者素质、成长性因素、风险保障能力、经营能力、偿债能力,把握中小科技型企业经营活动的合法性、经济效益的增长性、发展阶段的成长性、现金流量的充足性和担保方式的可靠性。对中小科技型企业的经营财务状况、内控机制、诚信度、发展前景、偿债能力等方面进行深度的调查分析。

3. 商业银行信贷支持科技创新的金融创新

(1)融资工具的创新。主要有:①贷款证券化。贷款证券化是指商业银行通过一定程序将贷款转化为证券发行与流动的融资过程。贷款证券化为银行提供了一条风险贷款退出渠道,降低了银行贷款风险,可激发银行向科技创新企业提供贷款的积极性。因此,可借鉴西方经验,探索在金融系统内部,将中小银行风险贷款与其他一些优质贷款相匹配后出售给国有大银行,国有大银行凭借较高信用向投资者发行贷款担保债券,实现融资目标。②科技金融期权。商业银行向科技创新企业提供贷款时,承担较高风险,但其收益主要是利息收入,风险与收益不对称。所以银行可以在贷款的同时,通过购买企业部分期权来分散分险。作为回报,银行除了获取贷款本息外,还可以分享企业潜在的高收益,并可在适当时间转让期权。

(2)组织机构的创新。主要有:①加快发展地方金融机构。近几年,民营资本参与金融的积极性比较高,可以有步骤地发展民营金融机构,以形成融资市场适度竞争的微观基础,并逐步实现融资结构与经济结构相适应,提高储蓄向投资转化效率,从而为科技创新企业提供良好的融资服务。此外,还可利用金融对外开放的有利时机,进一步加快引进国外金融机构。②鼓励建立多层次投资银行。投资银行作为一种较为特殊的融资机构,既是中介人又是投资人,不仅可以参与企业并购重组的咨询、设计和组织,还可以通过对企业的参股、控股,参与企业的创业和投资。投资银行可以帮助成熟的科技企业上市,使创业投资撤出并进行新的投资。另外,投资银行也可组织开展对科技创新企业的私募,促进企业向上市目标发展。③探索组建科技金融集团。西方国家自20世纪80年代以来,都由分业银行制向全能银行制转变,银企之间正由单纯的信贷联系向产权联系过渡,银行与企业之间从客户关系变成战略伙伴。尽管目前我国在政策上对金融混业经营还有比较严格的限制,但随着金融市场的发展和改革的深入,金融机构跨业经营也将成为现实。内蒙古地区目前拥有少量地方商业银行、证券公司和投资公司,尽管基础较弱,却是不可多得的宝贵资源,应充分学习和借鉴先进地区经验,在做好主业、做大主体的基础上,加强金融与科技产业之间的"联姻",实现共同发展,相互促进。④组建以政府为背景的内蒙古科技投资公司,吸引各大商业银行、证券公司、保险公司、各类财团和战略机构投资者积极参股,重点对关系到内蒙古科技创新体系中的高科技项目进行投资和管理。⑤积极探索发展一批中小型民营银行,以满足民营中小型企业融资的需要(本思路可以加以规范民间借贷行为,使其合法经营)。

(三)依托于资本市场的融资选择

对于新兴产业的资本市场融资,现实的选择是产权(股权)交易、新三板、中小板和创业板。此外,集合债权融资是目前资本市场融资的一大创新,为科技型中小企业的债权融资提供了一条可行的融资通道。对于内蒙古自治区欠发达地区而言,做精、做强新兴产业的基础工作,加快企业的转制,健全企业的法人治理结构,围绕内蒙古自治区新兴产业的优势项目,寻求与资本市场的对接点。

1. 加大股份制改制的力度,积极培育企业上市融资

围绕内蒙古自治区具有新兴产业特点的优势企业,通过发展增量资源和重组存量资源,改善和优化企业的整体结构。为此:①进一步支持优质企业改制上市,推动国有企业依托资本市场进行改组改制,使优质资源向上市公司集中,支持具备条件的优质大型企业实现整体上市,支持高成长型中小企业在中小板和创业板融资,逐步改善公司整体结构;②充分激活上市公司再融资能力,提高再融资效率;③鼓励和支持上市及拟上市公司运用发行短期融资券和企业债券等金融创新工具,以及运用金融衍生产品来拓展融资渠道,改善财务结构,降低财务成本和风险;④通过认真调查摸底从自治区辖区高新技术企业中选择一批有较强辐射力和带动力的企业作为重点,在资金安排、项目审批等方面予以积极扶持,支持企业进行重组整合,进一步促进自治区新能源、新材料、生物制药等行业科技创新能力的提升和新兴产业发展,并用3~5年的时间努力打造10个高新技术企业进入创业板市场。

2. 发展内蒙古风险投资业

稳步推进多层次的市场体系建设,健全资本市场功能,建设多层次资本市场更为有效地满足多元化的投融资需求,是当前内蒙古自治区资本市场发展的一项重要任务,也是进一步加快和发展直接融资的重要途径。建议设立具有一定规模的内蒙古自治区风险投资基金,推动风险投资事业的发展。由于高科技企业的研制开发等项目具有技术性高、风险大等特点,且资金需求多,符合风险投资的特点。对于风险投资机制,主要采取符合国际标准的"入口—运行—出口"模式。在入口阶段,建议以政府出资为主,通过一定阶段的发展,由建立风险投资基金和风险投资公司过渡到以企业出资和富有的个人为主,最终发展到以成熟的机构投资者出资为主的阶段。在运作模式上,资金从投资者流向风险投资公司,形成风险投资基金,经风险投资公司对风险项目进行筛选,注入到风险企业中,经风险企业的运作,实现项目的资本增值,从而实现投资者、风险基金和风险企业三位一体的完整的风险资本循环体系。在出口模式中,建立风险投资的IPO、兼并与回购、清算等多种退出方式,这一过程主要在创业板市场和产权交易市场进行。

3. 大力发展内蒙古自治区产权交易市场

内蒙古自治区现有的产权交易中心和矿产资源交易中心,因其规模小、发展滞后、透明度不够等因素未能发挥应有的作用,因而积极扶持和培育产权交易市场及场外融资中介机构的发展,促进上市及拟上市公司的股权流动和合理重组,提高上市及拟上市公司资产质量和使用效率,活跃证券场外交易市场,以促使科技型企业的产权转让和股权交易。建议在政府的干预下,认真研究内蒙古地区的产权交易发展状况,充分应用现代科技和网路上的便利,通过资源整合和发展壮大实现产权交易中心的规模化和信息化运作。

(1)营造产权市场有序规范环境。营造产权市场氛围,提高产权市场的知名度和影响力,聚集金融资源、投资人资源、中介机构资源、人力资源及民营企业资源。使社会公众对产权市场有更直观深入的了解,知悉产权市场为其带来的利益,吸引潜在客户。这需要产权人注重市场宣传力度,加大广告投入和更加积极地参与社会公益活动。

(2)发展产权交易经纪会员机构。区域产权市场的活跃不能仅仅依靠一两家产权交易所,更需要有一批高素质的产权交易经纪机构。"商为市之魂",只有市场中存在足够多且素质高的经纪商,产权市场方可持续发展。经纪机构对产权交易进行宣传,以及引入产权交易双方,可以减轻产权交易所的负担,提高市场效率,并通过经纪机构以点带面,让更多的经济体了解产权市场,加入到产权市场当中来。

(3)建立产权市场投资基金。投资基金是产权市场的润滑剂,在投融资双方缺乏沟通渠道时起到活跃市场的作用。建立产权市场投资基金,一方面,可以为处于种子期的高潜力企业提供资金支持,刺激其发展;另一方面,为喜好高风险的投资者提供一个投资渠道,引导民间投资多形式地进入及退出企业。

(4)打通资本市场对接通道。当前内蒙古自治区中小企业直接融资困难,但融资需求旺盛。在这种情况下,产权市场应带动和挖掘一批有上市愿景的优秀中小企业,为其打通与中小企业板、创业板及新三板等高级资本市场对接的通道,并搭建区域股权市场、托管平台,培育中小企业,为其打开通往高级资本市场及其他股权市场的通道,为内蒙古自治区中小企业开拓全新的有效融资渠道。

(四)建立中小型科技企业信用担保长效机制

目前,全国已建立中小企业信用担保机构1000多个,为中小企业和银行之间架起资金融通的渠道发挥了一定作用。但机构数量偏少、资金规模偏小、放大倍数不高、风险准备不足、再担保机构缺位、信用环境较差等问题,仍然是信用担保体系建设存在的问题。为此,要尽快构建从内蒙古自治区到市、县旗多个层次的全区中小企业信用担保再担保网络,进一步规范担保机构的运作,建立风险补偿和激励机制,完善信用担保支持体系,使信用担保机构真正起到企业和银行间的桥梁和纽带作用。

1.鼓励发展民营担保机构,组建中小企业互助担保基金

民资担保机构是指由民营企业出资举办成立的、面向民营企业的担保机构。自治区部分担保机构的建设资金几乎全靠财政提供,主要来源于地方财政资金,普遍存在着资金来源单一的问题,由此引发的行政干预过强等政府失灵现象在所难免。另外,政策性担保机构的最终目的也是在于引导社会资金向中小企业流动,而通过政府资金的引导作用吸引其他社会资本补充担保机构的资本金,建立民资担保机构,组建中小企业互助担保基金则能够解决类似的问题。目前在内蒙古自治区的担保机构中,民资担保机构数量少,担保额度所占比例小。民资担保机构具有广阔的发展空间,它能充分调动民间游资的积极性,真正引导部分民间剩余资金流入中小企业担保体系。为此:①成立以政府为背景、各类金融机构和企业参股的高科技企业信用担保机构,专门从事对科技创新型企业的信用担保业务;②成立由各类科技型企业(可形成联保关系)和金融机构等共同参股的担保机构,政府成立再担保机构;③组建的担保公司必须履行尽职调查职能,对自治区所有的科技创新企业实施全面评估,并建立企业科技研发信息库,建立科技创新风险动态评估体系,动态实时检测。此外,担保公司的组成人员应当具备一定科技和金融知识,尤其是掌握风险投资的基本原理。

2. 加大银行与担保机构之间的调配合作力度

信用担保是一个专业性很强的高风险行业,担保机构在放大担保资金倍数的同时,也放大了资金的风险。如果缺乏有效的风险分散机制,"逆向选择"、"柠檬市场"在金融交易中会出现大量的风险。尽管信用担保机构事实上扮演了风险承担者的角色,承担了大部分甚至全部贷款的连带清偿责任,由此银行贷前的企业经营状况调查和资信审查标准就会降低,银行相应的监管积极性和监管力度也会下降,导致企业的积极性下滑,最终银行承担的风险也会加大。为了建立有效的风险分散机制,中小企业信用担保机构要与协作银行明确责任分工、担保资金的放大倍数、担保范围、责任分担比例、资信评估、违约责任、代偿条件等内容,在多方面进行深度合作。在分担风险方面,按照国际惯例,在对中小企业贷款时,担保机构为贷款的70%~80%提供担保,银行则承担20%~30%的风险,双方为中小企业提供金融支持并实行风险共担。另外,在开展中小企业信用担保业务时也应将银行的授信审查与担保机构的信用担保审查互补性地结合起来,降低对贷款企业情况重复评审的成本,以降低担保风险和银行风险,保证中小企业在最短时间内获得贷款。

3. 通过企业联保制度打破银企合作中的担保壁垒

目前,国内很多县级市开展了"中小企业联保贷款"业务,即3个或3个以上的中小企业自愿组成一个担保联合体,并仅限于为其成员提供连带责任担保。当联保体中的某一成员向商业银行申请办理指定的信用业务时,联保体其余全部成员为该申请人的信用业务提供连带责任担保。联保贷款行为本身就属于经营行为,参加联保小组的企业,须将厂房、机器等资产评估,资产抵押,责任连带,一家企业如果不能按时归还贷款,其贷款由联保小组的其他成员企业共同清算。因此企业失信的成本非常高,违反联保协约,不但周围企业瞧不起,也会失去外界合作伙伴。这种自愿组合、风险共担、利益共享、优势互补、联动发展的机制,可以为中小民营企业提供更大的发展动力。

中小民营企业可自愿申请加入联保组织,经贷款金融机构审查通过后即为有效。担保联合体为开放式组织,可自愿进出。在操作中,联保成员可以是强强联合,即由资产规模差不多、经营品种不同的企业组成;也可以是强弱联合,即大的、好的企业与较差、较弱企业联合;也可以是供应链合作伙伴之间的跨行业联合。金融机构按照"相互调剂,随用随贷,周转使用"的原则,只控制担保联合体的贷款总额，企业之间则可相互调节使用贷款资金。贷款机构根据联保小组所有成员办理抵押资产的金额确定信贷额度，然后确定小组每个成员最高借款额度和借款顺序、季节，各成员自主借款。担保联合体中任何成员的贷款，其他成员都要承担担保责任，一旦出现风险，所有成员集体负责偿还。为了防范信贷风险，联保成员必须按月向贷款行报送财务报表及相关资料，担保联合体成员之间相互监督制约，没有还清联保贷款本息，不准退出和抽逃资产。与企业单独从银行贷款的传统方式相比，企业联保贷款方式不需另外担保、不用抵押，不仅为企业节省了担保费、公证费等额外费用，而且大大提高了贷款效率，成员之间的经营情况也相对透明。

第四章

内蒙古自治区煤化工产业投资报告

按照内蒙古自治区"8337"发展思路的要求,内蒙古自治区要找准发展定位,统筹考虑内蒙古自治区的资源禀赋、发展基础、发展条件、发展优势,把内蒙古自治区建成全国重要的现代煤化工生产示范基地。内蒙古自治区作为煤炭大区,发展现代煤化工要以现有产业为基础,以化工园区为载体,以基础化工原料为基点,不断调整产业结构,延伸产业链条,优化产业布局,转变发展方式,在全球经济放缓、环境污染日益严重和自治区面临经济下行压力的趋势下逆势而上,走一条依煤而电、依煤而化、依煤而冶的新型工业化之路。

一、内蒙古自治区建设煤化工生产示范基地的背景分析

建成现代煤化工生产示范基地发展定位的提出,是保障国家能源安全、推动内蒙古自治区产业结构调整、促进产业转型升级的战略需要。根据有关机构预测,煤化工产业发展的形势是:到2020年我国石油对外依存度将超过60%,国内天然气消费量将达到3000亿~4000亿立方米,年供需缺口达到2500亿立方米左右。从国内能源格局看,煤炭多、油气少,煤制油、煤制气作为石油和天然气的替代和补充,发展煤化工可以部分替代石化、天然气产品,对于缓解我国石油、天然气供求矛盾,保障国家能源安全具有重要战略意义。把内蒙古自治区建成全国重要的现代煤化工生产示范基地,可以有效应对国外油气资源控制,形成较为完善的技术装备体系,为后石油时代做好战略技术准备,有效保障国家能源安全。

从内蒙古自治区自身发展看,建成现代煤化工生产示范基地是自治区加快产业结构调整、推动产业转型升级的现实需要。当前和今后一个时期,自治区经济发展的工作重点和主要任务是着力调整产业结构,着力壮大县域经济,着力发展非公有制经济,而"把内蒙古自治区建成全国重要的现代煤化工生产示范基地"的发展定位与这一思路一脉相承,有力推动内蒙古自治区尽快构建起传统产业新型化、新兴产业规模化、支柱产业多元化的产业发展新格局。

从资源禀赋看,内蒙古自治区煤炭资源丰富,水资源匹配较好。2012年,内蒙古自治区煤炭产量已达10.6亿吨,居全国首位;主要煤化工产品产量位居全国前列;甲醇产量达552.5万吨,位居全国首位;电石产量达495.1万吨,位居全国首位;焦炭产量达2569万吨,位居全国第5位。

从产业发展看,内蒙古自治区具备煤化工大规模产业化发展的基础和条件。近年来,依托煤炭资源优势,在煤转电的基础上建设了一批煤炭深加工试验示范项目(如图4-1所示)。煤制油、煤制烯烃、煤制甲烷气、煤制乙二醇、煤制二甲醚等国家五大示范工程都在内蒙古自治区建设,神华和伊泰煤制油、神华包头和大唐国际多伦煤制烯烃、通辽金煤公司煤制乙二醇、久泰公司和新奥公司煤制甲醇、神华乌海煤焦化公司和庆华集团煤焦化及焦炉煤气制甲醇等巨型煤化工项目蓬勃发展。其中,神华煤直接液化项目是世界首套煤直接液化的工业化装置,伊泰煤间接液化项目是国内首套以自主知识产权为主的合成油工业装置,神华包头煤制烯烃项目是世界首套、全球最大的煤基甲醇制烯烃工业化示范工程,大唐克什克腾旗年产40亿立方米煤制天然气项目是国内首个煤制天然气示范项目等。这些项目已成

为我国新型煤化工示范项目,走在了世界煤化工发展的最前沿。

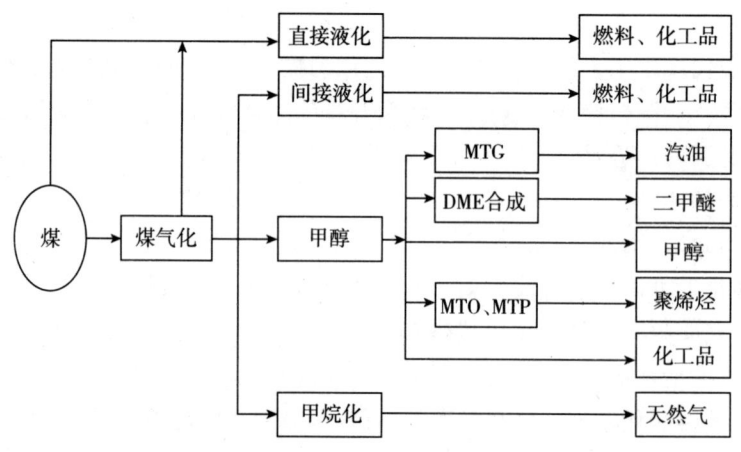

图 4-1 煤化工流程图

据测算,煤炭资源就地转化效益显著,煤制甲醇可增值约 4 倍,煤制油可增值 8～12 倍;煤炭深加工循环经济产业链,平均比单纯输出煤和电增值 6～10 倍。内蒙古自治区发展现代煤化工,走依煤而电、依煤而化、依煤而冶的道路,着力打造煤化工产业链和产业集群,有利于从发展基础化工原料向发展高新化工产品转变,从规模化发展初级化工产品向发展高附加值的高端化工产品转变,从粗放型生产向资源节约、环境友好型转变;有利于尽快形成煤炭资源梯级开发、梯级利用格局,推动全区煤炭工业可持续发展。

二、内蒙古自治区煤化工产业发展现状与形势分析

内蒙古自治区资源丰富,但资源的结构不合理,其特点是"贫油、少气、多煤",因而大力发展现代煤化工,发展循环经济对于保障国家能源安全具有重要的战略意义。"十二五"期间,内蒙古自治区充分发挥煤炭资源优势,按照高水平、高起点、规模化、基地化的方向,建设了一批大型煤制油、煤制烯烃、煤制甲醇、煤制气等新型煤化工项目,内蒙古自治区逐步成为我国重要的新型煤化工生产示范基地,实现了从传统煤化工向现代煤化工的跨越。

第四章 内蒙古自治区煤化工产业投资报告

(一)内蒙古自治区煤化工发展现状

近几年,内蒙古自治区煤化工发展呈现出一些发展特点,主要体现在起步晚,但发展迅猛;煤化工项目多,规模大;能源化工多,精细化工少;地域分布广,产品多;煤化工不断壮大,但还不够强;煤化工产业发展快,但产业集聚进展缓慢,人才匮乏,投融资难。

1. 现代煤化工产业发展走在全国前列

内蒙古自治区资源的特点是"贫油、少气、多煤",发展煤化工可以部分代替石化产品,对于保障国家能源安全具有重要的战略意义。煤化工产业的发展可发挥丰富的煤炭资源优势,补充国内油、气资源不足和满足对化工产品的需求,推动煤化工洁净电力联产的发展,保障能源安全,促进经济的可持续发展。"十二五"期间,自治区充分发挥煤炭资源优势,按照高水平、高起点、规模化、基地化的方向,建设了一批大型煤制油、煤制烯烃、煤制甲醇、煤制气等新型煤化工项目,内蒙古自治区已经成为我国重要的新型煤化工生产示范基地,实现了从传统煤化工向现代煤化工的跨越(如表4-1所示)。内蒙古自治区围绕煤炭加工利用开发出的专利技术已有100多项,煤制油、煤制烯烃、煤制甲烷气、煤制乙二醇、煤制二甲醚国家五大示范工程都已在自治区落户。

到2012年底,已投产甲醇生产能力1100万吨,煤制烯烃生产能力达到106万吨,煤制乙二醇生产能力20万吨。

表4-1 2012年内蒙古自治区煤化工统计数据

煤化工产品	产量(万吨)	增长率(%)	在全国排名(名)
甲醇	552.5	27.2	1
焦炭	2569	34	5
电石	495.1	11.4	1
合成氨	135.7	108.1	14
煤制油	103.7	11.2	—
煤制烯烃	54.5	8.8	—
煤制乙二醇	9.9	52.3	—

资料来源:内蒙古自治区经信委网站。

2. 内蒙古自治区煤化工发展布局和重点项目进展顺利

依托多种优势和良好的投资环境,国内外大企业纷纷来内蒙古自治区投资煤化工项目,内蒙古自治区煤化工发展布局不断完善,重点项目进展顺利,煤化工产业按照"基地化、大型化、一体化"的方向稳步推进。大型煤化工成为内蒙古自治区新型产业,也是最具有发展潜力的产业之一。在煤炭资源丰富的鄂尔多斯、锡林郭勒、呼伦贝尔等煤炭集中地,形成了包括大唐多伦煤制烯烃项目、新奥集团二甲醚项目、包头神华煤制烯烃项目、通辽煤化工乙二醇项目、神华集团煤直接液化项目、伊泰集团间接法煤制油项目等较大规模的煤化工重点项目。

3. 以清洁煤气化技术为龙头的新型煤化工产业蓬勃发展

煤化工产业凭借能源利用率高、资源利用充分、二氧化碳等温室气体排放量少等众多优势,成为未来发展的重要领域。据专家测算,新型煤化工单位产品能耗往往要比传统煤化工降低20%以上,"三废"排放减少一半以上,如果加以科学设计与管理,还可实现"三废"的资源化利用甚至"零排放"。2011年3月,国家发改委下发《关于规范煤化工产业有序发展的通知》,与此同时,国家鼓励在内蒙古自治区、新疆维吾尔自治区、陕西省、宁夏回族自治区、河南省等煤炭调出省份扩大现代清洁煤化工试点范围的原则,并强调严格控制中东部地区煤炭调入省份的煤化工试点项目数量。国家煤化工产业政策和产业布局的调整,为内蒙古自治区发挥煤炭资源优势,加快发展清洁煤化工,建设能源接续基地创造有利时机。

4. 三大煤化工基地基本形成

依托煤炭资源优势,内蒙古自治区初步形成了以乌海市为核心的西部煤化工基地、以鄂尔多斯市和包头市为经济带的中部煤化工基地以及以呼伦贝尔市、霍林河市、锡林浩特市为经济圈的东部特大煤化工基地。

(1)东部特大煤化工基地。内蒙古自治区的呼伦贝尔市、霍林河市、锡林浩特市建立三个特大型煤化工基地,这将为呼伦贝尔市、通辽市、锡林郭勒盟、赤峰市和兴安盟的经济带来大发展。围绕三个煤化工基地,积极稳妥发展甲醇及其下游产品(包括二甲醚)、煤制天然气、烯烃、化肥等产品,有序推进褐煤低温热解示范工程,开辟褐煤开发利用新途径。

(2)中部鄂尔多斯市和包头市煤化工基地。鄂尔多斯市已探明的煤炭资源约占全国总储量的1/6。煤化工发展很迅速。鄂尔多斯市煤化工产业集群建设区域主要包括以神华集团煤制油公司为龙头企业的乌兰木伦项目区、以汇能煤电集团为龙头企业的汇能煤化工项目区、以伊东集团为龙头企业的准格尔经济开发区、以伊泰煤间接液化项目为龙头的大路煤化工基地,重点发展煤制油、甲醇、二甲醚、煤制烯烃、煤制天然气和合成氨等项目。

（3）西部以乌海市为中心的重化工工业区。乌海市的工业园区和周边的蒙西工业园区、棋盘井工业园区、乌斯太工业园区建设，主要是以煤焦化和氯碱化工为主。

（二）内蒙古自治区现代煤化工发展形势

根据有关机构预测，煤化工产业发展的形势是：到2020年我国石油对外依存度将超过60%，国内天然气消费量将达到3000亿～4000亿立方米，年供需缺口达到2500亿立方米左右。煤制油、煤制气作为石油和天然气的替代和补充，对于缓解我国石油、天然气供求矛盾，保障能源安全具有重要意义。在煤化工产业结构调整中，以清洁煤气化技术为龙头的新型煤化工产业，能源利用率高、资源利用充分、二氧化碳等温室气体排放量少等众多优势，成为煤化工产业未来发展的重要领域。

三、内蒙古自治区煤化工生产示范基地发展的制约因素

目前，内蒙古自治区现有的煤化工产业仍存在产业层次低，产业链条短，产品结构单一，产品的低附加值多，深加工、高附加值少的基本现状，尤其是延伸配套产业发展不足，煤化工产业的配套能力严重不足，至今尚未形成关联度较高的产业集群的现状。另外，煤制油、煤制烯烃、煤制二甲醚、煤制天然气、煤制乙二醇等项目虽然均是国家确定的示范工程，但工艺技术仍处于试验阶段，设计规范也只能借鉴石油化工设计规范，设计和生产中出现的问题，尚需经过工业示范试验才能逐步改进、完善、成熟。

（一）科技人才的严重短缺是制约现代煤化工产业高端发展的主要瓶颈

高端现代煤化工产业的发展需要高端的科技人才能得以支撑，尤其是煤化工产业链的延伸和深加工、高附加值的产品生产需要具备高技术水平的劳动力支撑，当前，内蒙古自治区的煤化工产业进入快车道，急需大量各类专业技术人才和熟练的高级技工（技师），而自治区高校的煤化工专业人才培养较少，高职类专业学校培养出来的专业技术人才和操作工人则需要用5年左右的时间才能成熟，这个现状将直接影响煤化工示范基地的建设与发展。因此，如何吸引高技术水平的技术人员、技术工人，是当前需要解决的最大问题。

(二)产业集聚进展缓慢是内蒙古自治区现代煤化工产业发展的主要障碍

产业基地的建立需要通过产业集聚得以体现。目前,内蒙古自治区打造现代煤化工产业基地的出发点基本遵循这样一条准则:凡是水资源丰富的地区均要上煤化工项目,甚至不惜运输成本。就现存的煤化工产业布局看,除了鄂尔多斯市、呼伦贝尔市和锡林浩特市三大煤产区积极打造现代煤化工产业布局外,包头市、乌海市、阿拉善地区以及赤峰市等地相继建立煤化工基地,这种布局较为分散,建设水平良莠不齐,没有形成产业集聚。而所谓的"示范基地"既需要数量也需要企业的质量和规模。因而,如何形成规模化优势在竞争中保障持续发展,避免低水平重复建设带来的恶性竞争,这是产业布局要面对的重要问题。当前,内蒙古自治区全力打造现代煤化工示范基地急需调整行业布局,既需要市场化手段,也需要行政管理手段,以此整合煤化工企业资源,逐步形成产业集聚,走向规模化发展道路。

(三)环境压力是内蒙古自治区煤化工产业可持续发展的最大挑战

煤化工是典型的资源消耗型产业,无节制的发展煤化工必然对生态环境产生重大影响。煤化工是高耗水的行业,每采1吨煤需消耗3吨地下水,每转化1吨煤需用水10~15吨水(通常是石油化工项目用水量的3~5倍),而内蒙古自治区的煤化工项目主要集中在水资源短缺的煤炭资源富集区,生态环境极其脆弱;煤化工产品中的煤制烯烃、煤制油等新型煤化工项目的碳转化率一般在40%左右,60%的碳转化为二氧化碳直接排放出去,而内蒙古自治区具有循环经济特点的项目较少,转化率低,碳排放巨大,其发展直接冲击生态环境保护(近年来的雾霾现象除了汽车尾气排放外,主要还是化工企业的直接排放所致);污水处理难以解决,煤化工企业排放废水的COD平均含量约每升5000毫克,氨氮为每升200~500毫克,废水中的多数有机污染物难以降解,这对于本来生态环境极其脆弱的内蒙古自治区而言将造成严重的环境压力。

四、内蒙古自治区发展煤化工投融资分析

(一)内蒙古自治区煤化工投融资现状

从2006年起,在鄂尔多斯、锡林郭勒、呼伦贝尔等煤炭富集地,煤化工开始"井喷",煤化工项目的投资规模均以每年数百亿计算。在经历了三年的高速发展后,

2008年全区煤化工投资总额几乎占到化工产业总额的37.6%,共计420亿元,确定了煤化工的自治区支柱产业的地位。

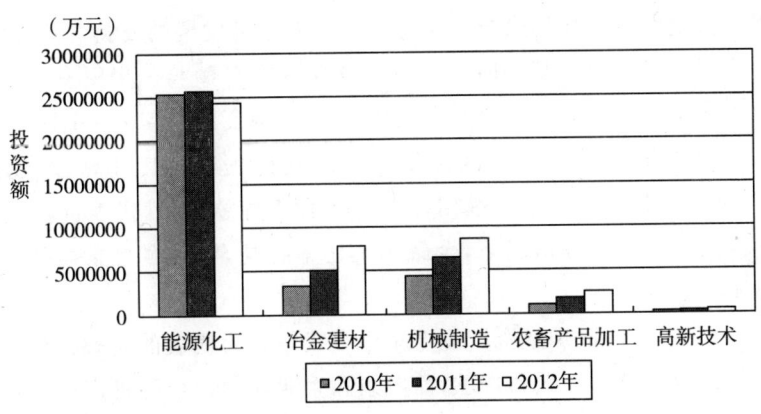

图4-2 2010～2012年内蒙古自治区五大支柱产业投资额

由图4-2可见,2010～2012年内蒙古五大支柱产业中,能源化工投资额保持较高份额。截至2012年,内蒙古自治区包括已完工、续建、在建和新开工能源化工项目总投资超过10000亿元;内蒙古自治区规模以上石油和化工企业已达455家,化学工业累计完成固定资产投资1116.3亿元,同比增长57.7%,占全区工业固定资产投资的比重为17.41%。2013年,内蒙古自治区投资新建以下煤化工项目有:乌海市温明焦化有限责任公司年产100万吨捣固焦及配套10万吨甲醇技改项目、庆华煤化公司粗苯加氢项目、内蒙古星光煤炭集团鄂托克旗华誉煤焦化有限公司焦炉煤气综合利用23万吨/年硝酸铵项目、伊东集团东华能源有限公司二期60万吨/年甲醇项目、鄂尔多斯羊绒集团有限责任公司年产54万吨合成氨、95万吨尿素技改扩能项目等。

根据国家发改委要求,"十二五"期间核准建设大型煤化工项目一共有104个,按照各地上报的技术方案,如果全部在"十二五"期间建设,投资要超过2万亿元,其中新型煤化工项目投资额约7000亿元以上。

内蒙古自治区到"十二五"末,将投资建成1000万吨煤制油、500万吨煤制二甲醚、260万吨煤制乙二醇和300亿立方米的煤制天然气的生产能力;到2020年,内蒙古东部地区将建设成为国家重要的现代煤化工基地。

(二)内蒙古自治区煤化工产业发展的融资环境分析

1. 金融相关比率较低,金融业支持经济和煤化工产业发展的力度亟待提升

笔者引入金融相关比率来分析金融业对地方经济发展的支持力度。金融相关比率是一个规模指标,指"某一时点上现存金融资产总额与国民财富(实物资产总额加上对外净资产)之比"。通常可简化为计算金融资产总量与 GDP 之比。这一指标能大致反映出金融业对地区经济发展的支持程度。其计算公式为:$FIR=(S+L)/GDP$,式中 FIR 表示金融相关比率;S 代表存款额;L 代表贷款额;GDP 为地区国内生产总值。一般情况下,金融相关比率越高,说明金融聚集程度越高,金融资源越丰富。

目前,内蒙古自治区金融资产主要集中在以银行为代表的金融机构中,金融机构最主要的金融工具是存款和贷款,而股票和企业债券在金融资产中占比很小,所以笔者选用金融机构存贷款规模作为内蒙古自治区金融资产的替代衡量指标(见表 4-2)。

表 4-2 内蒙古自治区金融机构存、贷款余额和金融相关比率　　单位:亿元

年份	存款余额	贷款余额	存贷差	GDP	FIR
2006	4036.56	3205.19	831.37	4944.25	1.46
2007	4953.70	3767.74	1185.96	6423.18	1.36
2008	6341.03	4527.86	1813.17	8496.20	1.28
2009	8373.70	6292.52	2081.18	9740.25	1.51
2010	10278.69	7919.47	2359.22	11672.00	1.56
2011	12063.72	9727.70	2336.02	14359.88	1.52
2012	13616.60	11284.20	2332.4	15880.58	1.57

资料来源:《中国统计年鉴》(2012)、《内蒙古统计公报》(2011)以及《内蒙古统计年鉴》(历年)。

从表 4-2 中数据可以看出,内蒙古自治区金融机构存贷款余额呈现出一种加速上升的态势。内蒙古自治区 FIR 在缓缓提升,但与内蒙古自治区高速的经济发展相比,已严重滞后。这说明内蒙古自治区金融资源还不丰富,金融聚集程度不高,金融活动的规模还比较弱小,金融支持地方经济发展的力度亟待提升。并且,区外发达省市的 FIR 大多已经超过 2,相比之下,内蒙古自治区金融相关比率还在

1.5左右,表明内蒙古自治区的金融深化程度还不高,难于承担起助推经济乃至煤化工产业发展的重要任务。

金融机构人民币存款余额从2006年的4036.56亿元增至2012年的13616.60亿元,增加了3倍多,而同期人民币贷款余额从2006年的3205.19亿元增至2012年的11284.20亿元,存贷差从831.37亿元扩大到2332.4亿元,而且还有逐年扩大的趋势。这也说明大量本应用于支持地方经济发展的资金没有得到充分利用,对内蒙古自治区经济发展的不利影响显而易见。

总体来看,煤化工产业发展的金融供给和金融需求不匹配,煤化工产业健康可持续发展的金融支撑不足。

2. 金融业增加值占GDP的比重不大,对拉动地区经济增长的作用有限

表4-3显示,金融业在内蒙古自治区GDP的比重是比较低的,明显低于全国平均水平。从发展趋势来看,金融业增加值在快速增长,但将经济总量与所占有的金融资源比较,就显得不够匹配了。这说明虽然内蒙古自治区金融业增加值在GDP中所占的比重逐年提升,但其所拥有的金融资源却相对不足,金融业还没有成为拉动地区经济增长的主要力量。从金融业占GDP比重来看,内蒙古自治区的金融业若想成为支柱产业还有相当长的路要走。

表4-3 内蒙古自治区金融业增加值占GDP的比重

年份	GDP(亿元)	金融业增加值(亿元)	金融业/GDP(%)
2006	4944.25	105.31	2.13
2007	6423.18	137.81	2.15
2008	8496.20	166.85	1.96
2009	9740.25	291.10	2.99
2010	11672.00	346.44	2.97
2011	14359.88	447.46	3.12
2012	15880.58	502.01	3.16

资料来源:《内蒙古统计年鉴》(历年)。

3. 经济总量偏小,产业结构有待调整

一方面,内蒙古自治区经济总量和发达省区相比偏小(如表4-4所示),2012年GDP总量为广东省的27.8%、江苏省的29.4%、山东省的31.8%、浙江省的45.9%。产业结构还有待调整。2012年,内蒙古自治区第一产业的比重(9.1%)

仍然偏高,第三产业的比重(34.4%)却偏低,这些都影响了煤化工业资金来源的增加。另一方面,内蒙古自治区收入向储蓄的转化率低、存款总量不高等因素制约了资本的形成,致使社会融资总量规模不够,难以满足煤化工产业的资金需求。

表4-4 2012年内蒙古自治区GDP与发达省区GDP比较表   单位:亿元

年份	内蒙古	广东	江苏	山东	浙江
GDP总量	15880.58	57067.92	54058.22	50013.24	34606.3
比值	—	0.2783	0.2938	0.3175	0.4589

资料来源:2013年内蒙古及其他地区统计年鉴。

4. 资金来源有限,外资数量偏少

在表4-5中,内蒙古自治区各产业包括内蒙古煤化工产业在内的建设资金主要来源于国家的财政支持、国内贷款以及企业自筹,海外资金虽处于缓慢上升趋势,但所占比重仍然偏低。

表4-5 2010～2012年内蒙古自治区各产业发展等方面的主要资金来源

年份 来源	2010		2011		2012	
	金额(万元)	占比(%)	金额(万元)	占比(%)	金额(万元)	占比(%)
国家预算	3787453	4.1	4960488	4.3	6185101	4.6
国内贷款	11158795	12.2	12729236	11.2	14881136	11.1
外资	75469	0.1	132248	0.1	225026	0.2
自筹	72626725	79.2	90248981	79.1	106039211	79.2
其他	4014270	4.4	6088728	5.3	6509939	4.9
总计	91662712	—	114159681	—	133840413	—

资料来源:《内蒙古统计年鉴》(2011～2013)。

5. 融资结构不够合理

通过表4-6不难看出,在内蒙古自治区非金融机构的融资结构中,间接融资所占比重较高,而直接融资虽然逐年上涨,但所占比重还是偏低。内蒙古自治区煤化工业上市企业数量较少,直接融资总量规模小,与发达地区有较大差距。而近些年来,内蒙古自治区煤化工产业内源融资比例也低于全国的平均水平,融资主体对外界资金依赖性较大,自主积累能力有待提高。

表4-6 2010~2012年内蒙古自治区非金融机构部门融资结构表

年份	融资额(亿元)	比重(%)		
		贷款	债券(含可转债)	股票
2010	1776.1	90.5	9.2	0.3
2011	2105.7	89.1	9.4	1.5
2012	2171.1	72.1	22.2	5.7

资料来源:中国人民银行呼和浩特中心支行、内蒙古证监局。

6.民营企业融资难,融资成本高

民营的煤化工企业,融资难一直是制约其发展的瓶颈,需要政府在政策和机制方面给予相应的配套措施。民营煤化工企业到银行去融资必须要抵押,一些信誉良好的优质企业可能会得到银行的信用贷款,但是在其初期还是需要抵押。如何让资金安全地流到有需求的民营企业才是迫切需要解决的问题。

民企不但融资困难,融资成本还很高。相对于国企,民营企业在融资方面完全没有竞争力,只有付出更高的成本才能获取资金。许多民营企业不得不去找央企、国企合作,依靠对方强大的融资能力来促成交易,这无形之中增加了民企的融资成本。

五、内蒙古自治区煤化工产业发展思路

(一)在发挥市场起决定性作用的同时,务必加强政府的宏观管理作用

根据国家化工产业政策,紧密围绕自治区的实际情况,在确保生态环保安全的前提下,以生产规模、工艺技术、市场需求为准则,加强重点煤化工项目建设的政策引导,制定鼓励、限制、淘汰的煤化工产业政策,引导生产要素向优势产业集中。在引进国内外大企业、大集团方面,采取混合股权投资方式,以本地属性原则成立新公司,以此解决资金、技术、人才等发展瓶颈,争取建成一批带动作用大、辐射能力强、产业链长的重点项目。基于内蒙古自治区较多的煤化工项目是资源消耗型产业,在引导企业积极落实项目建设资金、原料、动力供应等建设条件的同时,必须做

好水资源、环境评价和建设用地等工作,为煤化工基地建设创造良好的外部环境。

(二)以煤化工园区建设为载体,加快煤化工产业集聚发展

为了防止煤化工产业布局上的分散性,按照"建设大基地、发展大产业、形成大集群"的思路,坚持煤化工企业向园区集中,优化布局,促进产业延伸、产业升级,通过完善煤化工基地的基础设施建设,提高聚集各类生产要素能力和项目承载能力,把煤化工园区打造成促进产业集聚和发挥规模经济效益的重要载体。

(三)实施科技创新战略,加快提高煤化工的高技术水平

当前,发展现代煤化工产业面临的主要技术难题是资源综合利用技术、先进节能技术、清洁生产技术、稀缺产品和高端产品产业化技术等,这些技术直接关系到新型煤化工产业的可持续发展问题。自治区政府应加快实施煤化工科技创新战略,加快构建科技创新协同机制,鼓励高校、科研机构进入大企业或与企业联合,创办煤化工技术研发中心;加快建立产业技术创新战略联盟,建议在鄂尔多斯市、锡林浩特市煤炭富集区建立科技创新战略联盟示范基地,加快科研成果的产业化;加强煤化工产业创新型人才队伍建设,通过"送出去、请进来"等多种途径培养所需的技术人才、管理人才和技能劳动者,全面提高从业者的专业水平和综合素质;建立健全科技激励机制,采取业绩提升与股权激励机制相结合的方式,把知识、技术、能力、经验作为生产要素参与按劳分配,进一步发挥科技人员的创造性。

(四)以发展循环经济为准绳,强化生态文明建设

内蒙古自治区的煤炭资源主要分布在生态环境比较脆弱的地区,现代煤化工产业发展会对生态环境产生较大影响。而煤化工行业又属于高能耗行业,对煤、油、气等一次能源和电、热等二次能源的需求量很大。面对日益紧张的环境和资源压力,煤化工行业必须提高能源和资源的利用效率,加大对废水、废气、废渣的治理力度,以保证经济与自然环境的协调发展。所以,必须大力发展循环经济,按照"减量化、再利用、资源化"原则,以低消耗、低排放、高效率为基本特征,构建化学工业循环体系。在新建和现存的煤化工项目要制定和实施化学工业主要行业准入条件,加大环境保护监督力度,对达不到环保要求的化工企业必须责令其停止生产,限期整改,经整改仍不能达到国家环保要求的,要坚决关闭。同时,鼓励企业对煤炭等资源深度加工和综合利用,提高资源利用效率,加强水资源循环利用,实现资源开发、资源保护与经济建设同步发展。

六、内蒙古自治区建设煤化工生产示范基地投融资建议

通过上文分析,不难发现内蒙古自治区煤化工产业的投融资环境不够优化,一些问题亟待解决,这些都严重影响内蒙古自治区煤化工产业的投融资及其自身长远发展。当前必须从制度上严格规范,多措并举,多方引进,构建良性投融资环境,确保内蒙古建成全国现代煤化工生产示范基地。

(一)发挥政府作用,推进投融资的市场化运作

2013年11月召开的十八届三中全会指出,经济体制改革的核心问题是处理好政府和市场的关系,使市场在资源配置中起决定性作用和更好地发挥政府作用。在内蒙古自治区煤化工产业投融资体制上,在更好地发挥政府作用的同时,要坚持以市场为主导的煤化工产业投融资机制的设计。

依靠政府和市场的双重作用,紧密结合能源经济的特点和煤化工产业发展的要求,建立金融促进煤化工经济发展的相关制度与规则,构建适合内蒙古自治区煤化工产业发展配套的金融服务制度安排,包括长期信贷额度分系统跨期协同供应机制,直接融资与间接融资平台,特别是煤化工产业投资机制,有效的风险监管与补偿机制,创新性运用财政贴息贷款、银行低息贷款机制以及税收优惠等机制和政策。

一方面,内蒙古自治区政府要通过制定煤化工产业的发展规划,立足煤炭资源优势,坚持示范和产业化发展"两手抓",通过调动各部门、各级政府积极性,推进新型煤化工示范项目产业化进程,提高煤炭深加工技术装备水平,让更多的实验示范技术在内蒙古自治区"生根发芽",及时跟进后续项目,具备大规模产业化发展的技术和装备要积极争取优先在内蒙古自治区布局建设,防止"只开花不结果";要严格执行煤化工产业政策和各项煤化工扶持政策,确保内蒙古自治区煤化工产业的先进性、竞争力和可持续发展,优化煤化工投融资环境;既要激励政府在投融资方面发挥积极作用,又要谨防地方政府对煤化工融资问题进行干涉。

另一方面,要切实推进内蒙古自治区煤化工产业融资的市场化,煤化工产业投融资机制设计的核心和难点就在于如何确立市场机制的主导地位。除了要从制度上作适当的规范之外,坚持以市场为导向,立足市场配置金融资源的决定作用,着力激发金融市场不同融资主体的功能,完善融资市场体系,规范融资主体行为,使融资方式向市场主导型转变,以弥补投资资金缺口,逐步推进融资模式市场化。

（二）整合多方力量，共铸支持煤化工产业发展合力

根据内蒙古自治区煤化工金融需求的特点以及国家能源发展政策的目标，煤化工金融市场的基本功能，既要能够满足多样性的有效金融需求，又要通过增加用于改善煤化工产业基础设施条件的长期信贷，提高煤化工产业发展水平以及内蒙古自治区地方煤化工企业的竞争力。因此，在正确处理好金融投入与财政投入的关系基础上，实行政策性金融与商业性金融协同支持的大金融格局。

1. 通过整合形成多方支持煤化工产业发展的投入合力

在煤化工资源地建立合理分工、协同运作的煤化工金融体系，降低资金运行成本，提高金融交易效率。尽快形成以财政投入为基础，政策性金融、商业性金融、合作性金融、民间金融相结合的资金协同投入机制。

协同各涉及煤化工资源的部门、金融、保险机构，整合各职能部门的支持手段，实现部门政策有效结合；信贷投入与保险服务相结合；金融支持与政府政策扶持相结合；金融服务与煤化工产业社会服务发展相结合；信贷投入与能源企业自主投入相结合。

2. 政策性金融与商业性金融协同配合

强化政策性金融支持煤化工产业发展的作用。建立专为煤化工产业发展提供资金的政策性金融组织和政策性金融财政补偿机制，引导社会资金流向煤化工产业，缓解其资金短缺问题。与此同时，政策性金融机构应致力于煤化工产业基础设施建设及煤化工项目的基本建设资金投入等中长期项目建设。

许多西方国家都出台过要求商业银行必须拿出一定比例资金投放新能源的金融支持政策，收效显著。内蒙古自治区政府应充分借鉴，制定政策要求内蒙古自治区各商业银行将一定比例的信贷资金投入内蒙古自治区煤化工开发与建设中，加大对内蒙古地方涉足煤化工产业企业的信贷支持力度，壮大地方企业实力，促进内蒙古自治区煤化工产业结构的调整。并建立利率补贴机制，减轻能源企业利息负担。煤化工企业由于使用资金量大，见效周期长，因此在发展初期，银行的信贷支持不宜使用利用利率定价覆盖风险的经营手段，而应采取财政手段对贷款进行一定比例的贴息。

（三）发展与煤化工产业技术开发相关的产业投资基金

面对当前中央和内蒙古自治区财政支持，税收优惠，金融机构信贷投入和地方煤化工企业资金实力有限等实际情况，仅仅依靠上述某一方力量，都难以实现内蒙

古自治区煤化工产业的发展。通过建立煤化工产业基金投资机制,搭建煤化工产业投资融资平台不失为一条切实可行的出路,笔者认为这也是解决内蒙古自治区煤化工投融资问题的关键所在。

1. 内蒙古自治区煤化工产业投资基金建立的必要性

煤化工基础设施建设是煤化工产业发展的基础和动力源泉,除本身对经济增长直接贡献外,还以基础产业的放大效应,来启动煤化工产业的发展。内蒙古在煤化工基础设施建设中,所需资金数额庞大,目前投融资渠道不畅,自治区财政和银行业信贷均显得捉襟见肘。由于产业投资基金不承担还本付息义务,基金经理人可以将募集的基金分散地、以权益性投资方式投资于各个具体基础项目,基金收益来源于各项目收益,所以产业投资基金可以减轻基础设施项目的财务负担。

产业投资基金投资基础产业、规模经济和减轻投资财务负担的特点,正好可以弥补内蒙古自治区提升煤化工综合实力、发展煤化工产业的巨大资金需求。煤化工产业投资基金可以在煤化工企业、煤化工项目以及煤化工相关技术等方面进行投融资运作。因此,发展内蒙古自治区产业投资基金具有较强的现实意义。

2. 内蒙古自治区煤化工产业投资基金建立的可行性

政策性银行受管理机制与资金实力限制,对煤化工产业发展的资金支持杯水车薪。而煤化工产业项目客观上都存在投资期限长、投资规模大、风险大的特点,商业银行受风险意识影响,投资也会很有限。以内蒙古自治区现有地方企业的实力难以筹集建设资金,也难以改变外部资金投入后内蒙古自治区资源外部化的问题。这就迫切需要内蒙古自治区为煤化工产业发展提供投融资平台。

根据国外成功经验,利用风险投资促进经济相对落后地区的开发是一个比较好的方式。利用产业投资基金融资来带动基础设施和高科技发展已是十分成熟的经验。当前我国发展产业投资基金、培育基金市场,青睐于特殊产业的投资者,尤其是机构投资者,已是解决我国宏观经济发展问题的客观要求,同时也不乏成功案例。无论国际的还是国内的产业投资基金发展经验,都可以为内蒙古自治区煤化工筹措所需资金提供解决思路。

投融资平台建设的关键是资金筹集,产业投资基金恰恰可以解决这一问题。从现阶段的经济发展状况看,内蒙古自治区已经具备了发展产业投资基金的现实条件:居民个人资产的稳定增长为内蒙古自治区发展产业投资基金提供了资金来源;内蒙古自治区金融机构的多元化为发展产业投资基金提供了组织可能;金融监管水平的提高为发展产业投资基金提供了法律保障。充分借鉴已有的经验,在区域经济发展中大胆利用风险投资,自主地采取财政、金融、企业以及资本市场等进行联合的多途径、多渠道资本筹集,设立内蒙古自治区产业投资基金,引进风险投资资本,借助先进的投资基金管理模式和经验,可以少走很多弯路。

3.内蒙古自治区煤化工产业投资基金建立的适用性

基金资产分散投资于不同的项目,投资收益按资分成的投融资方式,具有"集合投资、专家管理、分散风险、运作规范"的特点。

由于定位范围宽泛,可视企业发展的不同阶段或涉足的不同领域,提供有效的项目资金支持,促进产业升级与结构高度化,以高风险实现高收益。以实业投资为主,但也作一定比例的证券投资,以保持基金资产的流动性。从产业投资基金的投资阶段、涉及范围和运作特点可见,内蒙古自治区发展产业投资基金有助于内蒙古自治区煤化工企业整体实力的提高,有助于煤化工产业结构调整,更有助于内蒙古自治区能源资源科学、合理、有序地综合开发利用。

4.搭建内蒙古自治区投融资平台的基本构想

内蒙古自治区投融资平台宜采用政府主导模式,自治区政府在产业投资基金的发展中应发挥导向作用。产业投资基金作为一种商业性的投融资主体,其市场化运作原则与发挥产业投资基金的政府导向作用并不矛盾。政府不宜干预基金的运作,但可以根据国家产业政策和内蒙古自治区的区域发展政策,通过对产业投资基金设立审批程序和基金的基本投资限制来发挥必要的导向作用。并通过地方立法制定符合产业投资基金发展的投资战略和优惠政策。因此,内蒙古自治区产业投资基金根据国家产业政策做出的决策反而增加了国家产业政策在内蒙古自治区具体实施的可操作性。

搭建内蒙古自治区投融资平台的路径选择:由自治区财政注资(铺底资金),组建内蒙古自治区煤化工产业投资基金公司和内蒙古自治区煤化工基金管理公司。内蒙古自治区煤化工产业投资基金公司负责筹集内蒙古自治区煤化工开发所需资金,合理配置公司资产结构。内蒙古自治区煤化工基金管理公司以其自有资金实力负责内蒙古自治区煤化工的项目投资管理,由具备实业投资经验和具有资本经营经验的专业人员负责投资项目的选择和决策,采取直接控股或参股方式参与内蒙古自治区煤化工项目开发,实现投资基金的增值和利益最大化。

5.公司构架及其运作方式

(1)由内蒙古自治区煤化工产业投资基金公司完成资金募集。资金筹措是产业投资基金运作最关键的一步。内蒙古自治区拟设立的煤化工产业投资基金应结合经济发展实际,由自治区财政出资控股,吸收企业法人、非银行的金融机构如保险机构,以及私营、民营企业家为发起人,共同申请设立基金,获准后进行定向募集。

2000年美国的创业投资基金中私人和公共养老金占总投资额的40%、金融和保险公司占23%、捐赠基金占21%。仅按美国投资基金比例的一半计,内蒙古自治区煤化工产业投资基金的筹集规模初步估算至少在200亿元以上。鉴于能源和基础设施具有持续稳定增长的特性,引入新的战略投资人,面向全国(主要面向东部发达地区)发行一定规模的内蒙古自治区煤化工产业建设债券,以大集团、大企业为核心,吸引其投资参股煤化工企业,分享高额利润回报,进而解决内蒙古自治区煤化工发展的巨额资金不足问题。

(2)内蒙古自治区煤化工产业投资资金宜以公募为主、适量吸收民间资本参与为辅的募集方式。公募为主有利于形成规模较大的基金筹资途径,从而形成规范的公司型产业投资基金,并有利于基金上市。私募为辅有利于形成基金运作的宽松环境,有利于内蒙古居民资产投资转化。

(3)采用公司型基金组织形式。内蒙古自治区煤化工产业投资基金公司所吸引的社会资本、募集的各类资金,管理上应采取所有权与经营权分离的模式,决策主要通过董事会,可以对煤化工产业开发项目进行参股或控股,监督上完善管理章程,对投资者的损失只负有限责任。

内蒙古自治区煤化工产业投资基金管理公司的公司性质为政府绝对控股的、以政府各相关资源管理部门为主、大型煤化工企业为辅共同出资参股的股份有限公司,实行股东多元化结构。自治区政府不同部门,形成隶属各异的国有股份,从总体上对公司实现控股,以此支持、推动内蒙古自治区煤化工产业可持续发展。

(四)推进煤化工与相关金融资源深度融合,实现二者双赢

要以节约资源能耗、提高环境质量、转移环境风险、促进煤化工产业发展为主要目的,以金融资源配置的市场运作规则为依托,结合区域发展实际,在有效控制金融风险的前提下创新融资工具、融资手段和融资模式,探索新型融资渠道,通过挖掘信贷供给潜力、大力吸引境外资本、积极启动民间资本、引进新型融资制度等措施,实现金融与煤化工产业的深度融合,为煤化工产业发展提供充足的资金保障。

投融资已经成为内蒙古自治区煤化工产业发展中的主要障碍是不争的事实,关键是如何在现有环境下找到投融资主渠道问题。其基本思路应是结合煤化工新经济特性,在金融政策和金融产品创新上做文章。

1. 制定支持内蒙古自治区煤化工产业发展的信贷政策

尽快形成在金额、期限、方式、贷款主体等各方面具有不同特点的适合煤化工产业发展的信贷产品创新系列,并不断提高煤化工产业金融支持效率。重视煤化工产业产业链的延伸,注重并加大对涉足煤化工产业的组织及加工企业的信贷支持力度,增加其产品的市场占有率。

2. 利用多层级资本市场拓宽煤化工产业直接融资渠道

资本和科技的有机结合才是发展新能源产业的核心。而这种结合的方式应是政府引导,市场选择和决定。这种结合主要是通过资本市场来完成。因为资本市场有风险共担、利益共享的机制,有价格发现机制,有优胜劣汰的竞争机制,有适应性演化机制,其层次化多元化演进有利于不同阶段的企业找到自己的融资渠道。

(1)充分利用主板市场融资。优先支持符合煤化工发展要求的企业上市融资;大力发展债券市场,优先核准符合发展煤化工产业要求的企业和建设项目发行债券。对于符合标准和要求的煤化工企业鼓励在创业板市场上市。

(2)鼓励煤化工的资产证券化的发展。2013年陆续出台和明确的《证券公司资产证券化产品管理办法》、补贴价格、补贴时间等,使得资产证券化这一金融产品的法律基础和产品要素已经具备,为内蒙古自治区实现煤化工资产证券化提供保障。

3. 保障民间投资合理运作

民间投资是根据投资项目资本总额构成中出资人的资金来源性质对投资进行一种分类。具体来说,民间投资是来自于民营经济所涵盖的各类主题的投资,具体包括个体投资、私营企业投资、私有资本控股的股份制企业投资以及集体企业投资。

随着国家对民间投资支持政策的不断细化和落实,内蒙古自治区鼓励和引导民间投资发展的政策效应也进一步增强,投资由政府推动型向民间自主型的转变逐步加快。据内蒙古统计局统计,2012年民间投资占固定资产投资的比重达到61.4%,成为全社会固定资产投资的重要主体。2012年全年民间投资增速达到24.8%,高于全国平均水平。虽然内蒙古自治区民间投资额度比较大,但是大部分都集中于收益快、技术性不强的产业,而技术性比较高的煤化工业,往往令民间投资者望而却步。

为了保证民间融资对于煤化工产业的合理运作,内蒙古自治区需要构筑有利于民间投资的融资环境与社会服务体系,发展行业商会等组织,为民间投资者提供各类信息服务、维权服务和管理服务。同时要严肃行政执法,规范管理,取缔不合理竞争进而保护民间投资者的合法权益,从法律的角度构筑保障投资与煤化工产业的民营资本的安全机制。

4. 引导海外融资逐步扩大

海外融资的引进,离不开煤化工企业的规范经营,更离不开地方投融资环境的不断优化。一方面,煤化工企业要"做好自己",通过规范的经营、良好的资产与融资渠道管理能力,树立起国际资本市场认可的公司形象。另一方面,内蒙古政府要积极推进融资体制和融资机制创新,着力破解制约融资发展的各种体制和机制障碍,优化投融资环境。唯有这样,才能为海外投资提供安全保障,逐步建立起海外投资者的投资意向。

5. 加强融资性担保机构建设

截至 2012 年末,内蒙古自治区中小企业信用担保机构有 400 家左右,其中自治区本级信用担保机构 2 家,盟市级信用担保机构 30 家左右,旗县区信用担保机构约 40 家,民营信用担保机构 300 多家;从信用担保机构组织形式来看,采取事业法人的 21 家,其他则全部采取企业法人制;从担保资金构成来看,政府全部或部分出资的 79 家(占资金总额的 22.5%),民间资本全部出资的 298 家;总累计筹集担保资金 45.68 亿元,注册资金亿元以上的有 4 家,5000 万元以上的有 19 家,2000 万元以上的有 100 家左右。总体来说全区担保机构规模普遍偏小(大部分只有几百万元),抗风险能力较弱,与银行的合作信用度较低,担保财力分散,无法形成支持煤化工产业发展的合力。

以目前内蒙古自治区担保机构的管理机制,任何一家机构都无力承担大型项目贷款的担保。为实现内蒙古自治区煤化工产业投资基金公司的高效运作,发挥内蒙古自治区投融资平台的运作效率,客观上要求整合内蒙古自治区现有担保资源,组建内蒙古自治区煤化工担保公司。同时,适当加大财政对担保机构的注资力度,建立内蒙古自治区担保机构的再担保机制,管理上采取松散管理和集约管理相结合的模式,灵活使用担保资源,发挥担保资源在内蒙古自治区煤化工产业开发建设中的应有作用。

第五章

内蒙古自治区现代装备制造业投资报告

发达国家的发展经验充分证明,没有强大的装备制造业,就无法完成工业化,更不可能实现现代化。装备制造业位居工业的核心地位,担负着为国民经济发展和国防建设提供技术装备的重任,是工业化国家的主导产业。按照内蒙古自治区党委"8337"发展思路提出的要建设现代装备制造业基地,关键是深化产业结构战略性调整,实现有质量、有效益、可持续的发展,这对推动内蒙古自治区全区工业经济发展或区域经济发展有着重要意义。

第五章　内蒙古自治区现代装备制造业投资报告

一、内蒙古自治区装备制造业发展的总体评价

内蒙古自治区"十二五"发展规划中指出:"培育壮大装备制造业——依托现有龙头企业,着力引进技术装备先进的企业,加快发展运输机械、工程机械、矿山机械等优势行业,培育发展风电设备、输变电设备、煤炭机械、化工机械、冶金机械和农牧业机械等成长性行业,形成新的支柱产业。扶持发展小型新型商用车和新能源汽车,加快建设通用飞机制造项目。围绕汽车、机械、设备等整机生产,加快模具、关键零部件生产,发展配套产业,建设装备制造业配套园区。"

近年来,作为内蒙古自治区六大优势特色产业之一的装备制造业获得了较快增长,利润不断提升。"十一五"期间以来,内蒙古自治区装备制造业增加值年均增长23%以上。其中,电气机械及器材制造业增速最高,其次为通用设备制造业、通信设备计算机及其他电子设备制造业和交通运输设备制造业。目前,包头市、呼和浩特、鄂尔多斯市已成为国家重型汽车制造基地和机械装备制造基地,占全区工业固定资产投资的比重为13.71%,占全区六大优势特色产业投资的14.78%。2008年以来,"呼包鄂"地区装备制造业增加值占到全区装备制造业增加值的91%,"金三角"聚集了内蒙古自治区地区装备制造业主要的优势行业、骨干企业和各类人才,已经形成了重车装备、风电装备、铁路装备、机电装备、石油装备、工程装备6大产业集群。尤其是载重汽车、铁路车辆、非公路矿用车、越野车等车辆制造,煤炭、矿山机械,工程机械,风电设备制造,机床附件等几大类产品具有一定规模和特色,一些优势特色产品处于行业先进水平,成为品牌产品。风电设备制造领域,正在打造包括整机和零部件生产在内的完整产业链,内蒙古自治区风力发电装备制造企业的年设计生产能力已达到456万千瓦,其中已投产的生产能力为143万千瓦。机床附件领域,卡盘类产品占国内市场50%以上,出口占国内同行业80%以上[①]。

"十二五"期间,内蒙古自治区将重点推进包头、鄂尔多斯、呼和浩特、赤峰等地的交通运输、工程机械、化工机械、重型矿山等设备制造产业基地建设,力争到"十二五"末形成具有较强竞争力的交通运输、工程机械、化工机械、重型矿山、新能源等设备制造业产业集群,带动内蒙古自治区装备制造业快速发展。到2015年,内蒙古自治区装备制造业总产值要达到3520亿元,年均增长35%,占该自治区规模以上工业的比重达到9%,培育销售收入超过百亿元的产业集群6个以上("十二

---

① 来自内蒙古自治区发改委数据。

五"规划)。

(一)技术创新能力较弱,影响了高端装备制造的高端发展

缺乏核心技术是内蒙古自治区装备制造业向高端发展的主要问题。主要原因:一是企业的科技投入严重不足。一般情况下,发达国家研发资金占销售收入的比重是5%~10%(通用汽车占到20%),而内蒙古自治区地区R&D强度较高的一机集团、北重集团才达到3.8%左右,投入不足严重影响了企业的技术开发,尤其是装备制造业中的数控系统等核心关键部件产品在内蒙古自治区尚属空白,高附加值高技术含量产品严重匮乏。与工业发达国家相比,在研究开发经费投入、设备及产品的技术含量等方面存在巨大差距,特别是大型、大容量、高精度的重大技术装备与国外差距更大。在很多产品领域,单项技术比较先进,但系统成套能力比较差,成套设备生产能力弱,大量成套设备不得不依赖进口。与我国其他发达地区相比,内蒙古自治区装备制造业在整体竞争力方面也处于弱势。二是企业与科研院所的创新合作能力偏低,科技创新协同少,企业间也缺乏技术协作来解决共性、战略性的技术问题。三是人才保障不足。内蒙古自治区地区装备制造业人才总量不足,多数企业由于没有形成良好的激励机制,存在人才流失现象,中高级管理人才和技术人才缺乏,技术工人的供给存在结构性问题,高技能人才短缺,一般工人过剩。

(二)龙头企业的辐射力较弱

内蒙古自治区地区装备制造虽然起步较早,但发展较慢,总量较小,龙头企业不多、不大、不强的特征较为突出。主要表现在:全区装备制造业只有一家销售收入过百亿的企业,在自治区工业20强企业中,仅有2户装备制造企业;一机集团和北重集团的主导产品,除非公路矿用车市场占有率较高外,其余市场占有率均不高,北方奔驰的重型汽车销售虽然增长较快,但国内市场占有率仍只有4.8%。众环集团卡盘类产品市场占有率虽排名第一,但其属于零部件类行业,年销售收入不到3亿元,对相关产业拉动作用不大。

(三)产业集群效应没有放大,尚未形成大、中、小企业协作配套的格局

装备制造业对产业关联要求较高,加快推进企业聚集,发挥产业龙头的辐射作用,使产业链条向产业的上、下游延伸,向小企业延伸,对催生出一批中小企业的快速发展具有重要意义。内蒙古自治区地区装备制造业大企业和骨干企业对相关企

业带动力不强,导致中小企业无法大量聚集在龙头企业周围进行配套生产。同时,内蒙古自治区地区装备制造业现有的专业化和社会化协作不够发达,企业之间的协作程度一直较低,部分企业各自为战,中小企业不专不精,缺乏特色,没有形成专业化的生产优势,无法为骨干企业提供服务,骨干企业的很多零部件需要采用区外产品,没有形成大、中、小企业协作配套的格局。

(四)投融资能力的不足制约了装备制造业的高端发展

截至2012年底,内蒙古自治区现有的24家A股上市公司中,只有2家装备制造企业(北方股份、北方创业),占比为8.3%,尚没有成为内蒙古自治区上市公司的主体,这与内蒙古自治区六大支柱产业之一的装备制造业极不相符。目前,内蒙古自治区地区装备制造业仍以国有经济为主,非国有比重较低,特别是一些大企业现代企业制度尚不完善,市场化的企业运行机制没有完全形成,多元化的股权投入机制没有形成,较多企业仍依靠间接融资(银行信贷仍是融资主渠道),存在着体制机制制约过重现象。近几年,内蒙古自治区地区装备制造业固定资产投资速度虽快,但比重较小,如2011年全区机械装备制造业完成投资621.22亿元,占全区工业固定资产投资的比重为13.71%,占全区六大优势特色产业投资的14.78%,投融资不足导致企业资金紧张①。

(五)招商引资服务存在偏差,以资源换非资源型产业现象较为普遍

无论是承接产业转移还是一般的招商引资,以资源为交换条件成为内蒙古自治区各地吸引国内外投资的潜规则,尤其是以煤炭资源配置吸引投资的做法导致较多企业钻了政策的空子,出现只占地不开工的现象。由于是各地各自引进投资,导致内蒙古自治区地区装备制造产业布局不集中,即使是存在园区的产业集聚,但园区间的项目建设还存在交叉重复等问题。如正在全力打造的以奇瑞汽车、精功恒信重卡制造项目、中兴特种车辆制造项目为龙头的鄂尔多斯装备制造基地,以及以三一重工重型机械制造项目、天地华润煤机制造项目为龙头的机械产业,尚没有形成完整的循环经济产业链,各类汽车相关配件产业严重不足,相应的配套建设还需完善。在推进产业集中、集约发展中,产业基地要积极探索"一区多园"运作模式,强化定向招商引资。

---

① 来自内蒙古自治区发改委数据。

二、内蒙古自治区装备制造业发展的投融资分析

发展高端装备制造业必须实施科技创新战略,其中,加大科技投入的强度是唯一的选择。由于多种原因,资本短缺仍然使许多装备企业在高速发展时捉襟见肘。虽然内蒙古自治区装备制造业面临机遇,发展潜力巨大,但是,目前内蒙古自治区装备制造业存在的产业结构不合理、企业创新能力不强、资金投入普遍不足等方面的问题,制约了内蒙古自治区装备制造业的发展。

(一)内蒙古自治区装备制造业资金投入的总体情况

装备制造业是制造业的核心组成部分,是为国民经济各领域提供技术装备的基础性、支柱性和战略性产业。建立起强大的装备制造业,是提高一个地区乃至国家综合实力、实现工业化的根本保证。内蒙古自治区作为传统的资源大区,多年来一直在转变经济发展方式的道路上不断探索前进。按照"8337"发展思路绘就的蓝图,调整产业结构,实现有质量、有效益、可持续的发展,根本途径是加快转变经济发展方式,关键是大力发展非资源型产业,积极承接发达地区产业转移,加快发展汽车制造等装备制造业。

就投资情况而言,自"十一五"时期以来,内蒙古自治区装备制造业的投资总额呈现逐年上升趋势,从2005年的46亿元增长至2012年的885亿元,平均增长率为50%左右,发展势头迅猛,已具备一定的产业基础(见表5-1)。截至2012年底,规模以上机械装备制造业完成增加值同比增长14.5%;完成投资829.62亿元,同比增长36.1%,高于全区工业固定资产投资增速8.7%,占全区工业固定资产投资的12.94%,占全区六大优势特色产业投资的13.92%;实现利润31.4亿元,同比增长18.6%。

表5-1 内蒙古自治区装备制造业投入增长情况

年份	2005	2006	2007	2008	2009	2010	2011	2012
全区工业投资总额(亿元)	1462	1815	2222	2895	3831	4427	5138	6526
装备制造业投资额(亿元)	46	72	106	169	271	440	621	885
投资增长率(%)	—	56.6	47.2	59.4	60.3	62.3	41.1	42.5
占全区工业投资比重(%)	3.15	3.99	4.78	5.84	7.07	9.93	12.08	13.56

资料来源:《内蒙古自治区统计年鉴》(2006~2013)。

但是,内蒙古自治区装备制造业总量偏小,在工业经济总量中所占比重偏低,在六大优势产业中相对较弱,多数企业规模较小、影响力低,行业产品结构不完善。2012年全区规模以上装备制造业企业275户,占全区规模以上工业企业总数的6.5%,在全区营业收入超百亿元企业中,装备制造企业仅占2户。2012年,自治区规模以上装备制造业工业总产值仅占全区规模以上工业的5.1%,居六大优势产业第5位,在全国排名第23位。此外,装备制造业的科技含量低,总体科技水平与国内沿海省区相比偏低,新技术、新产品的研发能力仍然薄弱,自主品牌、自主知识产权与先进省区相比偏少。装备工业高精尖产品很少,制造业中数控系统等核心关键部件产品在内蒙古自治区尚属空白。

(二)内蒙古自治区装备制造业资金供给渠道分析

在装备制造业企业融资过程中,由于企业的体制问题(国企较多),外部的融资渠道过于狭窄,直接融资市场不完善等融资瓶颈,资金短缺的问题较为严重,尤其是在新建生产线和R&D投入方面更是严重匮乏。内蒙古自治区的装备制造业企业直接融资比例较低,这使装备企业不能以低成本获得资金支持,企业扩张资金需求不能得到有效满足,加大了企业成长的压力。银行信贷仍是装备制造业发展的主要资金来源。商业银行在开展信贷业务时,往往并不会对装备制造业项目给予特殊的信贷安排,与对待一般项目没有实质区别。虽然国家出台了装备制造业发展的若干政策,但商业银行总行在对分支机构的考核中,并没有在其内部资金转移定价等实质性方面进行支持,分支机构一线信贷人员并没有额外动力进行项目融资。此外,很多装备制造企业在银行有大量不良贷款,很难继续获得贷款。

从目前的融资渠道分析看,内蒙古自治区装备制造业的资金供给渠道主要有政策性和商业性信贷、招商引资、发行股票和自有资金投入。

1. 信贷融资

目前,国家开发银行对装备制造领域的企业给予了较多的信贷支持,对一些还不符合贷款条件的企业,出于支持装备制造业振兴的目的也发放了贷款。巨额资金的投入为这些企业的发展增添了动力,为促进装备制造业的发展发挥了重要的作用。如国家开发银行内蒙古自治区分行立足产业配套和产业链延伸,对应产业链打造融资链,将信贷服务由单个龙头企业扩展到整条产业链,融资推动大企业发展,信贷支持小企业升级,探索出一套产业链融资服务的创新模式。截至目前,国家开发银行内蒙古自治区分行已累计向一机、北重、北奔等装备制造核心企业发放贷款约16亿元,为装备制造业领军企业的壮大发展和产业高端化升级提供金融支持。然而,这些年国家开发银行只是通过一种软贷款的形式来完成,这与持续助力于装备工业重点企业的战略性重组与发展的终极目标仍有距离。在商业银行信贷方面,基于装备制造业具有投资规模大、投资回报时间长的特点,目前的平均利润率只有5%,现行商业贷款利率已经很高,对企业来说,这意味着投资建设第一年可能就要支付上千万元的利息,继续从银行获得更多融资已经非常困难。

2. 招商引资

"十一五"以来,内蒙古自治区就积极引进大企业和成套技术,重点发展运输设备制造、工程机械制造、汽车制造、清洁能源设备制造和大型化工机械和煤炭采掘机械制造等装备工业。为此,内蒙古自治区为鼓励外地装备制造企业来内蒙古自治区建立生产基地制定了资源配置政策——投资内蒙古自治区的装备制造企业将获投资额确定的煤炭资源。即资源配置政策确定企业投资40亿元以上,则每20亿元配置1亿吨储量的煤炭。这是内蒙古自治区为了引进优质装备制造企业给出的最大优惠政策。

截至2013年底,已经落户内蒙古自治区的装备制造企业有中国重汽集团、奇瑞汽车、三一重工、精功重卡、中兴特汽等76家,"十二五"期间投资额将近2125亿元。其中落户于包头地区的由中国重汽集团和三河市新宏昌专用车有限公司共同投资建设的包头宏昌天马专用车生产项目成为最大亮点。该项目集专用汽车产业研发、检测、制造、维修、配套于一体,是中国重汽集团在我国西部投资建设的第一个项目。项目总投资2亿元,总占地400亩。项目建成后可年产专用汽车15000台,年产值达到12亿元,可解决约2000人的就业问题[①]。项目的成功落地和建成投产,对于进一步延伸内蒙古自治区地区专用汽车产业链条,加快推进装备制造产业园区建设,优化产业结构,壮大产业规模,具有重要的推动和促进作用。

3. 发行股票

装备制造业一直是内蒙古自治区发展工业经济的重中之重。目前内蒙古自治区已经形成了以"呼包鄂"为核心的装备制造业经济集聚区,其中,包头市形成了以一机、北重为龙头,稀土高新区、装备园区为平台,以近200户中小企业为配套,包括重型汽车、工程机械、铁路车辆、风电设备、石油机械、矿山设备、特钢深加工等门类齐全、有一定规模和技术水平的产业集群;鄂尔多斯市形成了以奇瑞汽车、精功重卡、中兴特汽为龙头的汽车制造产业,以久和风机为龙头的新能源装备制造产业,以京东方液晶显示器件、荣泰光电为龙头的电子产品制造产业;呼和浩特市装

---

① 数据来自包头市发改委(2013)。

备制造业尽管在全市工业经济总量中所占比例较低,但一些企业如内蒙古自治区众环有限公司、内蒙古自治区精诚绝缘子有限公司、内蒙古自治区飞鹰汽车齿轮有限责任公司等在国内同行业也处于领先水平。此外,乌兰察布市、赤峰市、通辽市装备制造业的发展也都已经初具规模。截至2012年底,规模以上机械装备制造业完成增加值同比增长14.5%,完成投资829.62亿元,同比增长36.1%,高于全区工业固定资产投资增速8.7%,占全区工业固定资产投资的12.94%,占全区六大优势特色产业投资的13.92%,实现利润31.4亿元,同比增长18.6%[1]。由于内蒙古自治区资本市场发展缓慢,证券市场规模偏小,在已有的24家上市公司中,仅有2家是装备制造业企业(北方创业、北方股份),占内蒙古自治区全部上市公司的比重为8.3%,这与装备制造业在内蒙古自治区工业经济发展地位极不匹配。就融资而言,仅有的2家上市公司融资能力较低,北方创业和北方股份通过发行股票共筹集资金8亿元[2]。

4. 自身资本金投入

内蒙古自治区地区的装备制造业发展潜力巨大,由于装备制造业进入门槛较高,目前绝大多数装备制造业企业都是国有企业或国有控股,国家虽然有政府专项资金或税收的支持,但对增加资本金的投入还缺乏相应财力,导致资本金投入始终不能增加。作为已经上市的2家装备制造业企业的大股东,往往在增资扩股的过程中放弃配售,进一步导致了装备制造企业的资金缺乏。

据上述分析,近年来,内蒙古自治区装备制造业企业的主要资金来源是信贷资金和招商引资(以资源型融资模式),而依托资本市场的金融支持显著不足。即直接融资比例较低,信贷资金比例较高,这种融资格局不利于内蒙古自治区装备制造业的高端发展,即使是招商引资占有较高的比例,但引资的背后是以资源换取的一种被动引资,投资的动因不是主要来内蒙古地区投资装备制造业。因而,拓宽资本市场的融资渠道才是内蒙古自治区发展高端装备制造业的主要资金来源。

三、内蒙古自治区高端装备制造业发展路径

依据《内蒙古自治区装备制造业"十二五"发展规划》、内蒙古自治区党委提出的"8337"发展思路,针对当前内蒙古自治区装备制造业发展中存在的问题,发展高

---

[1] 数据来自内蒙古自治区发改委(2013)。
[2] 数据根据同花顺股票分析软件整理所得。

端装备制造业须从以下几个方面入手：

（一）加大科技投入的力度，增强企业自主创新能力

发展高端装备制造业必须实施科技创新战略，其中，加大科技投入的强度是唯一的选择。建议政府专门设立现代装备制造业发展引导基金，围绕增加品种、提高档次、清洁生产和效益优先等目标，加大新技术、新产品的研发投资力度，通过运用高新技术和先进适用技术改造提升传统制造业，推进传统产业向现代先进制造业升级；强化企业的技术创新主体地位，通过财政和货币政策的激励手段，引导企业R&D投入的比例达到销售收入的10%以上，以此加强企业技术创新能力，争取在重点技术领域有所突破；建议在包头市、鄂尔多斯市设立现代装备制造业研发中心，鼓励企业与高等院校、科研院所开展产学研合作，实现技术资源互补；政府应积极培育具有显著发展潜力的企业依托资本市场，拓展融资渠道，进一步提高内蒙古自治区主体产业的融资能力。

（二）以构建装备制造产业基地为契机，引导产业集群发展

按照"8337"发展思路，为了把内蒙古自治区建成有色金属生产加工和现代装备制造等新型产业基地，高端装备制造业的发展就必须形成产业密集区。目前，内蒙古自治区初步形成以"包头装备制造产业园区、鄂尔多斯装备制造产业园区、呼和浩特装备制造产业园区"三大基础较好的工业园区，已经成为自治区装备制造业的集聚区和招商引资的主平台。但由于发挥龙头企业的作用不够显现，具有协作配套的中小企业不够集聚，引进国内外的大型装备制造企业不够多（尤其是500强企业基本没有，这一点与西安经济开发区相差甚远），承接产业转移力度不够明显，发展壮大产业规模、产值均不够理想等多种原因影响了内蒙古自治区新型装备制造业的发展。基于装备制造业属于典型的资本技术密集型行业，从规模经济理论的角度看，没有规模就没有竞争力，没有规模就没有利润。在目前内蒙古自治区财政体制约束、自身投入财力有限、融资能力不足等难以大规模注入资金的情况下，装备制造业发展要通过资本的流动和重组，大力推进通过中央企业和地方企业结合、国有企业与民营企业结合、自身发展与引进外资结合和军地结合等方式，以混合经济的形式、多元化股权投资手段，进一步发展跨行业、跨部门、跨区域、跨所有制的联合重组，实现战略性结构调整和集约化经营，促进装备制造企业优势资产重组和整合，使存量资产向优势产品和优势企业流动，最大限度地提高企业资产运营的效率，力争在重组中培育和发展壮大一批具有相当竞争力的世界级大公司、大集团。

(三) 重点发展与能源重化工产业链发展关联密切的装备制造业

内蒙古自治区煤电气能源丰富,地区的装备制造业就要紧紧围绕做大做强能源重化工产业服务、配套发展、上规模、上档次来建设。一是要为煤炭工业的各类主机及备用配套装备提高自给率服务,如煤矿机械的大型综采设备、提升选洗机、破碎运输机等;二是为煤炭深加工的重化工提供重型通用设备,如大型压力容器、风机、阀门、压缩机、减变速机、空分机、干燥设备等;三是延伸能源重化工产业链及与其上下游产业密切相关的装备,如特种运输车辆包括集装箱、汽车零部件、工程机械、电器机械及器材、电子元器件、环保设备等。

(四) 探索在新能源领域发展装备制造业

过去30年来,全球风电装机容量一直保持着每年20%的增速。随着各国新能源政策的逐步释放,国际市场对风机的需求将是国内市场的3~4倍。特别是在哥本哈根气候变化大会之后,可再生清洁能源已成为世界能源发展的方向,而技术最为成熟的风电将成为各国发展可再生能源的首选。由此预计,全球风电产业将再次迎来快速发展的黄金时代。内蒙古自治区风电行业的发展本身已经具备一定基础,风电技术较为先进,但风电设备生产技术尚待提升。此外,在新能源汽车领域方面,应积极推广使用节能和新能源汽车,率先在呼、包、鄂推广混合动力汽车、燃料电池汽车等节能和新能源汽车。

(五) 加强高素质人才队伍建设,为装备制造业自主创新积蓄力量

一是在装备制造业园区内建立研发中心,通过研发中心,引进先进地区的师资资源、培训资源等,形成人才共享、讲学共享、技术共享。二是发挥校企联合优势,发挥大专院校、职业院校的作用,建立多层次的装备制造业人才培养体系,加大熟练技术工人、专门技术人才和高级管理人才的培养力度。三是建立和完善企业家和科技人才选拔任用的激励保障机制,争取资金对生产服务一线技能人才、装备制造业的领军人物,实行优秀技能人才特殊奖励政策和激励办法,为高素质人才的凝聚和园区产业的升级提供有利条件。

四、内蒙古自治区装备制造业发展的投融资安排

大力发展装备制造业,是内蒙古自治区大力发展非资源性产业思路的重要组

成部分。而发展非资源性产业是内蒙古自治区转变经济发展方式、加快产业升级的重要举措。依据《内蒙古自治区装备制造业"十二五"规划》,到2015年,全区装备制造业的产值实现3520亿元,年均增长35%,占自治区规模以上工业的比重达到9%,培育销售收入超过百亿元的产业集群6个以上,到2020年底实现8000亿元的目标。按此测算,到2020年,内蒙古自治区发展高端装备制造业每年至少需投入约600亿~800亿元人民币。因此,建立强有力的现代金融支撑体系,高效率的配置金融资源,是内蒙古自治区发展现代装备制造业的重要途径。

(一)制定以政府支持为引导的高端装备制造业投入机制

1. 政府在高端装备制造业投入的具体形式

实施在财政、金融、税收等方面的优惠扶持,进行直接或间接投资,是政府部门在高端装备制造业中最主要、最普遍的职能,尤其是对高端装备制造业科技发展投入中最直接、最有力的动力。主要有如下形式:

(1)直接投资(主要是R&D的投入)。由于装备制造业企业中大部分是国有企业,政府按照装备制造业发展规划对国有企业进行财政预算和投入,尤其是对装备制造业企业R&D投入进行扶持。政府的直接投资,为装备制造业的科技创新提供物质支撑和资金储备,引导装备制造业企业创新的方向,刺激装备制造业企业科技创新经费的增长,从而有效实现向高端装备制造业发展的目标。

(2)财政补贴。政府可以根据装备制造业企业投资总额,进行一定比例的补贴。财政补贴不仅解决了企业在筹措装备制造业科技创新经费上的困难,而且形成了对企业的刺激和促进。

(3)产业基金扶持。政府还可以依靠社会力量形成专门用于高端装备制造业发展的投资基金,由政府掌握并进行有计划的发放和资助。这是以动员社会资本为主,官民共同投融资的运作方式。

(4)税收优惠。采取发展装备制造业的税收优惠政策,这是政府推动装备制造业发展的最集中体现,也是企业从政府得到的最有力支持。主要优惠形式有:加速折旧,对用于装备制造业企业的新技术设备实行加速折旧制度;减免所得税;减免关税,对进口的先进技术和机械设备等降低或免除关税;减免风险资本收益的税收,对装备制造业企业的技术创新中的风险资本投资实行税额减免,对风险投资的收益免除所得税。

(5)低息融资。政府通过政策金融机构以低息贷出公共资金支持装备制造业企业科技创新,它同普通商业银行贷款之间的利率差也就是对装备制造业企业的实质性资助。

2. 政府投入长效机制的构建

财政投入在整个装备制造业投入机制中处于政策导向地位。它不是装备制造业投入的资金主渠道,而是通过政策的导向作用,弥补装备制造业投入的不足、R&D投入的不足。它既可以激发出金融信贷资金,也可以激发民间资本进入到装备制造业创新领域:①依据《内蒙古自治区装备制造业"十二五"发展规划》所制定的装备制造业发展战略,确立重大装备制造业发展项目,积极向中央申请装备制造业经费,并制订装备制造业攻关计划、装备制造业前沿项目库和中央资金拨付的实施方案。同时,充分利用内蒙古自治区被中央列为工业化和信息化"两化"示范区的契机,加大中央政府对内蒙古地区装备制造业投入的力度。②建立地方财政装备制造业R&D投入的长效机制,确保财政资金投入的可持续增加。③建立中央装备制造业资金和地方财政装备制造业资金配套执行机制,建立装备制造业经费惩罚机制,防止装备制造业资金被挤占和挪用的现象发生。

(二)政策性和商业银行信贷选择

政策性金融机构主要是在政府产业政策导向中发挥作用,具有明显的非商业性特点。国家开发银行等近期都加大了对装备制造业创新领域的政策性融资政策的力度,不仅进一步扩大了对装备制造业创新的信贷规模,而且对创新产品,提供开发性金融工具,在担保、参股等方面都做了积极的尝试。政策性金融机构更多追求的是社会发展目标,但这些目标和盈利目标并非绝对分立,政策性金融机构可以,且应当将二者结合起来,这意味着开发性金融机构必须通过有效途径保证贷款本息安全,降低贷款风险。内蒙古自治区发展高端装备制造业可以通过加强与政策性金融机构的合作,拓展装备制造业创新融资领域。

1. 充分发展政策性银行支持产业政策的导向作用

政策性银行的信贷资金具有政策导向作用,它的市场定位就是按照政府的政策导向进行投融资活动,是以政府的经济政策或意图作为业务活动的根本依据,其融资准则具有明显的非银行性,一般不与商业银行进行同业竞争,主要从事具有较高金融风险的投融资活动。因此,政府应当积极与国家开发银行内蒙古自治区分行协商,充分发挥政策性银行功能,大力支持装备制造业的投资力度,在装备制造业企业的创新阶段提供信贷支持,或通过提供担保、信托、参股等方式进行融资,进一步推动本地区的装备制造业结构升级,充当装备制造业化的助推器。

2. 金融制度创新是装备制造业企业获得商业信贷支持的保障

通过金融制度创新,更新国有商业银行的经营理念,拓宽装备制造业企业的融资渠道。基于企业与银行存在信息不对称的客观事实,商业银行应建立信贷风险的动态评估体系,对装备制造业企业的创新能力、创业者的全面素质、企业的经营计划等关键要素进行动态跟踪评估,阶段性地预测企业未来的成长能力、盈利状况和风险等级,并通过金融产品创新加以支持:①建立全新的无形资产担保抵押方式,以知识产权、股权、产品品牌和技术成果等作为抵押以提供信贷支持,并积极开展网上联保方式争取信贷资金;②采取产业供应链融资模式,通过以核心企业为依托,以产业价值链为对象,积极开展对装备制造业中小企业的授信贷款业务。

3. 创新金融组织

大力发展和完善内蒙古自治区中小金融机构,是解决中小装备制造业企业融资难的根本出路。主要措施:①通过金融资源整合,大力发展中心城市商业银行,并以政府控股的股权结构制定具有政策导向的装备制造业信贷机制;②加强对交通银行、招商银行等股份制商业银行的政策引导作用,通过建立信贷风险补偿机制加大对装备制造业信贷的支持力度,并积极拓展金融市场宽度,大力吸引外资和区外的股份制商业银行入驻内蒙古自治区;③积极探索发展一批中小型民营银行,以满足民营中小型企业融资的需要。

(三)资本市场的融资选择

高端装备制造业是以高新技术为引领,处于价值链高端和产业链核心环节,决定着整个产业链综合竞争力的战略性新兴产业,是现代产业体系的脊梁,是推动工业转型升级的引擎。根据《国务院关于加快培育和发展战略性新兴产业的决定》、《战略性新兴产业发展"十二五"规划》和《工业转型升级"十二五"规划》,国家专门出台了《高端装备制造业"十二五"发展规划》。为此,中国证监会按照要求提出了要积极支持高端装备制造业的融资安排:一是积极支持处于成熟期、经营较为稳定的装备制造业企业在主板市场上市;二是鼓励已上市的装备制造业企业通过公开增发、定向增发、配股等股权融资方式进行再融资;三是支持符合条件的装备制造业企业在创业板市场上市。同时,证监会还将支持符合条件的装备制造业企业通过发行公司债、可转债方式融资。

围绕内蒙古自治区具有一定品牌影响力的企业,制定鼓励企业上市融资、再融资及战略重组等推进内蒙古自治区证券市场加快发展的有关政策措施,通过发展增量资源和重组存量资源来改善和优化上市公司整体结构。为此:①加快装备制造业企业体制改革,推动国有企业依托资本市场进行改组改制,使优质资源向上市公司集中,支持具备条件的优质大型装备制造业企业实现整体上市;②依托国内主板市场和境外市场,鼓励具有优势装备制造业的企业发行上市,或依托内蒙古自治区现有的22家上市公司,通过资源整合,支持更多的装备制造业企业依托资本市场发展壮大;③鼓励和支持拟上市公司运用发行短期融资券和企业债券等金融创新工具,以及运用金融衍生产品来拓展融资渠道;④以体制机制创新为重点,积极推进内蒙古自治区债券和股票市场的建设,大力发展风险投资业和产业投资基金,发展和完善产权交易市场,积极构建内蒙古自治区区域金融中心,为内蒙古自治区支柱产业和创业资本的发展壮大提供便捷的市场通道。

(四)设立内蒙古自治区高端装备制造业投资发展基金

产业投资基金具有组合投资、专家管理、分散风险等诸多功效,设立装备制造业投资金可有效实现装备制造业创新发展,加快装备制造业升级步伐,对推动装备制造业快速发展具有重要意义。装备制造业投资基金的组建不仅仅是为装备制造业提供资金支持,更主要的是通过良好完善的资本运营体系服务于装备制造业的投资经营,推动装备制造项目的市场化、标准化、系统化和规模化运营。为了促进装备制造业的大发展、快发展,内蒙古自治区应充分发挥政府的主导作用,积极应用财政杠杆作用,调动各方面的积极性,广泛吸纳社会资本通过投资参股等方式,加快设立各类装备制造业投资发展基金。

高端装备制造业成长的特点和动力机制表明,高端装备制造业成长的关键动力之一是"科技创新"——以高新技术为引领,处于价值链高端和产业链核心环节。装备制造业投资基金促进装备制造业成长的主要作用在于:培育新技术和创意、培育和重组新的装备制造业企业、加速和服务制度的更新。因此,设立装备制造业投资基金能更有效地实现装备制造业创意活动,这恰恰是内蒙古自治区装备制造业大发展需要的。

基于内蒙古自治区装备制造业处于发展的升级阶段,科技含量不高,装备制造业企业数量少、规模小的背景下,组建的装备制造业投资基金必须由政府发起。首先,由自治区政府率先成立内蒙古自治区高端装备制造业投资基金,基金规模设置在50亿～100亿元以上,财政出资20亿元,各类装备制造业企业、金融机构(含信托和保险机构)、机构投资者、民间资本等以股权投资的方式加入;其次,呼和浩特市、包头市、鄂尔多斯市和赤峰市四地区以同样的模式组建地区级装备制造业投资基金,基金规模设置在10亿～30亿元(可依据本地区装备制造业的潜力而定),投资对象主要以具有较好成长性的装备制造业企业以及以科技创新型企业为主。具体思路见图5-1。

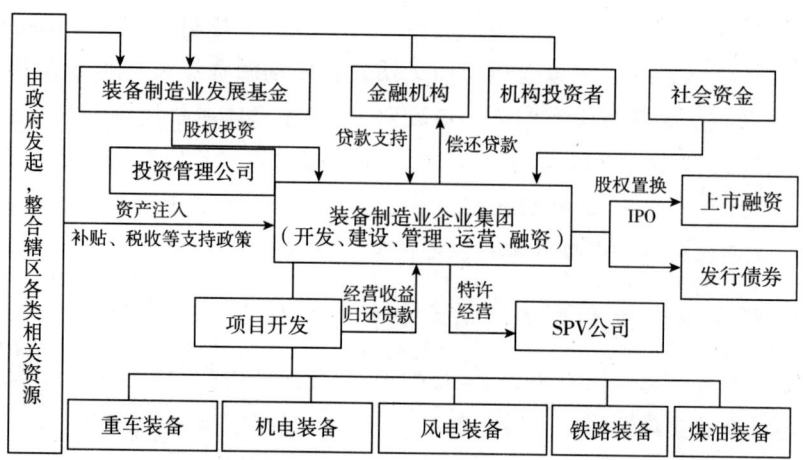

图 5-1 内蒙古自治区高端装备制造业投资发展基金运作

第六章

内蒙古自治区农畜产品加工业投资报告

为了贯彻落实"十八大"精神，内蒙古自治区党委、政府提出了"8337"发展思路，全面加快现代农牧业建设步伐，努力把内蒙古自治区建设成为"绿色农畜产品生产加工输出基地"，这是内蒙古自治区党委、政府立足内蒙古自治区资源优势和发展实际做出的新的战略部署，也是新形势下转变农牧业经济增长方式、提高农牧业市场竞争能力、实现富民强区和保障国家粮食安全的重要举措。在此背景下，认清内蒙古自治区农畜产品加工业发展的总体情况，分析制约内蒙古自治区农畜产品加工业发展的关键性因素，进一步明确主攻方向，进而有针对性地提出内蒙古自治区农畜产品加工业的发展战略和政策措施，不仅是将内蒙古自治区建成绿色农畜产品生产加工输出基地的迫切需要，也是促进内蒙古自治区农牧业持续快速健康发展的现实选择。

一、内蒙古自治区农畜产品加工业发展总体情况

近年来,随着国家及内蒙古自治区政府一系列产业扶持政策的出台,内蒙古自治区农畜产品加工业规模总量持续扩大,产业结构不断优化,主导产业和优势特色产业集群日益壮大,加工增值能力稳步提升,经济运行质量和效益不断提高,整体实力和市场竞争力稳步提升,实现了由单一组织模式向多元化组织模式演进,由单一的数量扩张向数量质量并重的转型,已成为内蒙古自治区工业经济中的支柱产业之一,在内蒙古自治区社会经济发展中发挥了积极作用。

(一)农牧业综合生产能力稳步提高

作为自治区的优势产业和特色产业,内蒙古自治区始终把农牧业置于国民经济的首位,不断创新农牧业经营体制机制,深入推进农牧业结构调整,加快推进优势农畜产品区域化布局、规模化生产和产业化经营,农牧业综合生产能力稳步提高,主要农畜产品产量质量和供给保障能力不断增强。2012年,农牧业总产值由2001年的523.81亿元增加到2325.5亿元[1](见表6-1),年均增速达14.51%;粮食产量个别年份小幅波动(2003年、2009年),总体呈增长态势,2012年内蒙古粮食产量达到2528.5万吨,位居全国第十;2001~2012年牲畜数量稳定增长,牲畜存栏连续8年稳定在1亿头只以上,2012年牲畜存栏达到11263万头只[2],位居全国首位;主要畜产品快速增长,2012年内蒙古肉类、奶类、禽蛋产量分别为245.83万吨、930.70万吨、54.48万吨,年平均增长4.62%、21.52%、6.8%;农牧业装备水平不断提高,农机总动力由2001年的1423.6万千瓦提高到2012年的3281万千瓦,农机综合机械化水平大幅提高。内蒙古自治区农牧业已具备了年产500亿斤粮食、250万吨肉类、900万吨牛奶、10万吨绒毛、50万吨禽蛋和10万吨水产品的综合生产能力,依托农牧业资源优势,形成年加工转化牛奶880万吨、肉类150万吨、羊绒2万多吨、粮油1400万吨、马铃薯360万吨的生产能力,农畜产品加工率达54.8%。

---

[1] 农牧业总产值为农业总产值与畜牧业总产值之和,不包括林业和渔业产值。
[2] 牲畜由大牲畜、羊和猪组成,该数据为年中数,2012年末内蒙古自治区牲畜总头数为6677万头只。

第六章 内蒙古自治区农畜产品加工业投资报告

表 6-1　2001～2012 年内蒙古自治区农牧业生产情况

年份	农牧业总产值（亿元）	粮食产量（万吨）	牲畜存栏（万头只）	肉类产量（万吨）	奶类产量（万吨）	禽蛋产量（万吨）	机械总动力（万千瓦）
2001	523.81	1239.10	7134.99	149.58	109.05	26.38	1423.60
2002	552.71	1406.10	7260.10	145.78	168.89	27.66	1510.22
2003	613.51	1360.70	7987.62	162.72	312.21	34.44	1616.61
2004	798.77	1505.40	9274.40	201.97	502.06	38.75	1772.00
2005	933.18	1662.20	10615.29	229.91	696.90	46.18	1922.00
2006	1000.38	1806.66	11050.50	255.97	877.45	50.28	2053.00
2007	1201.81	1811.07	10854.40	206.46	924.66	41.69	2209.00
2008	1441.24	2131.30	10677.68	219.37	943.92	45.14	2779.44
2009	1479.63	1981.70	10858.50	234.06	934.07	48.94	2894.00
2010	1751.14	2158.20	10798.50	238.71	945.66	50.39	3033.60
2011	2087.82	2387.50	10762.60	237.48	931.44	52.52	3173.00
2012	2325.50	2528.50	11263.50	245.83	930.70	54.48	3281.00

资料来源：《内蒙古统计年鉴》（2002～2013）。

（二）龙头企业数量和规模不断扩大

农牧业龙头企业上连市场、下连农户，具有开拓市场、引导生产、加工转化和销售服务等综合功能，逐渐成为建设绿色农畜产品生产加工输出基地的重要市场主体。近年来，内蒙古自治区不断加大农牧业龙头企业的培育力度，截至 2012 年底，内蒙古自治区已拥有包括伊利、蒙牛、奈伦、小肥羊在内的 38 家国家级农业产业化重点龙头企业，自治区级重点龙头企业达到 403 家，农牧业产业化龙头企业上市公司有 9 家，其经营范围涵盖了内蒙古各大主导产业。随着农牧业龙头企业数量和规模的不断扩张，其辐射带动能力也在逐渐提升，使农畜产品实现了增值增效。2012 年，内蒙古自治区共有 212.6 万户农牧民进入产业化经营链条，占内蒙古自治区农牧户总数的 59% 以上，比 2002 年增加了 125.9 万户，增长了 145%，年均增速高达 9.4%。此外，农牧民还通过转移就业、土地、生产资料入股等形式，参与农牧业产业化经营的收益分配。2012 年，内蒙古自治区农牧民人均从农牧业产业化渠道实现的纯收入3390元,占农牧民人均纯收入的44.5%①。

在培育本土龙头企业的同时,内蒙古自治区加大区外重点龙头企业的引进工作力度,截至目前,已有河南双汇、北京三元、上海光明乳业等40多家区外国家级重点农牧业龙头企业落户内蒙古,优势企业不断壮大,已成为促进内蒙古自治区农牧业发展、带动农牧民增收、保障农产品有效供给、维护市场稳定的重要支柱力量。

此外,经过多年发展,内蒙古自治区逐步培育了一批知名度较高、市场占有率较大的农畜产品加工业驰名品牌。2012年,汉森、奥淳及图、谷道粮原等6件商标被国家工商总局商标局认定为中国驰名商标,截至2012年底,内蒙古自治区共有中国驰名商标46件,其中农畜产品加工企业获得的中国驰名商标达到42件,如伊利、蒙牛、鹿王、鄂尔多斯、河套等,这些名牌一方面体现了内蒙古自治区的地方特色和经济实力,另一方面也体现了良好的产品品质和企业信誉,对进一步提升内蒙古自治区农畜产品加工业发展水平、塑造内蒙古自治区新形象起到了积极的推动作用。

(三)农畜产品加工业体系初步形成

经过多年发展,内蒙古自治区已经形成了以乳制品加工为优势,六大主导产业(乳产业、肉类产业、绒毛产业、粮油产业、果蔬产业和饲草料产业)多元发展、协同带动的农畜产品加工业体系。乳品加工业已形成呼和浩特市、呼伦贝尔市、巴彦淖尔市、乌兰察布市、赤峰市等重点加工聚集区,乳制品有液态奶、奶粉、酸奶、雪糕、冰激凌、乳饮料、奶食品、乳酸菌粉等,呈现出产品结构不断优化、高端产品比重持续提升的良好势头。肉类加工业初步形成肉羊、肉牛、生猪、禽类加工多元发展的产业格局,形成锡林郭勒盟、巴彦淖尔市、呼伦贝尔市、乌兰察布市、赤峰市、通辽市、兴安盟等重点加工聚集区。肉类加工产品形成冷冻肉、冷鲜肉、精细分割肉、部位分割肉、火腿、熟肉制品、休闲方便食品、调理食品等几大类200多个品种。绒毛加工业形成了以羊绒产业为主,羊毛、皮革、驼绒、羽绒等产业多元发展的格局,形成以鄂尔多斯市、巴彦淖尔市为核心,覆盖锡林郭勒盟、赤峰市的羊绒加工重点产业带。粮油产业形成了以玉米、小麦、稻谷、大豆、杂粮杂豆和向日葵加工六大行业为支撑的粮油加工体系。果蔬产业拥有中基番茄、鸣兴食品、屯河河套、康绿源、和润农业等重点骨干企业,形成番茄、脱水菜、红干椒等细分产业;马铃薯产业形成乌兰察布市、呼伦贝尔市、呼和浩特市、赤峰市等重点加工聚集区,拥有嵩天薯业、奈伦、富广等重点骨干企业。内蒙古自治区拥有草原总面积13.2亿亩,占内蒙古自

---

① 数据来源于内蒙古农牧业产业化龙头企业协会(http://www.nmcyh.com/index.asp)。

治区土地总面积的74.4%,同时拥有耕地面积1.07亿亩,近年来,依托资源优势,内蒙古自治区饲草饲料产业快速发展,形成了以种植业为基础,加工业为支撑,科研推广为动力的饲料产业体系。2012年,上述六大产业销售收入500万元以上的加工企业分别实现销售收入903.8亿元、452.6亿元、449.5亿元、722.3亿元、127.9亿元和148.8亿元(见表6-2)。

表6-2　2012年各产业规模以上加工企业销售收入　　单位:亿元

产业 指标	乳产业	肉类产业	绒毛产业	粮油产业	果蔬产业	饲草料产业
销售收入	903.8	452.6	449.5	722.3	127.9	148.8
增加值	252.4	139.4	140.7	231.8	39.2	41.2

资料来源:内蒙古农牧业信息网(http://www.nmagri.gov.cn/)。

(四)绿色农畜产品发展势头强劲

内蒙古自治区一贯重视优质农畜产品基地建设。截至2012年底,内蒙古自治区共有无公害农畜产品产地583个,其中种植业产地391个,面积达2091万亩,畜牧业产地111个,养殖规模达2196.11万头(万羽、万只),渔业产地81个,养殖水面面积达429万亩;无公害农产品总数达1764个。绿色食品生产企业144家,有效使用绿色食品标志产品343个,认证产品规模达到209.22万吨,年销售额达97.58亿元,通过农业部农产品地理标志保护登记的产品36件。优质农畜产品基地的建设,对市场供应形成了良好的保障,内蒙古自治区生产加工的牛奶85%销往全国各地,马铃薯鲜薯的60%销往华北地区,马铃薯原种的90%销往华南地区,京津地区的优质小麦加工产品和优质牛羊肉产品的54%来自内蒙古。2012年,内蒙古自治区呼伦贝尔市率先出台了《绿色食品产业"十二五"发展规划》,明确提出要将呼伦贝尔市建设成全国绿色食品产业大市,呼伦贝尔农垦集团全产业链谋划绿色产业发展,全力打造"呼伦贝尔品生态"品牌,全力构建芥花油、大豆、面粉、全粉制品、奶制品、羊肉、牛肉七大系列安全、绿色、有机产品产业链。

二、内蒙古自治区农畜产品加工业投融资分析

农畜产品加工产业是一个复杂的系统工程,产业链的各个环节都需付出高昂

成本,如果得不到持续的资金支持,即便是大型龙头企业,其技术改造也将无法顺利完成,进一步影响农畜产品加工业的发展。内蒙古自治区农畜产品加工企业中大多数为中小型企业,相比其他行业,这些企业面临较高的自然风险和市场风险,出于对信用风险的规避,金融机构惜贷倾向明显。其次,农牧业特殊的行业特点决定了企业资金需求量大,使用集中,占用时间长,而目前金融供给中信贷制度的不完善在一定程度上限制了企业资金的可获得性。此外,担保机制缺位、贴息机制缺失、融资成本高昂,致使金融机构有钱不愿放贷,龙头企业需钱无法获得的现象时有发生。

(一)内蒙古自治区农畜产品加工业资金投入总体情况

近年来,内蒙古自治区不断加快农畜产品加工产业建设步伐,融资环境得到优化,投资增长保持平稳运行,逐渐成为内蒙古自治区工业经济增长的新亮点。针对农畜产品加工企业融资难、用地难、负担重等问题,内蒙古自治区出台了一系列优惠政策,并加大投资力度,重点对乳、肉、绒等全国优势特色产业进行专项扶持,农畜产品加工产业发展势头强劲,2013年前8个月,内蒙古自治区农畜产品加工业固定资产增长17.6%,工业增加值增长了8.5%。

2005年以来,在国家及内蒙古自治区相关产业政策的支持下,内蒙古自治区农畜产品加工业固定资产投资总体呈不断上升的趋势,由2005年的16.79亿元增长到2012年的249.49亿元,年均增长率达到47.04%(见表6-3),其中2008年农畜产品加工业投资增速同比略有下降,减少0.68%,其原因主要是乳制品加工业是内蒙古自治区农畜产品加工业的主体,受当年三聚氰胺事件的影响,乳品企业投资规模大量缩减。2005~2012年农畜产品加工业投资增长速度高于工业投资增速23.22%,同时农畜产品加工业投资额在工业投资总额中所占比重也呈上升趋势,由2005年的1.15%提高到2012年的3.82%。2012年,内蒙古自治区完成工业固定资产投资6526.14亿元,同比增长27.01%。内蒙古自治区六大优势特色产业投资累计完成投资额5959.83亿元,增长26.91%[①]。其中,农畜产品加工业完成投资249.49亿元,同比增长40.13%,高于内蒙古自治区工业固定资产投资增速13.12%,占内蒙古自治区工业固定资产投资的比重为3.82%,比2011年提高了0.36%。

---

① 数据来源于内蒙古自治区经济和信息化委员会(http://www.nmgjxw.gov.cn/cms/)。

第六章 内蒙古自治区农畜产品加工业投资报告

表 6-3 内蒙古自治区农畜产品加工业投入增长情况

年份	工业投资总额（亿元）	同比增长（%）	农畜产品加工业（亿元）	同比增长（%）	占比（%）
2005	1462.36	58.89	16.79	82.24	1.15
2006	1815.51	24.15	67.93	304.71	3.74
2007	2222.96	22.44	75.07	10.50	3.38
2008	2895.44	30.25	74.56	−0.68	2.58
2009	3831.77	32.34	91.90	23.26	2.40
2010	4427.67	15.55	105.80	15.12	2.39
2011	5138.40	16.05	178.04	68.28	3.46
2012	6526.14	27.01	249.49	40.13	3.82

资料来源:《内蒙古统计年鉴》(2006~2013)。

(二)内蒙古自治区农畜产品加工业资金供给渠道分析

农畜产品加工企业融资渠道主要有三类:政策融资、债务融资和权益融资,其中政策融资是各级政府为了扶持农畜产品加工企业成长提供的资金支持,这些资金都是无偿或无息的,但能够获得该项资金支持的企业数量较少。权益融资主要是通过出售、转让、稀释公司股权获得融资,尽管权益融资不需要抵押物,也不用固定支付利息,但融资成本较高,是农畜产品加工企业最难获得融资的渠道。债务融资包括向银行、贷款公司申请贷款,通过担保公司担保,或者以融资租赁方式融资,该种渠道是目前内蒙古自治区农畜产品加工企业获得资金的主要渠道。

1. 银行贷款

内蒙古自治区资本市场不发达、银行结构不合理,因此银行贷款成为内蒙古自治区农畜产品加工企业融资的主要渠道。近年来,内蒙古自治区农畜产品加工企业与金融机构积极沟通,开展信贷业务,获得信贷支持。2012年,经内蒙古自治区农牧业产业化龙头企业推荐,多家企业与银行达成了合作协议,各类银行已经给内蒙古自治区大牧场食品有限责任公司、呼伦贝尔市阳光农牧场等几十家龙头企业发放贷款,使企业保持充裕的现金流,进行扩大再生产以及进一步提升企业技术水平。如兴业银行呼和浩特分行累计放款企业19家,放款额度已达2.78亿元。浦发银行呼和浩特分行累计放款企业14家,放款额度已达1.84亿元。中国农业银行内蒙古分行与19家农畜产品加工企业建立了信贷合作关系,共计核定授信11.25亿元,贷款余额8.07亿元。

但并非所有的农畜产品加工企业都能顺利获得银行贷款,特别是一些中小型加工企业由于规模较小、技术装备水平落后,底子薄、自有资本偏小,大部分中小型农畜产品加工企业内部管理不规范,内部控制制度不完善,缺乏透明度等,在一定程度上影响了企业的整体信用形象,银行等金融机构为了其资金的安全性,避免带来较大的贷款风险,只能设置更高的要求以及更严格的贷款审批程序,使得中小型农畜产品加工企业的贷款申请难以满足。

2. 资本市场融资

通过资本市场进行直接融资是内蒙古自治区农畜产品加工企业融资的另一渠道,但内蒙古自治区农畜产品加工企业中只有两家上市公司(伊利、蒙牛),上市以来,两家乳品企业通过资本市场融资总额仅为10.83亿元,融资能力一般。此外,私募股权融资也是内蒙古自治区农畜产品加工企业融资的重要渠道,早在2002年,蒙牛就曾获得了摩根士丹利、鼎晖投资、商联投资等三大国际基金2600万美元的联合注资,2003年这三家公司又同时增资3500万美元,这成为当时内蒙古自治区农畜产品加工企业接受的最大一笔国际投资,并成为成功案例。2012年11月13日,内蒙古奈伦农业科技股份有限公司通过深圳证券交易所备案的中小企业私募债券在深交所成功发行,发行总额为2.5亿元,债券的票面利率为9.95%,为两年期固定利率债券,每年付一次利息,到期还本,该只债券由国信证券股份有限公司采取余额包销的方式承销。内蒙古奈伦农业科技股份有限公司私募债券为内蒙古第一只私募债券,对内蒙古自治区农畜产品加工企业开辟新融资渠道、缓解融资难起到积极示范作用。

3. 其他融资渠道

内蒙古自治区农畜产品加工业资金供给渠道,除了上述几种方式外,还有利用外资、创业资本以及私募股权投资等,因其供给的资金数量有限,在此略。

三、内蒙古自治区农畜产品加工业投融资瓶颈

近年来,内蒙古自治区农畜产品加工业规模总量持续扩大,产业结构不断优化,主导产业和优势特色产业集群日益壮大,加工增值能力稳步提升,经济运行质量和效益不断提高,整体实力和市场竞争力稳步提升,成为推动自治区经济发展的重要力量。但制约农畜产品加工业发展的因素也比较突出,表现在:原料基地建设

滞后、加工企业实力弱、利益联结机制不健全、区域发展不平衡、投入机制不健全、投融资渠道不通畅等。其中,资金短缺问题是制约农畜产品加工业发展的主要瓶颈,特别是对一些中小型加工企业而言,融资难、贷款难、担保难的问题尚未得到根本解决。造成农畜产品加工企业融资难、融资贵的根本原因是部分龙头企业基础相对薄弱、面临的风险较高、信用等级相对较低,同时目前金融供给机制不健全、企业所处的外部环境和金融生态环境未得到彻底改善也是导致龙头企业融资难的重要外因。

(一)龙头企业缺乏融资优势,金融生态环境不完善

内蒙古自治区农畜产品加工企业中,大型企业所占比重较小,大多数企业仍处于成长期,其规模和实力同发达国家或地区同行相比差距较大,还无法扮演行业龙头的角色,且在经营过程中,面临的风险因素也比较多。这种高度分散的小规模生产方式,一方面会增加金融机构提供金融服务过程中的成本,另一方面潜在的信用风险也较高,因此金融机构缺乏提供信贷支持的动力。目前,内蒙古自治区农畜产品初加工产品多,延伸加工的高端产品和终端产品少,大路货多,高科技含量、高附加值产品少,农畜产品核心竞争优势不明显,而且农畜产品质量安全事件时有发生,农畜产品加工企业接连遭遇行业诚信危机,这在一定程度上挫伤了潜在个人和机构投资者的信心,致使股权投资积极性不高。此外,部分龙头企业尚未彻底转变观念,信用意识较为淡薄,依然存在逃废银行债务的现象;一些社会中介组织短期行为严重,出于自身利益的需要,在为企业出具审计报告、资信评级报告和资产评估报告时,没有做到实事求是、客观公正,所下结论书带有随意性;担保基金规模小、担保费用高、放大倍数低、反担保条件高、现金出资比例低;企业办理抵押贷款和银行处置抵债资产过程中存在的收费部门多、收费种类多、收费标准高、办理时间长等问题成为农畜产品加工企业融资难的外部原因。

(二)农村牧区金融服务供给严重不足

相对于庞大的资金需求,金融服务供给不足是内蒙古自治区农畜产品加工业融资面临的又一困境。中行、农行、工行、建行四大国有控股商业银行早在2002年、2003年的金融改革中便撤出了其在农村牧区甚至县城的分支机构;城市商业银行和农村商业银行信贷能力和风险控制能力略显薄弱;农村信用社尽管是目前农村金融的主要供给主体,但近些年其客户选择有向城市非农牧业企业转移的趋势,以追逐更高的回报率;小贷公司、村镇银行目前尚处于起步阶段,加之缺乏有效

的法律保障、监督与引导机制,存在一定的风险隐患;农村牧区合作基金会等互助合作金融组织受服务范围与规模的限制,在金融服务供给方面所发挥的作用甚微;民间资本缺乏相应的法律保障,没有得到很好的规范和引导,正规金融演进渠道还不通畅;服务于农畜产品加工业的保险业务及担保政策缺乏。总体来看,目前内蒙古自治区的金融政策模式无法满足规模巨大的资金需求,同时也限制了龙头企业资金供应主体的扩张,致使农畜产品加工业融资环境更加艰难。

(三)市场体系不健全,妨碍了融资活动

完整的农畜产品加工业市场体系,包括产权、产品和要素三部分,这些市场构成一个有机整体。现代市场经济理论和实践证明,只有在规范、公开的产权市场中,才能实现投资交易的高效流转,并实现资金、人才、资源的有效配置,同时通过完善的产品流通市场完成有效的社会再生产。目前,内蒙古农村牧区土地流转存在重大缺陷,造成在现实中许多外来的真正投资者与农民进行假租赁、假股份合作从事畜牧业生产经营,大大增加了真正投资者的风险,也加剧了经营短期行为,导致大量无效率经营纠纷。

尽管内蒙古自治区农业人才、技术市场近年来有所发展,但仍处于初级阶段,行政管理色彩仍然很浓。还尚未形成真正意义上的统一活畜现货产品市场体系,活畜期货产品市场还处在讨论之中,这些都使得农畜产品市场价格信号指向作用发挥有限,直接影响了农畜产品加工业稳定有序发展,不利于潜在投资者和金融机构对农畜产品加工产业进行客观风险评估,显然不利于其主动投资畜牧业。另外,我国目前的证券市场,仍以国企脱困为实际首要目标。尽管伊利、蒙牛农畜产品加工企业上市,但融资规模很小。充分说明证券市场对农畜产品加工业现代化贡献还远远不足。

(四)基层政府服务能力弱,缺乏融资中间服务组织

随着社会经济的快速发展,内蒙古自治区已形成相对完善的畜牧业管理体制,畜牧科技水平在我国处于较高水平,但也应当承认内蒙古自治区各地发展水平差异大,区域发展不平衡,尤其是偏远的农村牧区,由于县(旗)、乡镇(苏木)政府财力有限,加上乡镇(苏木)综合配套改革,原来许多面向畜牧业服务的基层畜牧兽医技术服务中心(站)等,机构遭到撤并,人员技术知识老化,年轻后续人员、仪器设备严重匮乏,日常必需办公经费难以保障,无法为变化快速的畜牧产业提供令人满意的畜牧公共服务,这就使得畜牧生产处于某种程度的自生自灭状态,十分不利于一大

批懂技术、会经营、善管理的畜牧企业更快成长壮大,从而提高其自我融资能力。

四、内蒙古自治区农畜产品加工产业发展思路

内蒙古自治区"8337"发展思路提出要把自治区"建成绿色农畜产品生产加工输出基地",这是自治区党委、政府立足内蒙古自治区资源优势和发展实际做出的新的战略部署,也是新形势下转变农牧业经济增长方式、提高农牧业市场竞争能力、实现富民强区和保障国家粮食安全的重要举措。为此,如何加快发展,尽快把这一战略部署落实到位,成为当前面临的主要任务。

(一)以资源优势为基准,分类确定农畜产品加工主体功能园区

按照优势资源优先发展理论,内蒙古自治区的农畜产品加工产业的可持续发展必须依托于当地资源的自然禀赋,因地制宜的分类确定农畜产品加工产业主体区。现阶段,依据内蒙古自治区各地的资源禀赋、区位优势、气候条件、加工基础和现有的技术条件,可以确定七大类农畜产品加工主体功能园区:①以呼和浩特市、包头市、呼伦贝尔市、乌兰察布市、锡林郭勒盟为依托建立奶牛养殖和牛奶加工产业区;②以锡林郭勒盟、巴盟、呼伦贝尔市、通辽市、赤峰市、兴安盟地区为依托建立肉类养殖和加工产业区;③以鄂尔多斯市、阿拉善盟、巴盟为依托的山羊绒加工产业区;④以兴安盟、通辽市、赤峰市、呼和浩特市、包头市、鄂尔多斯市、乌海市为依托的玉米种植和加工产业区;⑤以乌兰察布市、呼和浩特市、包头市为依托的马铃薯种植及加工产业区;⑥以赤峰市、通辽市、巴盟、兴安盟为依托的大豆、小米和葵花等种植和加工产业区;⑦以赤峰市、乌兰察布市、包头市、巴盟为依托的甜菜种植及食糖加工产业区。

按照"十二五"的完成情况和"8337"发展思路,确定后的七大类农畜产品加工主体功能园区,各地政府须制定相应的发展规划,在招商引资、产业政策、加工区布局、基础设施建设、资金、技术、补偿机制等多元素资本要素方面,统筹安排,充分调动市场一切积极因素,在政府宏观管理的引导下(通过财政政策和货币政策加以引导),激活社会资本广泛参与农畜产品加工主体功能园区的建设和投资。

(二)以旗、县、镇为加工基地,以产业集聚为基准,加快城镇化进程

城镇化的进程是伴随着工业化进程而发展的。根据 2012 年内蒙古自治区全区人口变动的抽样调查结果推算,内蒙古自治区常住人口为 2489.85 万人,其中城

镇人口为1437.64万人,超出全国5%,达到57.7%,到2013年底,达到58.6%。按照到2020年达到70%的发展目标推算,内蒙古自治区至少近300万农村人口将进入城镇。为此,自治区党委提出的"8337"发展思路,把内蒙古自治区建设成农畜产品加工输出基地,为内蒙古自治区县域经济发展和稳步推进城镇化提供坚实的理论依据和政策指引。当前,全面落实"8337"发展思路,首要的任务是,在确定好七大类农畜产品加工主体功能园区后,重点以旗、县、镇为中心,通过建立加工园区(或开发区),按照产业集聚发展思路,以绿色产业发展为主线,全面培育和发展符合当地农牧业可持续发展的农畜产品加工产业。值此,借土地流转、提倡土地节约化利用和释放农村剩余劳动力的政策背景下,内蒙古自治区在加速推进城镇化的过程中,必将有利于县域经济和非公经济发展的全面展开。

(三)全力打造具有自主知识产权的绿色产业品牌

发展绿色产业、建立绿色品牌是内蒙古自治区农畜产品加工业把资源优势转换为竞争优势的必由之路。内蒙古自治区的绿色资源位列全国之首,"内蒙古"在全国人民的传统观念中仍旧是绿色的代名词,如"伊利、蒙牛、小肥羊"等知名品牌,首先想到的是"内蒙古"。因而,内蒙古自治区必须立足绿色资源优势,通过大力发展多元化的绿色产业,创造绿色品牌,是实现产业结构调整、农畜产品升级、提高内蒙古自治区在国内外核心竞争能力的必然选择。为此,在坚持做强做大以肉、奶等为代表的传统绿色产品的同时,通过科技创新、政策配给、强化绿色产业品牌等途径,进一步发展如牛奶、牛羊肉、皮革、绒毛制品等农畜产品和小麦、马铃薯、大豆、玉米等深加工产品,开发具有与农畜产品紧密相关的系列绿色品牌,从而把资源优势转化为经济优势和竞争优势。

(四)以产业价值链为准则,拉长产业链

产业关联是产业间以各种投入品和产出品为纽带的技术经济联系,是产业间和产业内部相互联系、相互制约、相互推动的经济体。主要包括:①产品与劳务的联系——产品供应链、劳动力追加链;②投资联动——资金追加链;③生产技术联系——技术追加链;④价格联系——附加价值链;⑤信息联系——信息传递链。农畜产品加工业是一个关联度很强的产业,位于产业链的中间,其上游是初始的农牧业(即第一产业),下游是第三产业(尤其是物流业和金融业),同时,还具有旁侧效应关联,可带动基础设施建设投资,如水利设施建设、城镇基础设施建设以及园区建设等,见图6-1。

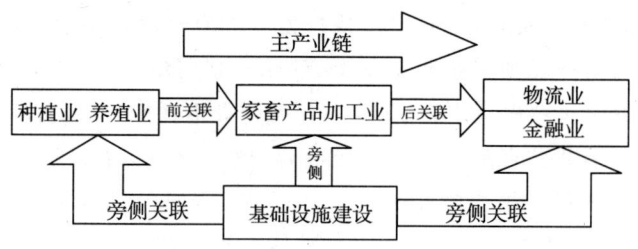

图 6-1 农畜产品加工产业关联

根据产业链的比较优势,内蒙古自治区发展农畜产品加工业重点把特色产业的链条向关联产业和关联企业延伸、辐射,实行产供销一条龙、贸工农一体化的产业发展模式。紧紧围绕投资联动、价格联系、生产技术联系和信息联系等产业关联效应,以拉长产业链、体现附加价值链的为主线,大力发展农畜产品加工业。具体地说,即乳产业和肉类产业实行"公司+基地+合作社+农户"、羊绒产品加工业实行"公司+农户"、粮油产业实行"市场+公司+合作社+农户"的发展模式,促进农牧业的产业结构升级,充分发挥农畜产品加工业的产业关联效应。

五、内蒙古自治区农畜产品加工业发展的投融资策略

尽管内蒙古自治区农畜产品加工业发展较快,成效比较明显,但整体水平依然较低,与国内、国际先进水平相比,仍存在不小差距,特别是资金投入总量小、增长慢、投入机制不健全,农畜产品加工业金融服务不完善;投资主体单一、融资渠道狭窄;龙头企业总体上规模不大,市场竞争力不强,带动能力弱成为制约内蒙古自治区农畜产品加工业发展的关键因素。因此,充分发挥信贷市场、资本市场、保险市场、财政政策及政府管理的联动作用,通过培育农畜产品加工企业上市、不断创新金融产品、尝试设立农畜产品加工产业投资基金、吸引民间资本等方式,切实破解农畜产品加工业投融资难题,成为当前建成绿色农畜产品生产加工输出基地、构建现代农牧业产业体系、推进农畜产品加工业健康持续发展亟待解决的问题。

(一)积极培育企业上市,拓宽直接融资渠道

内蒙古自治区是我国的农牧业大省,但内蒙古自治区农畜产品加工企业发展不平衡,大多数为中小型加工企业,上市公司只有伊利和蒙牛两家,相应地通过资本市场直接融资的规模也相对较小,这与内蒙古自治区作为农牧业大省是极不对

称的。因此,抓住我国资本市场稳健、快速发展的有利时机,积极推动内蒙古自治区符合条件的农畜产品加工企业改制上市,充分利用包括股票、债券、创业投资和私募股权投资基金这些融资平台,拓宽直接融资渠道,既是内蒙古自治区"8337"发展思路中大力发展非公有制经济的重要内容,也是中小型农畜产品加工企业破解融资瓶颈的必然选择。培育中小型农畜产品加工企业上市是一个复杂的系统工程,需要有关各方齐力配合、形成合力。具体来讲,首先,地方政府要发挥导向作用,出台鼓励中小型农畜产品加工企业上市的产权界定转让、财政补贴、税收优惠等各项扶持措施,并予以落实,同时对成功上市的企业及其高管进行奖励,提高企业上市积极性;其次,证券监管部门要为有上市意向的中小型农畜产品加工企业提供政策法规支持,对已经进入重点上市后备资源库的企业,建立由保荐机构、律师、会计师等中介机构组成的服务团和专家库,提供政策宣讲、培训辅导及专业咨询;再次,采取多种措施,引导和推动具备一定素质的中小型农畜产品加工企业进行规范化的股份制改造,使企业在上市前达到产权关系清晰、治理结构完善、内控规范有效、主营业务突出、盈利能力稳定、环保符合要求的良好状态;最后,引导已获直接投资业务资格的券商对农畜产品加工企业展开深入调研,参与培育拟上市企业,与拟上市企业结成利益共同体,共同推动内蒙古自治区农畜产品加工企业上市工作,鼓励和支持内蒙古自治区有实力的上市公司并购区内外一时存在困难、有发展前景的农畜产品加工企业,以资本整合促进行业整合和产业升级。

(二)推进金融产品创新,支撑农畜产品加工业发展

各类金融机构要充分结合自身业务特长、在金融市场中的地位与农畜产品加工企业的融资特点,不断创新金融产品,解决农畜产品加工企业融资难、融资贵的问题。人民银行要充分运用再贴现、支农再贷款等货币政策工具,积极引导和支持金融机构加大对农畜产品加工企业、合作组织的信贷投放。商业银行对"基本面和信用记录较好、具有市场优势、竞争力较强、存在暂时性经营或财务困难的企业"给予政策倾斜,增加信贷支持;通过发放并购贷款或其他方式贷款支持企业兼并、重组、整合,促进产业优化升级,提高农畜产品加工企业贷款比重。在此基础上,推出高收益债券和农畜产品加工企业集合债券,缓解农畜产品加工企业融资困难。农村牧区信用合作社和农村牧区合作银行要将资金向农畜产品加工业倾斜,增加授信总量,重点支持农畜产品加工企业完成产业结构调整、产品升级和技术改造。城市商业银行要大力发展短期融资券、中期票据等债务融资工具,加快推进和创新资产证券化。基层信用社可以吸收专业合作组织成员和龙头企业入股,为农畜产品

加工业提供贷款服务。农业发展银行要在做好粮棉油贷款供应的同时,将业务范围向农牧业产业化、农业综合开发、农业基础设施建设等方面拓展,重点支持各类农畜产品加工企业。农业银行要安排一定的信贷规模和资金,优先支持符合贷款条件的龙头企业。其他金融机构要依据龙头企业正常的生产周期和贷款用途,合理确定贷款期限和利率水平。要充分运用信用证、保函等多种金融工具,积极支持龙头企业引进国外优良品种和先进技术,扩大农畜产品出口。对需要外汇贷款的龙头企业,外汇指定银行要积极给予支持。

(三)设立农畜产品加工产业投资基金

农畜产品加工业的快速发展对推进内蒙古自治区经济发展发挥了重要作用,但资金支持不力成为制约内蒙古自治区农畜产品加工业发展的主要瓶颈,因此,推进农畜产品加工业投资体制改革势在必行。农畜产品加工产业投资基金不仅是一种投资工具,更重要的是一种促进农畜产品加工业持续发展,进而支持内蒙古自治区工业经济发展的金融制度创新。

1. 基金发起人与资金来源

借鉴其他产业的成功经验,建议由伊利、蒙牛两家上市公司,联合金融机构作为共同发起人设立农畜产品加工产业投资基金。资金来源以政府财政资金作为投资基金的引导资金,以大型企业为主体,广泛吸收金融机构、民间资本和国际资本。

2. 农畜产品加工产业基金募集方式

农畜产品加工产业基金的投资风险相对较高,要求长期、稳定的资金来源,因此,采用发行程序简单、筹资费用低的私募发行形式比较合理。

3. 农畜产品加工产业基金设立形式

公司型基金与契约型基金在基金融资渠道、基金终止以及投资者地位方面各有优势,结合内蒙古自治区农畜产品加工业的特点,建议采用"公司型+契约型"相混合的基金组织形式。

4. 农畜产品加工产业基金管理方式

委托基金管理公司对基金资产进行管理必须建立在两个前提之上,一是基金规模较大,二是具有较强专业能力的基金管理公司,实践中这两个方面很难满足,故以聘请职业经理人团队的自我管理方式比较可取。

5. 农畜产品加工产业基金交易方式

开放式基金和封闭式基金各有弊端,因此选择半开放基金,而且后端封闭较为合理,因为一方面基金规避了随时被赎回的风险,保证了投资的持续性和稳定性,

另一方面弥补了封闭式基金后续资金投入乏力的缺点。

6. 农畜产品加工产业基金退出方式

一般的产业投资基金退出方式有公开上市(IPO)、股权出售、管理层收购(MBO)和破产清算四种,对于农畜产品加工产业投资基金的退出方式要综合考虑其配套的市场环境,根据项目运作情况选择适当方式退出。

(四)鼓励民间资本进入农畜产品加工业

在各类资本中,社会民间资本是最具活力和生命力的要素,吸引民间资本投资农畜产品加工产业,不仅是民间资本创造价值、获得利润和谋求发展的重要途径,同时对现代农畜产品加工业的持续发展将起到推波助澜的作用。目前,在农畜产品加工领域,可用民间资本规模尚小、投资效率相对较低,其推动作用还未体现出来。因此,进一步规范农畜产品加工业投融资市场,不断创新投融资工具,积极合理引导民间资本进入农畜产品加工业,将成为拓宽农畜产品加工业投融资渠道,完善农畜产品加工业投融资体制机制的重要方式。在实际操作过程中,首先,政府要不断规范市场秩序,建立健全农畜产品加工业投融资市场体系;在完善农畜产品加工业投融资市场的同时,要积极、合理地引导民间资本规范进入和退出农畜产品加工产业投融资市场,只有对民间资本进行合理引导,才能不断规范农畜产品加工业投融资市场,起到合理监督的效果。其次,要不断创新资本市场中农畜产品加工业投融资工具,包括农畜产品投资基金、农畜产品企业债券等,丰富农畜产品金融产品,使股票、债券、期货、期权等金融产品在资本市场中广泛应用,为民间资本提供多样化农畜产品金融投资产品。此外,发挥股权投资基金的作用,支持民间资本以股权投资基金的方式进入农畜产品加工产业领域,为成长期农畜产品加工业提供资金支持。

第七章

内蒙古自治区文化产业投资报告

当今世界,文化成为主导国家和地区发展的核心力量之一,文化已逐步提升到与资本、资源、管理等其他战略要素相同的地位,成为发展中的关键要素之一。文化越来越成为民族凝聚力和创造力的重要源泉,越来越成为综合国力竞争的重要因素,同时,大力发展独具民族特色的文化产业是实现地区经济振兴的必然要求,也是赢得国际竞争力的必然要求。随着文化体制改革的不断深入和人民群众文化需求的不断增强,内蒙古自治区的文化产业已从探索、起步、培育的初级阶段,进入快速发展的新时期,呈现出朝气蓬勃的新局面。

一、内蒙古自治区文化产业发展状况

"十一五"以来,全区文化产业迅猛崛起,为经济社会发展注入强劲活力,成为推动区域经济高速增长不可或缺的文化软实力。文化产业已成为内蒙古自治区经济发展中新的增长极,增加值已超过百亿元,实现了以建设民族文化大区为总体目标的历史性跨越。

(一)产业主体不断壮大,文化产业集团、企业近年来成长迅速

经过数年的发展,内蒙古自治区地区已经涌现出一批文化骨干企业或有代表性的文化产业基地,如东联集团成吉思汗陵旅游区、北方新报社、昭君博物院、内蒙古自治区新华发行集团、赤峰力王工艺品有限公司、内蒙古自治区响沙湾有限公司、包头绿色动力网吧连锁、包头乐园文化传播有限责任公司等。其中,包括4个国家级、21个自治区级文化产业示范基地。这些文化产业基地在促进内蒙古自治区文化产业发展方面起到了很好的典型示范和带动作用。

(二)文化产业体系逐步显现出雏形

经过十余年的发展,在自治区政策和财政支持、地方各界积极努力下,内蒙古自治区文化产业发展取得了阶段性的成果,文化产业体系在这个过程中也逐步显现出雏形。这是内蒙古自治区文化产业发展上升到另一个阶段的标志,为文化产业加速发展、争取更大进步打下坚实基础。首先,从文化产业各行业发展格局上看,形成了三级层次格局。文化旅游产业是内蒙古自治区当前文化产业发展中速度最快、实力最强的行业;新闻出版、文艺演出、广播影视、文博会展、工艺品生产等紧随其后,发展速度引人注目,是内蒙古自治区文化产业体系中的第二个层次;第三个层次是一些新兴行业,如动漫、会展、音响等产业崭露头角。其次,从文化产业各地区发展程度、建设投入和发展速度上看,形成了三个地域发展圈层。初步形成了以"呼包鄂"为中心,呼伦贝尔市、赤峰市、锡林郭勒盟、通辽市、巴彦淖尔市、乌海市发展迅速,兴安盟、乌兰察布市、阿拉善盟发展迟缓的地域文化产业发展格局。

(三)文化产业初具规模

截至2012年末,全区共有文化、文物、文化市场经营单位9884个,从业人员44000多人。其中,文化部门所属单位有1690个,17000多人。全区艺术表演团体

共126个(属文化部门的111个),艺术表演场所26个(属文化部门的22个),群众文化机构1017个(全部属于文化部门,艺术馆13个,文化馆102个,文化站901个),文博单位175个(属于文化部门的博物馆108家,行业和民营的36家,文物保护管理机构87个),艺术教育、研究机构13个,文化市场经营单位8181个。全区拥有广播电台13座,广播人口覆盖率97.9%;拥有电视台14座,电视人口覆盖率96.8%;全区有线电视用户319.83万户,增长0.8%。2012年自治区和盟市两级出版报纸25900万份,其中蒙文版927万份;出版各类期刊1793万册,其中蒙文版165万册;出版图书7359万册,其中蒙文版1037万册[①]。

二、内蒙古自治区文化产业发展问题分析

近年来,内蒙古自治区文化产业走出了一条事业与产业并举、保护与发展同步、特色与品牌共赢的发展道路,实现以建设民族文化大区为总体目标的历史性跨越。尤其是自治区民族文化产业虽有了长足的发展,但只是阶段性的发展,自治区文化产业已经成为区域经济新的增长极,但距离支柱性产业的标准还有相当的差距。

(一)内蒙古自治区文化产业落后于全国文化产业总体发展水平

国家统计局2010年在第六届中国(深圳)国际文化产业博览交易会上发布的权威数据显示:2009年全国文化产业增加值总计为8400亿元左右,比2008年现价增长10%,快于同期GDP的增长速度,占同期GDP初步核算数的比重为2.5%左右,较2008年提高0.07%。2009年,北京增加值超过1600亿元、广东1545亿元、山东1260亿元、江苏1065亿元、浙江近1000亿元、上海847.29亿元、湖南682.16亿元、云南360亿元、山西229亿元。相较之下,据2010年内蒙古自治区文化部门不完全统计,全区现有文化产业法人单位增加至1.24万个,比2004年翻了3倍多;文化产业从业人员增加至30多万人,比2004年翻了三番多。直到2010年底,其增加值由2005年的41.11亿元上升至105.03亿元[②]。内蒙古自治区文化产业产值仅占GDP的1.08%,不仅远低于发达省市5%的水平,也远远低于全国2.5%的平均水平,基本处于起步的初级阶段。

---

① 数据来自《内蒙古自治区统计年鉴》和内蒙古自治区文化厅。
② 无极. 关于内蒙古草原文化产业发展的思考[N]. 内蒙古自治区日报,2011-07-10(004).

(二)文化产业发展滞后于自治区第二产业、第三产业发展速度

内蒙古自治区十一届人大四次会议上指出:"'十一五'时期,是内蒙古自治区发展进程中很不平凡的5年。其中,综合经济实力跃上新台阶,预计全区生产总值从2005年的3905亿元增加到2010年的11620亿元,年均增长17.6%,超过'十一五'规划目标4.6%,经济总量由全国后列进入中列。人均生产总值接近7000美元,位居全国前列。"但必须看到,自治区经济、社会、文化和民生发展还很不协调,经济发展主要依靠第二产业拉动,第三产业发展始终偏弱。而第三产业中的文化产业,其增加值仅占全区GDP比重的1.08%,远低于全国2.5%的平均水平。要实现"十二五"期末文化产业增加值达到1000亿元、占全区GDP比重4%的目标,必须寻求快速发展路径。

(三)没有形成特色文化产业体系

特色是文化产业的生命力和竞争力。内蒙古自治区拥有得天独厚的草原文化资源,其代表性是世界公认的。但从目前自治区的实际情况看,草原文化的丰厚资源并没有得到充分的开发,没有形成有规模的企业,没有产生影响力广泛的特色品牌,产品的丰富性和系列性与市场需求仍存在较大差距。因而,特色化的文化产业体系的建设,是内蒙古自治区文化产业做大做强的基础。内蒙古自治区在民族文化大区建设进程中,文化产业取得了较快的发展,实现了历史性的跨越。但作为欠发达地区,还存在诸多的不足,需要在实践中不断探索适宜于自身的发展方式,努力将资源优势转化为产业优势,推进文化产业快速发展,为自治区经济社会又好又快发展做出更大的贡献。这是未来内蒙古自治区文化产业发展的战略选择。

(四)内蒙古自治区文化产业结构不合理,文化资源挖掘利用程度不高

内蒙古自治区文化产业以传统文化产业为主,缺乏新兴的文化产业重视度,尤其是忽视了信息化、数字化等高文化产业为核心的新兴产业如软件业、影视业、会展业、音像业等发展,造成新型优势文化企业发展受阻,呈现不积极状态。此外,由于长期实行以政府为主导的文化投资方式,大部分从事文化生产活动的企事业单位创新能力明显不足,未能对丰富的文化资源进行深入挖掘和有效利用,全区各盟市文化产业结构趋同,重复生产建设现象比较严重,没有着力发展地区独特的文化产品项目,缺乏高附加值和高回报的品牌文化产品,致使金融机构难以有效识别优质文化企业和文化产品项目,对文化企业尤其是中小文化企业贷款供应量不足。

第七章 内蒙古自治区文化产业投资报告

当今世界,文化成为主导国家和地区发展的核心力量之一,文化已逐步提升到与资本、资源、管理等其他战略要素相同的地位,成为发展中的关键要素之一。文化越来越成为民族凝聚力和创造力的重要源泉,越来越成为综合国力竞争的重要因素,同时,大力发展独具民族特色的文化产业是实现地区经济振兴的必然要求,也是赢得国际竞争力的必然要求。随着文化体制改革的不断深入和人民群众文化需求的不断增强,内蒙古自治区的文化产业已从探索、起步、培育的初级阶段,进入快速发展的新时期,呈现出朝气蓬勃的新局面。内蒙古自治区的文化产业投资持续升温,文化产业集群初步形成,并随着社会资本介入的步伐加快,文化产业的多元化投资格局基本形成。

(五)缺乏多层次的金融支撑体系是文化产业发展滞后的主要因素

文化产业资金来源渠道的单一、过度依赖财政投入是内蒙古自治区文化产业发展的主要瓶颈(财政资金的功能是引导,而不是文化产业投入的主要资金来源渠道)。从美国文化产业的资金投入来源渠道经验看,美国作为全球文化产业创新的引领与强有力的金融支撑紧密相关,美国有健全的金融市场、发达的资本市场,尤其是纳斯达克市场为美国的文化产业创新提供了充足的资金保障——风险投资业兴旺发达。在我国,由于缺乏有力的金融支撑体系(缺乏健全的金融市场和发达的资本市场,风险投资资本严重匮乏),导致我国的文化产业与西方发达国家相比存在巨大差距,尤其是在文化产业体系建设与金融配给方面的体制建设相当滞后。内蒙古自治区又属于欠发达地区,金融服务体系滞后,整体金融密集度较低,金融市场化程度低,至今尚未形成多层次、多元化的金融市场体系,严重制约了文化产业的发展和创新能力的提升。如占全区 GDP 58% 以上的呼和浩特—包头—鄂尔多斯"金三角"地区,其 GDP 总量达到了北京市的 40%,天津市的 70%,上海市的 30%,但呼和浩特—包头—鄂尔多斯地区金融机构数量和人均金融资源占有量还不到上述三个城市的 1/3。此外,资本市场的功能没有得到有效的发挥,尤其是具有文化产业创新能力的企业至今没有一家上市,债权类和信托类金融产品占比较低,公司的规模、数量相对较少。保险业在文化产业投入中的风险释放功能没有得到充分发挥。由此可见,内蒙古自治区金融市场的发展严重滞后于经济的发展,将不利于实现文化产业的可持续发展,也将无法实现内蒙古自治区政府于 2010 年初提出的"文化产值占地区生产总值的比例到 2015 年达到 4% 的目标"。

三、内蒙古自治区文化产业投融资现状分析

发展文化产业已经上升为国家战略。内蒙古自治区文化产业融资还处于发展初期,近几年来,内蒙古自治区文化产业金融政策扶持力度加大,融资渠道拓宽,为内蒙古自治区文化产业融资带来新希望。

(一)财政投入现状

金融单位和文化企业之间只有通过政府进行联通融合,才能使文化企业单位更好、更快地融通资金。近几年来,内蒙古自治区政府的资金扶持为自治区文化产业的快速发展营造了良好的政策环境。2012年,内蒙古自治区为深入贯彻落实《内蒙古自治区党委关于贯彻落实〈中共中央关于深化文化体制改革推动社会主义文化大发展大繁荣若干重大问题的决定〉的实施意见》(内党发〔2012〕10号),特此规定各级政府安排年度财政预算时,要逐年增加文化产业发展专项资金。自治区本级财政从2013年起,将自治区文化产业发展专项资金提高到3亿元以上,以后逐年增加,到2015年增加到5亿元以上。专项资金以项目补助、贷款贴息、保费补助、绩效奖励等方式,用于培育骨干文化企业,构建现代化文化产业体系,促进金融资本与文化资源对接,加快文化产业创新和文化传播体系建设。在这一系列政策和规定下,目前已涌现出了诸如东联集团成吉思汗陵旅游区、北方新报社、昭君博物院、内蒙古自治区新华发行集团、赤峰力王工艺品有限公司、内蒙古自治区响沙湾有限公司、包头绿色动力网吧连锁、包头乐园文化传播有限责任公司等文化骨干企业或文化产业基地,并且与金融业建立了良好的合作关系,在促进内蒙古自治区文化产业发展方面以及文化产业与金融业合作起到了很好的典型示范和带动作用。

政府投入是直接推动文化产业发展的基本保证,在文化产业投融资中,政府投入起着重要的作用。近年来,中央及各级政府加大了对文化事业发展的投入力度,但对于我国社会文化产业发展的需求,政府的投入明显不足,内蒙古自治区的情况尤为突出。2009年,全国地方的文化体育与传媒费占国民经济整体的财政支出比重为2.02%,我国各地的情况以江苏、山东为例,江苏2007~2009年的文化体育与传媒事业费占财政总支出的比重分别为1.89%、2.06%、1.92%;山东2007~2009年分别为1.95%、2.04%、2.15%。而内蒙古自治区的文化产业投入远不及全国的平均水平,从财政支出比重看,2005年内蒙古自治区文化事业费占财政支出的

比重为0.44%,居全国第23位;2007年适逢自治区成立60周年大庆,这一比重上升到0.99%,居全国21位;从2010年开始,全区文化财政投入占财政支出的比重呈相对下降趋势。到2012年底,全区文化产业财政支出29.3亿元,占全部财政支出的比重为0.85%,投入规模继续呈现下降趋势。

表7-1 内蒙古自治区文化产业财政投入占比

项目	年份	2006	2007	2008	2009	2010	2011	2012
财政支出	总支出(亿元)	913.5	1084	1454.5	1925.1	2280.5	2989.5	3429.4
	增长(%)	24.0	33.5	34.2	32.3	18.4	31.5	14.7
文化财政投入	文化产业投入(亿元)	7.4	10.7	12.3	21.4	22.2	25.5	29.3
	增长(%)	—	44.6	14.95	73.98	3.73	14.86	14.96
	财政支出比重(%)	0.81	0.99	0.85	1.11	0.97	0.85	0.85

资料来源:内蒙古自治区财政厅(2013)。

从文化产业财政支出的增长情况看,除了2009年文化产业财政支出的增长率出现历史新高外,其他年份均呈现下降态势,其中,2010年出现了急剧下降态势,从2009年的73.98%下降至3.73%,见表7-1,其增长态势处于15%~20%,这一数据远低于财政支出的增长率,说明文化产业财政支出的增长不及财政总支出的增长。

(二)银行信贷支持现状

银行信贷作为文化产业融资的核心渠道来源,在推动文化产业发展的过程中发挥着重要作用。随着文化体制改革的不断深化和文化市场管理的逐步放开,一大批文化企业逐渐成长起来,银行信贷为文化企业发展壮大提供了有力的支持。尤其是近五年,文化产业与金融结合力度明显提高,其中,政策性银行和国有商业银行是内蒙古自治区文化产业创新投入的主要信贷支持来源。在全区各类贷款逐年增加的同时,对文化产业信贷的投入也明显上升。如2008年,内蒙古自治区文化产业厅先后将符合条件的31个文化产业项目推荐给国家开发银行内蒙古自治区分行,目前国家开发银行内蒙古自治区分行已向4个项目提供贷款近12亿元。特别是2009年国家九部委联合下发的《关于金融支持文化产业发展繁荣的指导意见》出台以后,内蒙古自治区各商业银行对文化产业的扶持力度正在逐渐加大。以工商银行内蒙古自治区分行为例:2011年3月工商银行内蒙古自治区分行为择优拓展文化产业市场,推动信贷结构调整,扩大客户基础,提高公司金融业务收益水平,保持业务可持续发展,加强与自治区文化厅的沟通与联系,并与内蒙古自治区文化厅签订了《战略合作协议》。工行内蒙古自治区分行承诺未来数年内向内蒙古自治区文化厅提供50亿元的意向性融资支持的基础上,要求各二级分行,积极与本地文化局建立合作机制和信息共享制度,摸清文化产业金融服务需求情况,在把握实质风险和收益关系的前提下,根据文化产业融资的特点和规律,积极创新产品和服务模式,将文化产业金融服务需求转变为有效需求,择优拓展文化产业市场。

由于商业信贷是文化产业的主要融资渠道,但内蒙古自治区文化产业发展的初级阶段又制约了各类商业银行提供信贷的积极性,并进一步束缚了文化产业的发展。在各类商业银行提供的贷款中,2004年全区各类贷款总额是2276.58亿元,其中对文化产业以及文化服务类的贷款只有0.89亿元,占全部贷款的比例是0.033%,在以后的年份虽然逐年上升,但对文化产业信贷的支持明显不足,截至2012年底,全区各类贷款余额是11284.2亿元,其中对文化产业以及文化服务类的贷款是16.68亿多元,占全部贷款余额的比例是0.147%,见表7-2。这一比例与其他各产业的信贷余额占全部商业信贷余额的比例相比处于较低水平,显示了商业信贷对文化产业支持的显著不足。

表7-2 内蒙古自治区文化产业商业信贷规模与占比

项目	年份	2008	2009	2010	2011	2012
各项贷款余额	余额(亿元)	4527.85	6292.52	7919.47	9727.76	11284.2
	增长(%)	20.17	38.97	25.8	22.8	16
文化产业信贷余额	信贷余额(亿元)	3.10	4.16	6.29	10.33	16.68
	增长(%)	—	34.2	51.2	64.2	61.5
	占比(%)	0.068	0.066	0.079	0.106	0.147

资料来源:内蒙古自治区银监局(2013)。

(三)基金市场支持文化产业发展现状

2009年以来,随着文化产业的快速发展,在国家强力政策推动下,全国各地相

第七章 内蒙古自治区文化产业投资报告

继成立文化产业投资基金。2009年4月,华人文化产业投资基金通过国家发展改革委备案审批,基金规模为50亿元人民币,成为第一个在国家发改委获得备案通过的文化产业私募股权投资基金。基金的主要发起方及出资方,包括文汇新民联合报业集团、上海东方传媒集团有限公司控股的上海东方惠金文化产业投资有限公司、国家开发银行下属的国开金融有限责任公司、上海大众公用事业股份有限公司下属的上海大众集团资本股权投资有限公司、招商局中国基金下属的深圳天正投资有限公司、宽带资本等机构。2010年12月22日,由电广传媒旗下企业深圳市达晨创业投资有限公司为主进行投资管理、规模达30亿元的湖南文化旅游产业投资基金成立。该基金是由湖南省财政厅、文化厅、旅游局、长沙市人民政府等政府机构牵头,联合达晨创投、湖南高新投等机构共同组建的湖南省第一只文化旅游产业引导基金,采取定向私募运作模式募集,进行为期10年的封闭式管理,2012年12月,湖南文化旅游产业投资基金成立两周年之际获得财政部的第一笔注资5000万元。2011年7月7日,我国首只国家级文化产业基金——中国文化产业投资基金在北京举行成立揭牌仪式。该基金由财政部、中银国际控股有限公司、中国国际电视总公司和深圳国际文化产业博览交易会有限公司共同发起设立,目标总规模为200亿元人民币。2013年3月21日,贵州省文化产业发展基金已开始正式运作,基金规模为4.5亿元,投资方向主要为文化创意、影视制作、出版发行、印刷复制、会展广告、演艺娱乐、广电网络、文化旅游、民族民间工艺、动漫、数字内容等领域。从总体上看,目前我国文化产业发展处于小而散的状态,大多数文化企业仍在苦苦寻找合适的商业模式,成长缓慢,跨领域经营仍存在障碍,很难满足文化产业投资基金快速兴起对文化产业投资项目的需求,因此,个别发展态势良好的文化产业领域出现资金过多、投资过热的情况。

截至2012年底,内蒙古自治区地区没有一只文化产业投资基金,2011年9月4日,内蒙古自治区文化产业商会在呼和浩特市成立。内蒙古自治区文化产业商会是经自治区民政厅批准成立的社会团体,首批会员和会员单位包括20位文化艺术界知名人士和260家企业。成立大会上,内蒙古自治区文化产业商会与呼和浩特市新城区签署了内蒙古自治区创意文化产业园区战略合作协议,与交通银行内蒙古自治区分行、招商银行呼和浩特分行及中国民生银行呼和浩特分行签署了金融支持文化产业发展合作协议,为内蒙古自治区文化产业发展提供金融支持等。为此,内蒙古自治区应尽快成立文化产业发展基金,在发挥财政资金的引导作用的基础上,可充分调动金融机构和大型国有企业等社会资金投入,搭建文化产业投融资平台,以吸收自治区骨干文化企业、大型国有企业和金融机构认购,实行市场化运作,通过股权投资等方式支持、推动资源重组和结构调整,促进自治区文化发展战略目标的实现。

(四)产权市场支持文化产业发展现状

作为一个交易服务平台类企业,文化产权交易主要包括文化产权交易平台、文化产业投融资平台、文化企业孵化平台、文化产权登记托管平台四类平台。作为专门为文化和资本对接打造平台的文化产权交易所,则有其独特的优势:其一,得到了国家在政策上的大力支持,同时也扩大了项目池和资金池的规模,丰富的信息和充裕的资金,使得文化产权的交易能够更为顺利找到目标;其二,文化产权交易所致力于与各类文化产业项目(如文博会)配套互动及功能互补,常年促进重大项目、创新型项目、"文化+科技"等项目的产权交易和文化进出口贸易,使之成为"永不落幕的文博会";其三,文化产权交易所以各类资本市场手段和创新金融产品促进中国文化产业快速成长的"文化+金融"的新路子。它将为促进文化成果与资本、文化创新与市场、文化产品与科技等紧密结合,为文化的项目孵化、企业升级、转企改制、并购重组、培育龙头骨干企业、增资扩股、招商合作等提供一揽子的质押贷款、股权融资、债权融资、兼并收购等综合金融服务及基础平台服务;其四,运营模式的突破,这主要表现在交易品种设计上,交易所将探索各类文化衍生产品交易,包括文化项目投资受益权、艺术品权益证等。为此,十七届六中全会强调"加快构建有利于文化繁荣发展的体制机制。加快培育产权、版权、技术、信息等要素市场,办好重点文化产权交易所,规范文化资产和艺术品交易。加强行业组织建设,健全中介机构。在国家许可范围内,引导社会资本以多种形式投资文化产业,形成以公有制为主体、多种所有制共同发展的文化产业格局"。从中可以看出,以产权交易所为代表的产权市场是支持文化产业发展的核心平台。2010年4月,中宣部、财政部、文化部、央行、广电总局、新闻出版总署、证监会、银监会、保监会九大部委联合发出《关于金融支持文化产业振兴和发展繁荣的指导意见》文件(94号文),明确提出对文化产权交易所的建设提供直接融资支持、保险支持和财政支持。文化产权交易所的成立,是贯彻落实《国务院关于印发文化产业振兴规划的通知》精神的重大举措和保障。

2009年6月15日,上海文化产权交易所正式揭牌,成为国内首家成立的文化产权交易所,由上海联合产权交易所、解放日报报业集团、上海精文投资公司联合投资创立,自揭牌以来,成交金额达10亿元,共计10多个项目,目前已储存的项目超过1万个。作为综合性文化产权交易服务机构,上海文化产权交易所以各类文化产权的交易为核心,以文化物权、债权、股权、知识产权等各类文化产权为交易对象,为各类市场主体提供灵活、便捷的投融资服务,为各类文化创意提供实现价值的通道。2009年11月深圳文化产权交易所正式挂牌,特别引人关注的是,深圳文化产权交易所将建立文化产业多层次资本市场和金融服务体系,为文化与资本"联姻"提供广阔的平台。随后,天津文化产权交易所、成都文化产权交易所、广东南方文化产权交易所等也相继成立。

内蒙古自治区产权交易中心作为自治区产权市场的核心服务机构,是具有政府背景和社会公信力的综合性产权交易机构,自开展产权投融资业务以来,中心成交的各类股权、债权、物权、知识产权等交易项目近500宗,实现产权交易融资总额约85亿元,涉及资产总额约360亿元。目前,在中心涉及文化产权交易的相关业务主要有首届鄂尔多斯国际文化节的"国际文化节会标、吉祥物特许经营权"进行转让,广电传媒、文化出版社、文化传媒公司的股权托管。从总体上看,内蒙古自治区利用产权市场进行文化产业各类产权交易的品种、宗数、规模较小,较多的文化企业没有进场,与资本对接的文化产权交易平台、文化产业投融资平台、文化企业孵化平台、文化产权登记托管平台四类平台处于起步阶段,仅有的内蒙古自治区艺术品交易所只提供单一的艺术品交易。为此,今后的发展趋势是:全面提升内蒙古自治区产权市场的整体实力,为支持内蒙古自治区文化产业健康发展做出应有的贡献,争取成为符合十七届六中全会精神要求的文化产权交易平台,实现优秀文化与各类资本的对接,成为推动内蒙古自治区文化产业大发展的重要力量。

四、内蒙古自治区文化产业投融资瓶颈分析

(一)缺乏自主增长的财政文化产业投入机制是主要瓶颈

改革开放以来,随着内蒙古自治区财政收入的迅速增长和国家转移支付的增加,全区财政对文化产业投入也有大幅度的增长。但是,由于没有形成稳定的增长机制,财政文化产业投入的规模相对较小。截至2012年底,内蒙古自治区财政文化产业投入无论从所占经费的比例以及GDP的比例,还是从政府财政支出的比例来看,都比全国平均水平在相应阶段的支出比例要低得多。即使是在绝对额大幅度增长的同时,文化产业支出占财政总支出的比重却没有相应提高而出现下降的趋势。根据统计资料显示,2006年内蒙古自治区财政文化产业投入经费为7.4亿元,从2007年开始首次突破10亿元大关,以后逐年增加,2012年底增加到29.3亿

元,接近30亿元;但占财政支出的比重较低,2006~2012年7年间长期稳定在1%以下。

保证财政文化产业投入的稳定增长机制,发挥财政文化产业投入的杠杆和引导作用是国家文化产业投入战略的核心内容,需要从制度上、法制上去改革,从根本机制上解决问题。内蒙古自治区在增加财政文化产业投入的同时,应当在科学发展观和文化产业强区战略的指引下,在发展经济、培育壮大财源的进程中,进一步发展和完善适应社会主义市场经济体制要求的多元化和多渠道的文化产业投入体系,使政府支持和促进文化产业发展,建立政府引导并协调全社会文化产业投入的协调配合体系和机制,使各方面相互协调,形成合力,共同促进,实现政府、企业、金融、国内外资金和其他资金的有序分工和协调配合。在制定财政文化产业投入的稳定增长机制过程中,政府在文化产业投入的纯公共产品领域担当主体;在准公共产品领域以直接拨款、税式支出、政府采购和政策性金融支持等灵活有效的多种方式投入并作政策引导;在营利性文化产业领域,政府一般不提供资金,主要职责是维护市场的公平环境和间接政策引导;对企业、非营利性机构的投入潜力,应积极鼓励引导为现实投入。当前主要的任务是加快建立健全和完善新的财政文化产业投入体制,建立和形成引导和动员更多社会资本投入文化产业的联动机制,整合文化产业财力资源,形成合力,才能充分发挥财政文化产业投入的杠杆和引导作用。

(二)文化企业的融资缺口,制约了文化产业创新的发展动力

在"大文化"、"大产业"、"大旅游"发展思路的引导下,文化产业已成为内蒙古自治区新的经济增长点,一个新的支柱性产业雏形已现。自从2003年内蒙古自治区党委提出和实施建设民族文化大区的重大战略决策以来,高度重视草原文化的研究和开发,全区各地都在积极建设各具特色的文化品牌,全面推进文化事业和文化产业的繁荣发展,使绚丽多姿的草原文化大放光彩。目前,自治区境内已发现各类不可移动文物2万余处,非物质文化遗产同样丰富多彩。自2006~2011年国务院公布第一批和第二批国家级非物质文化遗产名录以来,已有数十个项目入选国家级"非遗"名录。此外,2010~2011年内蒙古自治区组织实施了文化资源普查工作,对内蒙古自治区的历史文化、民族语言文字、非物质文化遗产、自然景观文化、宗教文化、文学艺术、饮食文化、建筑文化、节庆文化、文化之乡、地名文化、新闻出版、广播影视、社科研究、文化艺术机构或团体、广告会展业、网络业、动漫业、文化人才等19个大项目、108个子项目进行了较全面的普查。与此同时,内蒙古自治

区还先后组织实施了"蒙古语、语料库"建设工程、"内蒙古自治区民族民间文化遗产数据库"建设工程、"蒙古文大藏经影印出版工程"、"内蒙古自治区重大历史文化题材美术创作工程"、"内蒙古自治区文化长廊建设工程"等。从一定意义上说,这些重大文化项目和学术工程的完成将对内蒙古自治区文化资源的保护与开发起到积极的推动作用。尤其是由此而产生的对文化产业发展的带动效应将会使更多的人从其他行业中逐步分离出来,加入到文化产业大军中去,内蒙古自治区文化产业将迅速发展壮大,进而取代部分传统产业而成为新的支柱性产业。

截至2012年底,内蒙古自治区依托草原文化资源,已经打造了草原文化节、昭君文化节、红山文化节等110多个节庆品牌,初步建设或正在规划秦直道、巴林石、孝庄园、红山先民聚落园、锡林浩特蒙元文化城、大盛魁文化产业园区、鄂尔多斯文化产业园区、元上都文化产业园区等近20个文化产业园区。内蒙古自治区已先后在图书发行、有线电视网络、电影、出版、报业等领域成立了五大文化产业集团,成为内蒙古自治区文化产业的龙头企业,其集团化、集约化、集聚效应初步显现。

在赞叹内蒙古自治区文化发展取得成果的时候,有一点应被高度重视——融资难的"瓶颈"严重制约着内蒙古自治区党委提出的建设民族文化大区重大战略的实施。因此,以何种融资方式能够最快、最好地解决文化产业发展和文化企业资金缺乏问题,是一个十分值得研究的课题。

综观近几年的文化企业融资缺口问题,主要表现在以下两种:

1. 文化产业融资的资本缺口

内蒙古自治区地区的文化企业资本来源:①自有资本、文化企业的资本主要是通过自我积累和群体聚集形成的,其来源大多为个人储蓄、家庭集资、个人投资商等,其自有资金有限(如阿拉善的奇石文化产业最为典型);②股权投资,由于内蒙古自治区文化产业发展缓慢,产值低,利润空间小,致使股权投资发展缓慢,即使是存在风险投资企业,其投资资金规模也不大,投资动力不足;③创业板市场"两高"、"六新"的偏好限制了内蒙古自治区文化产业的市场融资("两高"、"六新"即高文化产业、高成长性、新经济、新服务、新农业、新能源、新材料、新商业模式企业)。因此,当文化企业需要外部资本时,很难在资本市场上筹集到资金,存在着较为严重的资本缺口。

2. 文化企业的债务融资缺口

一般来说,文化企业规模小,资信度低,可供抵押的资产少,财务制度不健全,破产率高,因而商业化经营的银行认为其风险太高而产生惜贷现象,且由于其所需贷款一般单笔数量不大,频率又高,就使得银行对文化企业放款的单笔管理费用高于对大企业的相关费用,出于安全性、盈利性原则考虑,银行就更不愿对其进行贷款。因此,文化企业在获得银行等金融机构的债务融资时往往面临着有效的资金需求无法得到满足的问题,即存在着一定的债务融资缺口。即使许多文化企业可以提供抵押品或者可以接受较高的利率,仍然无法得到银行等金融机构的贷款。与大企业相比,文化企业在获得银行贷款和其他金融机构贷款方面处于明显的劣势。文化企业在获得银行等金融机构的债务融资时,通常面临着"信贷配给"问题。"信贷配给"是金融市场普遍存在的一个问题,其主要原因是文化企业与银行等金融机构之间存在严重的信息非均衡,且这种信息非均衡远比大企业严重得多。信息的非均衡使得文化企业不可避免地产生逆向选择和道德风险。这两种效应都将诱使银行自愿地向任何一种借款人收取更高的利息,以使预期收益最大化。在均衡状态下,将会出现武断的信贷配给,造成一大批与得到贷款的人相同但却得不到满足的潜在的借款人(张玉明,2004)。由于文化企业的信息非均衡较为严重,往往成为银行信贷配给的对象,必然造成文化企业的债务融资缺口加大,使其无法通过债务融资来满足其正常的经营需要。

内蒙古自治区地区金融市场欠发达,市场运作不规范,资本市场功能定位存在缺陷,导致文化企业的债务融资缺口更加严重;内蒙古自治区资源优势的利润空间促使银行把较多的金融资源配给到优势产业中去,就会出现文化企业的"信贷配给"问题,致使银行信贷的逐利行为成为信贷配给的偏好;内蒙古自治区整个地区的文化产业成果转化率低、文化产业产值比重低,企业缺乏足够的资金支持和自身留存不足难以支撑文化产业创新。因而,文化企业融资困难是制约内蒙古自治区文化产业大发展的主要瓶颈。

(三)内蒙古自治区文化产业发展的初级阶段特征难以获得信贷支持

当今文化产业越来越向集约化方向发展,而目前内蒙古自治区文化产业发展不是很充分,呈现出散、弱、小、社会化产业程度不高的状况,真正具有竞争力、集约化的大型文化产业的运营企业只有少数几家。就内蒙古自治区现有的产业运营规模来看,尚未突破经营规模小、资金缺口大、粗放式管理、产品质量偏低等瓶颈,多以中小型文化企业为主。而中小型文化企业内部管理松散、经费短缺、设备陈旧、经营活力不足、财务制度不规范,内部控制、财务信息披露较差,缺乏监管。这样的中小型文化企业必然面临项目实施难、吸收人才难、规模壮大难,以及信用状况与金融机构信贷支付要求难以评估等因素,致使企业难以获得各类金融机构的信贷支持。此外,文化企业抵押品匮乏,抵押资产变现能力弱也是重要制约因素。

五、内蒙古自治区文化产业投资战略的确定

文化是民族凝聚力和创造力的重要源泉,是综合国力竞争的重要因素,是经济社会发展的重要支撑。内蒙古自治区历史悠久,文化底蕴深厚,草原文化是中华文化的重要组成部分。在全面建设小康社会的关键时期,促进内蒙古自治区文化事业全面繁荣和文化产业快速发展,对于加强民族团结、巩固边疆稳定、转变经济发展方式、增强地区综合实力、保障国家文化安全、实现全面建设小康社会奋斗目标,具有重大意义。如今,发展文化产业已经上升为国家战略。

(一)实施文化产业品牌投资战略

草原文化是内蒙古自治区的第一品牌,是自治区最大的无形资源;草原文化作为草原历史的见证,引发人们对民族历史的追怀和对未来的进取;草原文化以博大精深的文化意蕴,启迪、熏陶着人们的精神世界。在"大文化"、"大产业"、"大旅游"发展思路的引导下,文化产业已成为内蒙古自治区新的经济增长点,一个新的支柱性产业雏形已现。自从2003年内蒙古自治区党委提出和实施建设民族文化大区的重大战略决策以来,高度重视草原文化的研究和开发,全区各地都在积极建设各具特色的文化品牌,全面推进文化事业和文化产业的繁荣发展,使绚丽多姿的草原文化大放光彩。据了解,内蒙古自治区依托草原文化资源,打造了草原文化节、昭君文化节、红山文化节等110多个节庆品牌,初步建设或正在规划秦直道、巴林石、孝庄园、红山先民聚落园、锡林浩特蒙元文化城、大盛魁文化产业园区、鄂尔多斯文化产业园区、元上都文化产业园区等近20个文化产业园区。内蒙古自治区已先后在图书发行、有线电视网络、电影、出版、报业等领域成立了五大文化产业集团,成为内蒙古自治区文化产业的龙头企业,其集团化、集约化、集聚效应初步显现。

内蒙古自治区在电视、出版、文学等方面已形成了具有一定影响力的知名品牌,但是打上品牌烙印的特色文化产品还不够丰富,能准确表达其品牌内涵的物质产品显著匮乏(尤其是文化体育产业方面的品牌)。事实表明,名牌栏目、精品力作等原创性文化产品被开发之后,要再开发延伸性的其他产品,才能发挥品牌的最大效应。为此要加大投资力度,紧紧围绕一批重要的文化品牌和优秀品牌,打破市场分割和行业垄断,实施品牌战略,通过推动电影、电视、文学、出版等领域的联动策划,全力打造内蒙古自治区文化品牌,力争使内蒙古自治区草原文化成为全国最有影响力的品牌,并走向全世界。

（二）实施优势文化资源优先投资战略

"草原文化"与黄河文化、长江文化并列为中华文化的重要组成部分,中国北方草原游牧文化在世界文化史上占有重要地位,因此,整合内蒙古自治区文化资源,精心打造内蒙古自治区优势特色文化品牌,进一步调整,优化文化产业结构,做大、做强文化产业集团,不仅是建设文化大区的必由之路,也是发展草原文化、传承中华民族精神的需要。据史料记载,自商周以来,土方、鬼方、猃狁、山戎、北狄、东胡、林胡、楼烦、匈奴、鲜卑、柔然、乌桓、突厥、回鹘、契丹、室韦、女真、党项、蒙古、回族、满族等众多北方少数民族先后在内蒙古自治区大草原生息。不同民族文化、不同地域文化、不同时代文化的交流、融合与演进,造就了丰厚而独特的内蒙古自治区草原文化。草原文化是世代生息在草原这一特定的自然环境中的不同族群的人们共同创造的,它与黄河文化、长江文化共同构筑了光辉灿烂的中华民族文化。从地域分布来看,内蒙古自治区各地文化资源都极具特色和开发价值。如呼和浩特市旧石器时期的大窑文化、战国和秦汉时期的云中郡文化、魏晋南北朝时期的盛乐城文化、辽金元时期的丰州城文化、明清时期的召庙文化和大盛魁文化、象征"和合"精神的昭君文化等;鄂尔多斯市旧石器晚期的萨拉乌苏文化、纵跨新石器时期和青铜器时期的朱开沟文化、两汉时期的河套匈奴文化、从陕西咸阳到内蒙古自治区包头的秦代"高速公路"——秦直道文化、以成吉思汗陵为主要物质载体的成吉思汗文化、以蒙古族婚礼为代表的民俗文化等;赤峰市有公元前2000年~公元前300年的夏家店文化、以"华夏第一村"——兴隆洼原始聚落遗址为代表的红山文化、以"草原第一都"——辽上京遗址为代表的辽文化、以喀喇沁清代蒙古王府遗址为代表的蒙古文化等;呼伦贝尔市有巴尔虎、布里亚特蒙古族古老的传统民俗文化,达斡尔、鄂温克、鄂伦春"三少"民族文化,以"成吉思汗草原文化旅游节"为代表的旅游节庆文化,以优质的天然草场和原始森林为载体的生态文化等;锡林郭勒盟有以元上都、汇宗寺、贝子庙、恐龙化石区为代表的历史文化,以那达慕、祭敖包为代表的民俗文化,以乌珠穆沁、察哈尔、苏尼特、阿巴嘎四大部落服饰为代表的服饰文化,以乌兰牧骑为代表的民族歌舞文化,以搏克为代表的民族体育文化等。为此,基于优势资源优先开发原则,内蒙古自治区文化产业实施"两圈一带多点"优先投资战略。

"两圈"。一是以呼和浩特市、包头市、鄂尔多斯市为中心区域,以蒙元文化、昭君文化、敕勒川文化、成吉思汗文化为依托,优先实施"呼包鄂"文化产业一体化,重点发展以演艺、文化旅游、文化创意、文化科技、文化会展、数字内容、动漫游戏为主导的文化产业特色区域;二是以赤峰市、通辽市、锡林郭勒盟、乌兰察布市为中心区域,以红山文化、辽文化、科尔沁文化、察哈尔文化、蒙元文化为依托,建设以文化会展、文艺演出、文化旅游、巴林石、工艺美术品为主导的文化产业特色区域。

"一带"。以呼伦贝尔市—兴安盟为一带,突出丰富的文化旅游资源、民族民俗文化和异域风情资源,打造具有国际影响力的原生态文化旅游胜地、休闲度假胜地和冰雪运动中心,大力发展文化旅游业、文化会展业、文艺演出业、工艺美术品业及多元特色产业。

"多点"。以巴彦淖尔、乌海、阿拉善盟、满洲里、二连浩特为点状开发区域,重点做好特色文化产业。

(三)实施文化产业链组合投资战略

文化产业是由很多种产品构成的,内涵是非常丰富的,同时又是可以彼此相加形成的一种结构,是一种典型的产业链组合渗透产业,一般包括报业、广电、出版、发行、文娱集团,上述五个集团都是传媒集团。如果再往前延伸,可以继续包括第六个集团,即科研集团。第七是教育集团。第八是医疗集团。第九是旅游集团,也可称为旅业集团。总之,前五个是比较典型的传媒集团,后四个则可以称为泛文化集团。为此,内蒙古自治区文化产业需实施组合型投资战略,可以有效实现文化产业的做强和做长:①以资产或产权为纽带,打破条块分割、行政壁垒和行业垄断,运用市场机制推进跨地区、跨行业、跨所有制的联合、兼并和重组,形成拥有核心竞争力的大型文化产业集团,使之成为民族地区文化产业的战略投资者;②根据区域文化资源的禀赋特点和产业链相关效应,以中心城市为重点,提高产业集中度,鼓励发展各具特色的文化产业园区和基地,形成集约化程度较高、产业链较长的文化产业集聚区;③着力打造组合型文化产业项目,尤其要把文化旅游与民族演艺结合起来,集合市场、资本、技术及人力资源等生产要素,打造有市场前景的重点文化产业项目,不断形成内蒙古自治区文化产业新的增长点;④依托特色产业,实施重大项目带动战略,加快文化产业示范基地和区域文化产业群建设,加大对文艺演出、文化会展、文化娱乐、民族工艺品、民族音像等优势特色产业的扶持力度,加快推进产业结构、企业结构和产品结构优化升级,提高核心竞争力。

(四)实施文化产业集聚发展投资战略

当前,产业集聚发展已成为一个重要趋势。对于同类企业来说,集聚发展可以促进企业间的技术交流与传播,使一家企业的创新迅速外溢到其他企业,同时,出于生存竞争需要，企业会更加注重创新。对于上下游关联企业来说，产业链中任何一家企业的技术突破，都会给整个产业链带来利益，因此，产业链相关企业都非常注重新技术的创新与应用。

21世纪初，以集聚文化产业的新模式——文化产业园区在北京、上海等大城市诞生，而后被全国各地普遍效仿。一批较为成熟的文化产业园区集聚效应明显，培植了大批龙头企业，并依托这一优势，成为文化产业高地。根据文化部的统计，截至2012年6月底，文化部共命名了6家国家级文化产业示范园区、4家国家级文化产业试验园区和204家国家文化产业示范基地。北京共有文化创意产业集聚区30个，江苏共有各级文化产业园区（基地）214个，浙江共有园区（基地）70多个，湖北已建、在建和拟建园区68个。2010年，国家级示范园区（基地）总收入2500亿元，总利润超过365亿元，获得16626项自主知识产权。同年，北京21个市级文化产业集聚区文化创意收入的同比增速高于全市文化创意产业收入的同比增速近3%；湖北省文化产业园创造年产值115.63亿元，实现利润10.67亿元。

内蒙古自治区现有7个文化园区和21家文化产业示范基地，但因文化产业种类单一、文化企业数量少等特点至今没有形成产业集聚，部分园区处于正在建设中，更上升不到产业集聚效应，因此，实施文化产业集聚发展投资战略是当前内蒙古自治区建设文化大区的重要途径。①培育重点企业，推动文化产业集聚发展。通过加大政策扶持力度和强化多渠道、多元化的投融资措施，在演艺业、文化娱乐业、动漫业、游戏业、文化旅游业、艺术品业、工艺美术业、文化会展业、艺术设计业、网络文化业和数字文化服务业十一个门类各培育一批自治区级骨干领军企业，打造文化企业主力军团队。②依托文化产业基地重点建设一批具有集聚效应的文化产业园区，进一步聚集文化产业资金、技术及文化创意。③加快文化体制改革，发挥国有或国有控股文化企业或企业集团在发展文化产业和繁荣文化市场方面的主导作用，引导社会资本以多种形式投资文化产业，参与国有经营性文化单位转企改制，参与重大文化项目实施和文化产业园区建设，在全区基本建成区域布局合理、重点项目突出、市场主体多元、新型业态崛起、企业实力倍增、品牌效益显著、民族地区特色鲜明的以公有制为主体、多种所有制共同发展的文化产业发展格局。④大力发展民营文化企业，鼓励支持中小文化企业向"专、精、特、新"方向发展。通过开展全区民营文化产业调研活动，尽快出台促进民营文化产业发展意见，放宽投资领域，降低市场准入门槛，在投资核准、信用贷款、土地使用、税收优惠、上市融资、发行债券、对外贸易和申请专项资金等方面给予支持，并加强和改进服务、管理。

六、内蒙古自治区文化产业投融资体系构建

依据《内蒙古自治区"十二五"文化发展规划》确定的奋斗目标和五项重大任务,以及内蒙古自治区政府于 2010 年初提出的"文化产值占地区生产总值的比例到 2015 年达到 4％"的目标测算,到 2015 年,内蒙古自治区构建文化产业体系每年至少需投入约 100 亿～150 亿元人民币(按不变增长率计算),才能实现占 GDP 4％的目标。因此,建立强有力的现代金融支撑体系,高效率地配置金融资源,并建立金融资源配给的长效机制,是内蒙古自治区文化产业体系建设的重要途径,也是必经之路。

(一)建立以中央和地方政府投入为政策引导的文化产业投入机制

世界各国的经验表明,对于公益性文化产业的资金来源主要是中央和地方政府的财政资金。以日本和韩国为例,早在 20 世纪 80 年代,日本政界、学界就多次提出"第三次远航"的口号,在政府的指导下重新树立一个全面奋斗的目标:迈向"发挥独创性的播种、培育型技术""首创和领先的文明开拓时代"(日本把明治维新、"二战"失败后的崛起称为历史上的第一和第二次远航),并于 2001 年推出了《特殊 21 计划》,旨在扶持文化创作,政府提供了相当于 1700 亿美元的推动费用,仅总务省下属的负责通信技术开发的实施机构,一年的投资就达 600 亿日元。韩国文化产业也是政府基于对文化产业战略意义的共识,一步一步地设计、推进而成的,2002 年通过国家预算拨款、投资组合、专项基金共融资文化产业事业费 5000 亿韩元,为文化创作和基础设施建设、营销和出口、人才培养,各投入 1700 亿韩元、1870 亿韩元、1430 亿韩元。政府主导型的管理模式充分发挥了政府在文化产业发展中的推动作用,使日本、韩国的文化产业获得了源源不断的发展动力,并形成了独具特色的产业政策与投资机制。

1. 政府在文化产业体系建设中资金投入的具体形式

实施在财政、金融、税收等方面的优惠扶持,进行直接或间接投资,是政府部门在文化体系建设中最主要、最普遍的职能,也是文化产业创新和发展最直接、最有力的动力。这主要有以下形式:

(1)直接投资。政府可以对整个文化事业进行财政预算和投入,尤其是对文化基础设施和文化创意产业的扶持。政府也可根据文化产业发展战略,选择重点文化创新领域予以投资。政府的直接投资,可以为文化产业创新提供物质支撑和资

金储备,引导文化产业创新的方向,刺激文化企业创新经费的增长。

(2)财政补贴。政府可以根据企业和社会对文化产业的投资总额,进行一定比例的补贴。财政补贴不仅解决了企业在筹措文化创新经费上的困难,而且形成了对企业的刺激和促进。

(3)基金扶持。政府还可以依靠社会力量形成专门用于文化产业发展的基金,由政府掌握并进行有计划的发放和资助。政府可以根据文化产业的不同类型,设置相对应的文化基金。如韩国政府共设置了国家文艺振兴基金、文化产业振兴基金、信息化促进基金、广播发展基金、电影振兴基金、出版基金等多种专项基金,其中韩国的文化产业振兴院在2000~2001年两年期间,成功运作投资组合17项,共融资2073亿韩元(政府350亿韩元,民间1723亿韩元),以后每年都至少融资1000亿韩元。这是以动员社会资本为主、官民共同投融资的运作方式。

(4)税收优惠。采取文化产业创新活动的税收优惠政策,这是政府推动文化产业创新的最集中体现,也是企业从政府得到的最有力支持。主要优惠形式有:加速折旧,对用于文化创新的新技术设备实行加速折旧制度;减免所得税;减免关税,对进口的先进技术和机械设备等降低或免除关税;减免风险资本收益的税收,对文化技术创新中的风险资本投资实行税额减免,对风险投资的收益免除所得税。

(5)低息融资。政府通过政策金融机构以低息贷出公共资金支持文化产业创新,它同普通商业银行贷款之间的利率差也就是对文化产业的实质性资助。这些政府或政策性融资,一方面直接为文化企业创新提供了资金,另一方面也对民间金融机构产生了明确而有力的导向作用,调动了大量社会资金向文化创新转移。

2. 中央和地方政府对文化产业投入长效机制的构建

财政文化产业的投入在整个文化体系建设投入机制中处于政策导向地位。它不是文化产业投入的资金主渠道,而是通过政策的导向作用,充分激发全社会从事文化创新的积极性。

它既可以激发出金融信贷资金,也可以激发民间资本进入到文化产业创新领域。因此,建立以中央和地方政府为政策导向的文化产业投入机制对于建立内蒙古自治区文化产业金融支撑体系具有重要意义:①依据《内蒙古自治区"十二五"文化发展规划》所制定的文化产业发展战略,确立重大文化产业发展项目,积极向中央申请文化产业经费,并制订文化产业攻关计划、文化产业前沿项目库和中央资金拨付的实施方案。同时,充分利用内蒙古自治区被中央列为工业化和信息化"两化"示范区的契机,加大中央政府对内蒙古自治区地区文化产业投入的力度。②建立地方财政文化产业投入的长效机制,确保财政资金投入的可持续增加。基于内蒙古自治区财政文化产业投入在财政支出中的比例较低的现状,建议财政文化产业投入在财政支出中的比例以不低于2%的比例加以拨付,并以每年不低于GDP的增幅而增长。③建立中央文化产业资金和地方财政文化产业资金配套执行机制,严格审查政府文化产业资金的使用情况,并建立文化产业经费惩罚机制,防止文化产业资金被挤占和挪用的现象发生。

(二)政策性银行和商业银行信贷支持的融资配给

1.信贷资金与文化产业耦合的难点分析

(1)文化产业的投资特点决定了难以获得信贷资金。文化产业投资与其他产业相比,具有投入较高、投资回收期较长、投资风险较大的特点。以影视制作为例,前期需要大量的启动资金,产业链较长,影响投资回收的不确定因素较多,从产品制作到市场发行、票房及广告收入等,在各个环节都存在一定的风险。此外,文化产品创作、培育及成型的周期一般比较长,投资过程中先期投入的资金并不能产生集聚效应,往往处在投资收益率曲线的最低点,尤其是用于形成固定资产的文化基本建设投资,投资回收期更长,且投资回报依赖于市场化运作。因此,文化产业的投资特点与商业化信贷资金的耦合成为固有的难点。

(2)文化体制改革不到位影响了银行业金融机构的信贷投放。文化体制改革不到位对文化企业融资的影响主要表现在以下几个方面。①当前的文化单位大部分仍然是事业单位,不是市场主体,不具备投融资的条件和能力,制约了金融对文化产业的支持;②由于改革不彻底,一些文化单位随时可能被解散或合并,银行除了面临与其他企业相同的信贷风险外,还面临着这些文化单位非市场退出的风险;③由于行政性的条块分割和多头管理,造成文化企业小而散、量多质次、布局分散、重复,加大了银行信贷的投放难度;④目前大部分文化企业缺乏自主权和生存发展能力,缺乏竞争和创新能力,经营状况不佳,资金使用效率低下,影响了银行对其信贷投放的积极性;⑤一些文化企业刚刚成立,盈利模式不清晰,对资本运作还不太熟悉,缺乏资金融通方面的知识和经验,遇到资金紧缺等问题首先想到的仍是寻求政府支持或自筹资金,而不是主动创造融资条件向金融机构申请贷款支持;⑥为无形资产提供评估、转让、担保的中介机构严重不足,知识产权抵质押登记、托管制度不完善、保险介入不深,担保制度不完善,目前还没有涉及文化企业的担保业务;⑦金融机构对文化产业的认识和服务创新不足,严重限制了金融对文化产业的支持范围。多年来,文化一直是由政府操办,文化的产业属性对大多数金融机构来说还很陌生,在金融支持经济发展中忽视支持文化企业发展的惯性思维仍然存在,金融业对文化产业的发展规律和资金运用特点认识不足,对如何在市场经济条件下加大金融支持文化产业发展还缺乏深入的思考和研究。

2.政策性金融是引导文化产业创新融资的有力工具

政策性金融机构主要是在政府产业政策导向中发挥作用,具有明显的非商业性特点。国家开发银行等近期都加大了对文化产业创新领域的政策性融资政策的力度,不仅进一步扩大了对文化产业创新的信贷规模,而且对创新产品,提供开发性金融工具,在担保、参股等方面都做了积极的尝试。

政策性金融机构更多追求的是社会发展目标,但这些目标和盈利目标并非绝对分立,政策性金融机构可以,且应当将二者结合起来,这意味着开发性金融机构必须通过有效途径保证贷款本息安全,降低贷款风险。内蒙古自治区地区进行文化产业创新可以通过加强与政策性金融机构的合作,拓展文化产业创新融资领域。

(1)开发性金融信贷风险控制机制的确立。根据对当前自治区文化产业企业的调查分析,影响企业获得商业银行及信用社贷款的相关因素有:资产负债率、市场份额、高新产品占比、企业信用等级、企业技术开发经费、企业性质、银企关系、担保、新产品数量等。其中,起决定因素的主要是企业性质(是否为国有企业)、企业信用等级、是否有担保。老牌国有文化产业型企业均能顺利获得商业银行(中、农、工、建、交)的贷款,而非国有企业即民营企业普遍存在贷款难的情况,主要原因一是没有担保,二是无信用评级。综合来看,文化产业企业信贷风险大,使许多银行对其采取谨慎策略。开发银行同样需要防范放贷风险,完善的风险控制机制是贷款安全的有力保障。

(2)界定文化产业企业授信条件。根据市场保证及技术进步原则,积极支持发展有潜力、经营有特色、产品有市场、还款有保障、管理规范的优势文化产业企业,建立科学合理的准入门槛。在具体工作中重点发展:①立足于区域经济优势,同时与优势大型骨干文化企业、集团型文化企业建立紧密型合作关系;②市场定位明确,能够把文化产品做深、做精、做细、做专,具有广泛市场前景和竞争力的特色企业;③文化产业产值高、起点高、市场潜力大的成长型、成熟型文化企业;④还款有能力,管理规范,经营者、所有者素质和能力良好,且经营理念先进的优秀企业。

(3)建立健全文化产业企业独立的评价体系。文化产业企业通常存在自身规模小、实力弱以及财务制度不健全等先天不足,原有的企业信用等级评定办法不符合文化产业企业的特点,导致许多文化产业企业不能进入银行信用等级评定范畴或等级较低而难以贷款。可将企业的财务因素和非财务因素同时并重考虑,减少企业资产总额、净资产总额等绝对数指标,如经营者素质、成长性因素、风险保障能力、经营能力、偿债能力,把握文化产业企业经营活动的合法性、经济效益的增长性、发展阶段的成长性、现金流量的充足性和担保方式的可靠性。对文化产业企业的经营财务状况、内控机制、诚信度、发展前景、偿债能力等方面进行深度的调查分析。

3. 商业银行信贷支持文化产业的金融创新

(1)融资工具的创新。加快开发适合文化企业融资需求的无形资产质押信贷创新产品:①各商业银行应向上级行申请技术支持,创新融资方式,研究知识产权、企业无形资产和电影(视)制作权的质押方式,或者以文化创意产品保底发行金为还款来源的预售发行权合约担保方式;积极探索专利权、著作权以及经过评估的文化资源项目、销售合同、门票等现金流量等作为银行信贷质押的途径;开展电影完工保证、游戏软件完工保证等无形资产融资保证业务,以解决文化企业普遍缺乏抵(质)押物的问题。②积极向上级行申请文化产业贷款授权的相关政策,争取成立为文化产业服务的、形式多样的专兼职部门和专业化的信贷队伍,为文化产业发展提供方便、快捷、灵活的专业化信贷服务。③结合内蒙古自治区实际,建立适应文化产业发展特点的信贷业务流程和信用评级制度,制定符合内蒙古自治区区情的文化产业贷款调查、审批、发放、催收等管理办法。

(2)融资机构的创新。

1)加快发展地方金融机构。近几年,民营资本参与金融的积极性比较高,可以有步骤地发展民营金融机构,以形成融资市场适度竞争的微观基础,并逐步实现融资结构与经济结构相适应,提高储蓄向投资转化效率,从而为文化产业创新企业提供良好的融资服务。此外,还可利用金融对外开放的有利时机,进一步加快引进国外金融机构。

2)鼓励建立多层次投资银行。投资银行作为一种较为特殊的融资机构,既是中介人又是投资人,不仅可以参与企业并购重组的咨询、设计和组织,还可以通过对企业的参股、控股,参与企业的创业和投资。投资银行可以帮助成熟的文化产业企业上市,使创业投资撤出并进行新的投资。另外,投资银行也可组织开展对文化产业创新企业的私募,促进企业向上市目标发展。

3)探索组建文化产业金融集团。西方国家自20世纪80年代以来,都由分业银行制向全能银行制转变,银企之间正由单纯的信贷联系向产权联系过渡,银行与企业之间从客户关系变成战略伙伴。尽管目前我国在政策上对金融混业经营还有比较严格的限制,但随着金融市场的发展和改革的深入,金融机构跨业经营也将成为现实。内蒙古自治区地区目前拥有少量地方商业银行、证券公司和投资公司,尽管基础较弱，却是不可多得的宝贵资源，应充分学习和借鉴先进地区经验，在做好主业、做大主体的基础上，加强金融与文化产业之间的"联姻"，实现共同发展，相互促进。

4. 政策性银行金融配给和商业银行信贷支持的政策措施

(1)政策性银行的信贷资金具有政策导向作用，它的市场定位就是按照政府的政策导向进行投融资活动，是以政府的经济政策或意图作为业务活动的根本依据，其融资准则具有明显的非银行性，一般不与商业银行进行同业竞争，主要从事具有较高金融风险的投融资活动。因此，政府应当积极与国家开发银行内蒙古自治区分行协商，充分发挥政策性银行功能，大力支持文化产业化的投资力度，在文化企业的创新阶段提供信贷支持，或通过提供担保、信托、参股等方式进行融资，进一步推动本地区的文化产业结构升级，充当文化产业化的助推器。

(2)更新国有商业银行的经营理念，通过金融制度创新，拓宽文化企业的融资渠道。基于文化产业企业与银行存在信息不对称的客观事实，商业银行应建立信贷风险的动态评估体系，并专门成立文化产业信贷部，对文化产业企业的创新能力、创业者的全面素质、企业的经营计划等关键要素进行动态跟踪评估，阶段性地预测企业未来的成长能力、盈利状况和风险等级，并通过金融产品创新加以支持：①建立全新的无形资产担保抵押方式，以知识产权、股权、产品品牌和技术成果等作为抵押以提供信贷支持，并积极开展网上联保方式争取信贷资金；②开展透支和贷款承诺业务，通过类似于远期合约的形式加大对文化企业的授信贷款业务；③大力发展资产证券化和信托业务，加大对文化企业在影视制作、动漫产业、图书出版、文艺创作和演出方面的信贷支持。

(3)大力发展和完善内蒙古自治区地区的中小金融机构，是解决中小文化产业企业融资难的根本出路。主要措施：①通过金融资源整合，大力发展中心城市商业银行，并以政府控股的股权结构制定具有政策导向的文化产业信贷机制；②加强对交通银行、招商银行等股份制商业银行的政策引导作用，通过建立信贷风险补偿机制加大对文化产业信贷的支持力度，并积极拓展金融市场宽度，大力吸引外资和区外的股份制商业银行入驻内蒙古自治区地区；③组建以政府为背景的内蒙古自治区文化产业投资公司，吸引各大商业银行、证券公司、保险公司、各类财团和战略机构投资者积极参股，重点对关系到内蒙古自治区文化产业创新体系中的重大文化产业项目进行投资和管理；④积极探索发展一批中小型民营银行（也可以以投资公司或财务公司的名义命名），以满足民营中小型企业融资的需要。

(三)构建依托于资本市场(包括创业板市场)的融资体系

目前在我国境内上市的共有 16 家文化企业,约占上市公司总数的 10‰,约占上市公司总市值的 6‰。早在 2010 年,九部委联合颁发了《关于金融支持文化产业振兴和发展繁荣的指导意见》,《关于金融支持文化产业振兴和发展繁荣的指导意见》对于支持文化企业上市、发行公司债作了明确规定,中国证监会将按照要求逐项落实:①积极支持处于成熟期、经营较为稳定的文化企业在主板市场上市;②鼓励已上市的文化企业通过公开增发、定向增发、配股等股权融资方式进行再融资,用于企业发展和行业整合;③支持符合条件的文化企业在创业板市场上市。同时,证监会还将支持符合条件的文化企业通过发行公司债、可转债方式融资,目前已经上市的文化企业不仅可以通过股权方式融资,还可以通过债权方式融资。

1. 加大股份制改制的力度,积极培育企业上市融资

围绕自治区具有一定文化品牌影响力的企业,制定鼓励企业上市融资、再融资及战略重组等推进内蒙古自治区证券市场加快发展的有关政策措施,通过发展增量资源和重组存量资源改善和优化上市公司整体结构。为此:①加快文化企业体制改革,推动国有企业依托资本市场进行改组改制,使优质资源向上市公司集中,支持具备条件的优质大型文化企业实现整体上市,支持高成长型文化企业在证券市场融资,逐步改善上市公司整体结构;②依托国内主板市场和境外市场,鼓励具有优势文化产业的企业发行上市,或依托内蒙古自治区现有的 22 家上市公司,通过资源整合,支持更多的文化企业依托资本市场发展壮大;③鼓励和支持拟上市公司运用发行短期融资券和企业债券等金融创新工具,以及运用金融衍生产品来拓展融资渠道,改善财务结构,降低财务成本和风险;④通过认真调查摸底从自治区辖区文化产业企业中选择一批有较强辐射力和带动力的企业作为重点,在资金安排、项目审批等方面予以积极扶持,支持企业进行重组整合,进一步促进自治区影视制作、动漫产业、文化旅游业、艺术品与工艺美术业、艺术设计业、网络文化业和数字文化服务业等文化产业创新能力的提升和新兴产业发展,并用 3~5 年的时间努力打造 3~5 个文化产业企业进入创业板市场。

2. 构建多层次的资本市场,大力发展内蒙古自治区股权投资业

稳步推进多层次的市场体系建设,健全资本市场功能,建设多层次资本市场更为有效地满足多元化的投融资需求,是当前内蒙古自治区资本市场发展的一项重要任务,也是进一步加快和发展直接融资的重要途径。为此:①以体制机制创新为重点,积极推进内蒙古自治区债券和股票市场的建设,大力发展风险投资业和产业投资基金,发展和完善货币市场、保险市场和产权交易市场,积极构建内蒙古自治区区域金融中心,为自治区支柱产业和创业资本的发展壮大提供便捷的市场通道;②进一步发展和完善资产处置平台、股份转让系统,探索和完善场外转让,积极推进公司债券等金融产品的发展,丰富市场的风险管理工具,研究适应多层次市场建设需要的交易制度创新,研究建立不同市场层次间的转板机制。

3. 大力发展内蒙古自治区产权交易市场

内蒙古自治区现有的产权交易中心和矿产资源交易中心,因其规模小、发展滞后、透明度不够等因素未能发挥应有的作用,因而积极扶持和培育产权交易市场及场外融资中介机构的发展,促进上市及拟上市公司的股权流动和合理重组,提高上市及拟上市公司资产质量和使用效率,活跃证券场外交易市场,以促使文化产业企业的产权转让和股权交易。建议在政府的干预下,认真研究内蒙古自治区地区的产权交易发展状况,充分应用现代文化产业和网路上的便利,通过资源整合和发展壮大实现产权交易中心的规模化和信息化运作。

(四)建立文化产业信用担保长效机制

目前,内蒙古自治区中小企业信用担保机构共有120家,为中小企业和银行之间架起资金融通的渠道发挥了一定作用。但机构数量偏少、资金规模偏小、放大倍数不高、风险准备不足、再担保机构缺位、信用环境较差等问题,仍然是信用担保体系建设存在的问题,为此,要尽快构建从自治区到市、县多个层次的全区中小企业信用担保再担保网络,进一步规范担保机构的运作,建立风险补偿和激励机制,完善信用担保支持体系,使信用担保机构真正起到企业和银行间的桥梁和纽带作用。

1. 鼓励发展民营担保机构,组建中小企业互助担保基金

民资担保机构是指由民营企业出资举办成立的、面向民营企业的担保机构。自治区部分担保机构的建设资金几乎全靠财政提供,主要来源于地方财政资金,普遍存在着资金来源单一的问题,由此引发的行政干预过强等政府失灵现象在所难免。另外,政策性担保机构的最终目的也是在于引导社会资金向中小企业流动,而通过政府资金的引导作用吸引其他社会资本补充担保机构的资本金,建立民资担保机构,组建中小企业互助担保基金则能够解决类似的问题。目前在内蒙古自治区的担保机构中,民资担保机构数量少,担保额度所占比例小。民资担保机构具有广阔的发展空间,它能充分调动民间游资的积极性,真正引导部分民间剩余资金流入中小企业担保体系。为此:①成立以政府为背景、各类金融机构和企业参股的文化产业信用担保机构,专门从事对文化产业创新型企业的信用担保业务;②由各类

文化企业（可形成联保关系）和金融机构等共同参股的担保机构，政府成立再担保机构；③组建的担保公司必须履行尽职调查职能，对自治区所有的文化产业创新企业实施全面评估，并建立企业文化产业研发信息库，建立文化产业创新风险动态评估体系，动态实时检测。此外，担保公司的组成人员应当具备一定文化产业知识和金融知识。

2. 加大银行与担保机构之间的调配合作力度

信用担保是一个专业性很强的高风险行业，担保机构在放大担保资金倍数的同时，也放大了资金的风险。如果缺乏有效的风险分散机制，"逆向选择"、"柠檬市场"在金融交易中会出现大量的风险。尽管信用担保机构事实上扮演了风险承担者的角色，承担了大部分甚至全部贷款的连带清偿责任，由此银行贷前的企业经营状况调查和资信审查标准就会降低，银行相应的监管积极性和监管力度也会下降，导致企业的积极性下滑，最终银行承担的风险也会加大。为了建立有效的风险分散机制，企业信用担保机构要与协作银行明确责任分工、担保资金的放大倍数、担保范围、责任分担比例、资信评估、违约责任、代偿条件等内容，在多方面进行深度合作。在分担风险方面，按照国际惯例，在对文化企业贷款时，担保机构为贷款的70%～80%提供担保，银行则承担20%～30%的风险，双方为文化企业提供金融支持并实行风险共担。另外，在开展文化企业信用担保业务时也应将银行的授信审查与担保机构的信用担保审查互补性地结合起来，降低对贷款企业情况重复评审的成本，以降低担保风险和银行风险，保证文化企业在最短时间内获得贷款。

3. 通过企业联保制度打破银企合作中的担保壁垒

目前，国内很多县级市开展了"中小企业联保贷款"业务，即3个或3个以上的中小企业自愿组成一个担保联合体，并仅限于为其成员提供连带责任担保。当联保体中的某一成员向商业银行申请办理指定的信用业务时，联保体其余全部成员为该申请人的信用业务提供连带责任担保。联保贷款行为本身就属于经营行为，参加联保小组的企业，须将厂房、机器等资产评估，资产抵押，责任连带，一家企业如果不能按时归还贷款，其贷款由联保小组的其他成员企业共同清算。因此企业失信的成本非常高，违反联保协约，不但周围企业瞧不起，也会失去外界合作伙伴。这种自愿组合、风险共担、利益共享、优势互补、联动发展的机制，可以为中小民营企业提供更大的发展动力。

中小民营企业可自愿申请加入联保组织，经贷款金融机构审查通过后即为有效。担保联合体为开放式组织，可自愿进出。在操作中，联保成员可以是强强联合，即由资产规模差不多、经营品种不同的企业组成；也可以是强弱联合，即大的、好的企业与较差、较弱企业联合；也可以是供应链合作伙伴之间的跨行业联合。金融机构按照"相互调剂，随用随贷，周转使用"的原则，只控制担保联合体的贷款总额，企业之间则可相互调节使用贷款资金。贷款机构根据联保小组所有成员办理抵押资产的金额确定信贷额度，然后确定小组每个成员最高借款额度和借款顺序、季节，各成员自主借款。担保联合体中任何成员的贷款，其他成员都要承担担保责任，一旦出现风险，所有成员集体负责偿还。为了防范信贷风险，联保成员必须按月向贷款行报送财务报表及相关资料，担保联合体成员之间相互监督制约，没有还清联保贷款本息，不准退出和抽逃资产。与企业单独从银行贷款的传统方式相比，企业联保贷款方式不需另外担保、不用抵押，不仅为企业节省了担保费、公证费等额外费用，而且大大提高了贷款效率，成员之间的经营情况也相对透明。

（五）鼓励各地组建社会化、市场化、多元化的文化产业投资基金

1. 组建文化产业投资基金的重要作用

文化产业投资基金的组建不仅仅是为文化产业提供资金支持，更主要的是通过良好、完善的资本运营体系服务于文化产业的投资经营，推动文化项目的市场化、标准化、系统化和规模化运营。①文化产业投资基金通过在不同的已投资企业间搭建合作平台机制，推动文化版权和文化品牌的跨领域合作，从而帮助文化企业创造更高的价值。②文化产业投资基金在内部需要建立符合文化企业成长特点的优质服务体系，帮助文化企业提升经营管理能力，并尽量帮助企业开拓市场渠道、培育新业务、完善商业模式。③文化产业投资基金与外部专业研究咨询服务机构进行合作，向被投资企业注入新理念、新模式。④文化产业投资基金通过参与非上市公司的并购重组，加强文化资源整合，推动企业早日上市，提升其资本运营能力。⑤文化产业投资基金可以与银行、证券交易所、保险公司等金融机构密切合作，为文化企业提供全方位的融资服务，并通过这种合作拓展项目储备。如上海东方惠金文化产业投资基金通过建立担保、贷款体系和门票收入质押的融资模式，为企业打造了全方位的融资体系。⑥文化产业投资基金可以较早参与到成长潜力好的企业发展过程中，通过对创业者的持续"孵化"和建立全方位的成长服务体系，推动中小型文化企业快速成长，将有利于培育大量优秀的企业家。

为了促进文化产业的大发展、快发展，内蒙古自治区应充分发挥政府的主导作用，积极应用财政杠杆作用，调动各方面的积极性，广泛吸纳社会资本通过投资参股等方式，加快设立各类文化产业发展基金。

2. 文化产业投资基金投资文化产业的路径分析

产业投资基金具有组合投资、专家管理、分散风险等诸多功效,设立文化产业投资金可有效实现文化产业创意发展,加快文化产业升级步伐,对推动文化产业快速发展具有重要意义。文化产业成长的特点和动力机制表明,文化产业成长的关键动力之一是"创新"。产业投资基金正是通过参与提供"创新"动力支持文化产业成长,具体途径见图7-1。

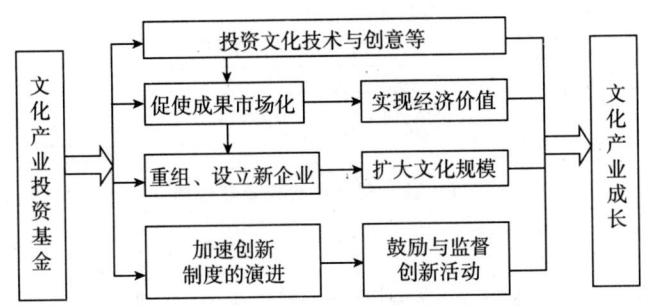

图7-1 文化产业成长与投资基金关系

文化产业投资基金促进文化产业成长的主要作用在于:培育新技术和创意、培育和重组新的文化企业、加速和服务制度的更新。因此,设立文化产业投资基金能更有效地实现文化产业创意活动,这恰恰是内蒙古自治区文化产业大发展所需要的。

3. 设立文化产业投资基金的途径

基于内蒙古自治区文化产业处于发展的初级阶段,文化创意缺乏,文化企业数量少、规模小的背景下,组建的文化产业投资基金必须由政府发起,其模式可以借鉴中国文化产业投资基金。首先,由自治区政府率先成立内蒙古自治区文化产业投资基金,基金规模设置在100亿元以上,财政出资20亿元,金融机构(含信托和保险机构)、机构投资者、各类文化企事业单位等以股权投资的方式加入,并广泛吸收社会资本;其次,各盟市以同样的模式组建地区级文化产业投资基金,基金规模设置在30亿~50亿元(可依据本地区文化产业的潜力而定),投资对象主要以具有较好成长性的文化企业以及文化产业创意为主,具体思路见图7-2。

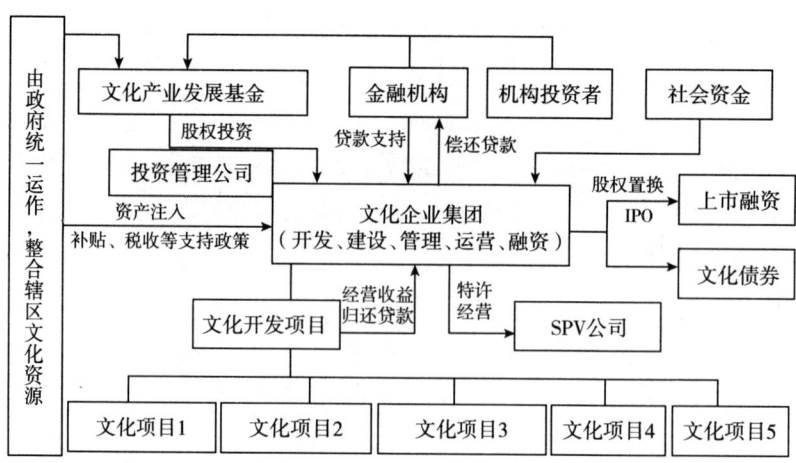

图7-2 设立文化产业投资基金模式

(六)引导民间资本进入文化产业创新体系建设

文化产业创新体系建设需要充分调动政府和民间两股力量,充分发挥政府主导型创新和民间推动型创新两种优势,营造一个鼓励创业、支持创新的良好环境。具体来说,要进一步做好以下工作:

1. 重视市场配置资源的作用,把民间资本创新纳入文化创新体系建设中

世界文化产业史表明,科学技术的发展是从民间走向官方、从非主流走向主流的,民间创新资源和创新能力是不可忽视的。各级政府在制定文化建设体系的战略和规划以及实施过程中,要把民间创新纳入文化创新体系中,特别需要完善发现和培育机制、评估和保护机制、扶持和激励机制、交流和合作机制。

2. 优化资金配置,解决民间创新的融资难题

政府在加大基础文化投入力度的基础上,要集中力量解决民间文化创新的融资难题,引导民间资本参与文化创新。要进一步发挥政府资金在创新投入中的引导作用,加大财政支持和税收优惠,加强地方财政对创新基金的投入,提高中小企业文化创新的支持强度、扩大资助范围;充分利用股权交易市场、创业板市场,逐步完善股份代办转让系统和产权交易市场,培育文化产业型企业进入该市场;通过财政税收优惠、组织制度创新,壮大风险投资事业,构建天使投资与创业企业的网络交流平台,鼓励民营企业家等先富人群通过天使投资参与文化技术创新;放松金融管制,借鉴我国村镇银行和美国硅谷银行的模式,优先在文化产业园区鼓励民间资

本试办社区银行,化解文化产业型创业企业融资难问题。在民营经济发达地区(重点选择包头和鄂尔多斯两地区),引导民间非正规金融发展成社区银行、中小民营银行,从制度上解决民间创新融资难问题。

3. 健全金融支撑体系,加快创新公共服务平台的建设步伐

要积极推进公共服务平台建设,建立技术成果交易、成果转化、文化产业评估、创新资源配置、创新决策和管理咨询等专业化服务体系。以官产学研合作体制改革为突破口,整体推进创新的中介服务体系建设,特别是要完善包括文化与技术市场、人才市场、信息市场、产权交易市场等在内的生产要素市场体系,逐步培育和规范管理各类社会中介组织,强化中介组织的联动集成作用,形成有利于创新的市场体系结构。在完善"创新链"、供给具有公共产品性质的共性技术和基础研发技术上,政府主导型创新要发挥更大的作用。

4. 优化创新载体,建设有竞争力的文化创新经济集群

创新需要有良好的空间载体和基地,文化产业园区是高技术产业集群的一种典型模式,也是创新型国家的先行区和示范区。内蒙古自治区文化产业园区的发展需要以创新创业为驱动力,转变竞争方式和增长方式,提升内生发展能力和创新能力。具体而言,就是要实现增长方式从粗放向集约转变,从以政策优惠为主向制度创新为主转变,从模仿创新向模仿和自主创新相结合的方式转变,从重空间规模扩张向重视人力资源开发转变。对于民营的文化产业集群和块状经济而言,要通过增加创新投入、技术改造、自主创新、品牌战略等途径,发挥集群内技术扩散途径通畅、创新网络建设便捷等优势,推动传统文化产业集群的优化升级。

5. 重视创新教育,培养高素质的创新型文化人才

教育能否发挥其培育创新人才、为经济社会发展提供智力和人力支持的作用,是创新型国家建设成败的关键。在创新型内蒙古自治区建设中,应充分发挥高等教育创新源和科研院所智力源的作用,增强高校科研投入,改革科研评价体系,激励科研人员的积极性;改革高校传统的教学方式、教育目标和评价体系,构建创新型教育平台,实施开放式、互动式教学,促进人才培养由注重知识学习向注重能力培养转变;大力发展职业教育,重视就业指导和创业培训,实现实验室人才和创业型人才结合,培养一批既懂文化产业又懂市场的创新创业人才,最终推动技术创新;改革高校、科研院所的管理体制,把大量原来依附于政府科研机构的技术创新人员推向市场,使其在市场竞争中实现流动重组和优化配置。激发大学与科研所的创业动力,提高文化产业成果转化的效率,推进产学研密切合作。

第八章

内蒙古自治区房地产投资报告

改革开放30多年来,特别是住房制度改革实施以来,房地产业已成为国民经济的重要支柱产业。从内蒙古自治区来看,近年来房地产业的发展速度已超过了全国平均发展水平,2008年房地产投资对经济增长的贡献率为24.31%,已成为国民经济的支柱产业。按照经济学原理,国民经济的持续健康发展,首先要做到社会总供给与总需求的基本平衡。房地产业既然是国民经济的支柱产业,它的发展将直接影响国民经济发展的格局和状况。因此,对房地产业的发展形势进行科学分析和准确判断,适度调控房地产市场,使房地产供给与需求基本平衡,将对国民经济的均衡增长发挥重要作用。

第八章 内蒙古自治区房地产投资报告

一、内蒙古自治区房地产投资发展总体评价

随着我国住房制度的一系列改革与变动,使得房地产业逐渐成为拉动内蒙古自治区经济增长的新动力。在内蒙古自治区地区房地产业对经济的拉动中,其主要的特征是体现于与相关产业的关联度方面。所以说房地产业的发展不断推动了相关产业的发展。从有关统计数据可知,房屋的建设过程当中要涉及40多个相关部门,并且随着房地产建设的经济增长,相关部门的经济增长率也尤为突出。

(一)房地产投资规模不断增加,但增幅出现拐点

1. 房地产投资规模增长情况

内蒙古自治区房地产完成投资额是衡量房地产供给的一个重要指标,由图8-1可以看出,从2001年开始,内蒙古自治区房地产开发投资额在不断上升。数据显示,从2007年开始,内蒙古自治区开发投资额呈现快速增长态势,直到2011年达到最高值,内蒙古自治区房地产投资完成额达到1623亿元,比2010年增长45.04%;但受宏观调控影响,从2012年开始,内蒙古自治区开发投资额增幅开始走低,首次出现负增长,2012年实际完成投资额为1291亿元,比2011年增长了—12.5%。

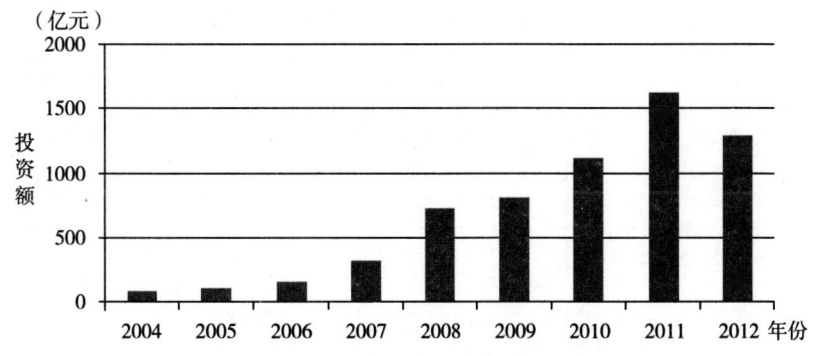

图8-1 内蒙古自治区房地产投资完成额

资料来源:《内蒙古统计年鉴》(2013)。

2013年,全国房地产投资降幅继续扩大,根据国家统计局最新公布数据:2013

年1~4月,西部地区房地产开发投资2793亿元,同比增长23%,增速同比减缓14.7%,比前一季度减缓7.5%。10个省份同比增长,增速较快的贵州、青海分别增长64.5%和58.6%。6个省份增速减缓,新疆维吾尔自治区、贵州省分别减缓47.9%和32.1%;内蒙古自治区同比下降27.3%,降幅比前一季度扩大26.1%;西藏自治区同比下降13.2%,2012年同期增长13.8%,降幅比前一季度缩小41.9%;广西壮族自治区、重庆市分别减缓15.9%和11.3%。

2. 以呼和浩特市为例分析房地产开发投资情况

近年来,呼和浩特市经济一直保持健康、持续、稳定的发展势头,经济发展连续保持两位数以上的高速发展。呼和浩特市紧紧围绕打造"两个一流首府"要求,坚持富民与强市并重的发展方针,全力推进"一核双圈一体化"发展战略,沉着应对前进中的各种风险和挑战,全市经济社会发展实现重大跨越,实现了综合经济实力大幅提升。随着城市竞争力的加强,吸引外来人口能力也日益变强,必然会带来更多的外来务工等人员,催生改善居住环境的强烈需求,房地产的居住属性也会得到强力支持。2012年1~12月全市房地产开发完成投资312.31亿元,同比增长70.26%,环比增长5.65%。其中:住宅完成投资209.36亿元,同比增长56.81%,环比增长8.01%。保障性住房完成投资512764万元,同比下降55.84%,环比增长与上月持平。其中廉租房完成投资4460万元,同比下降86.14%,环比与上月持平,见表8-1。

表8-1 2012年呼和浩特市房地产开发投资情况表

项目	2011年(万元)	2012年(万元)	同比增减(%)
本年完成投资	1834268	3123121	70.26
其中:商品住宅	1335130	2093608	56.81
办公楼	117759	250829	113
商业营业用房	190462	478802	151.39
其他	190917	299882	57.07

资料来源:内蒙古自治区住宅与房地产网。

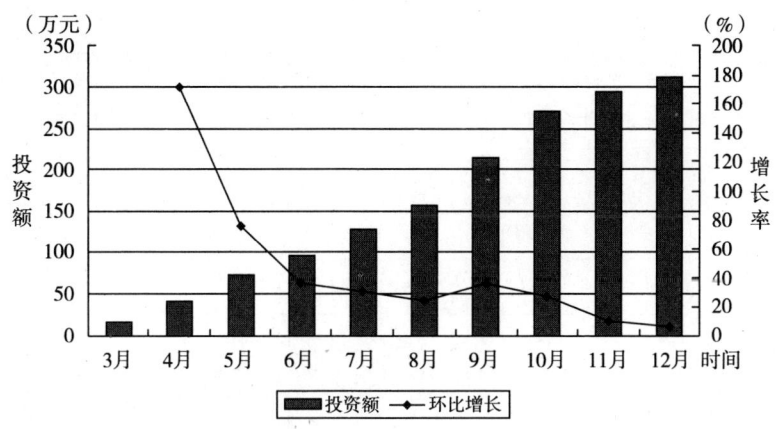

图 8-2　2012 年呼和浩特市房地产开发投资构成

资料来源：内蒙古自治区住宅与房地产网。

从图 8-2 可知，总投资情况比 2011 年同期增长 70% 多，增幅度较大。按用途分，各类用房投资均超过了 56% 以上，办公楼和商业营业用房增幅均超过 100%。图 8-2 反映的是 2012 年投资环比数据，投资额始终呈波动增加趋势，11 月、12 月增幅下降较大。

（二）房地产投资对经济贡献增速较快

内蒙古自治区房地产投资对地区经济发展的推动作用越来越明显。从 2007～2011 年，房地产投资对经济增长的贡献率越来越大，由 13% 增长到 18.7%，年平均增长 11.38%，其中，2008 年的贡献值最大，贡献值达到 24.3%。但对 2012 年的数据分析来看，由于受宏观经济影响，尤其是房地产调控政策的影响，2012 年全区房地产完成投资出现负增长，对地区对经济贡献值首次出现负数，为 -21.8%，前景不容乐观，见表 8-2 和图 8-3。

表 8-2　内蒙古自治区房地产投资对地方经济（GDP）贡献统计

年份	房地产投资额（亿元）	房地产投资增长量（亿元）	自治区 GDP（亿元）	全自治区 GDP 增长量（亿元）	房地产投资对经济增长的贡献率（%）
2005	111.02	20.15	3895.55	854.48	2.4
2006	162.10	51.08	4841.82	946.27	5.4

续表

年份	房地产投资额(亿元)	房地产投资增长量(亿元)	自治区GDP(亿元)	全自治区GDP增长量(亿元)	房地产投资对经济增长的贡献率(%)
2007	325.02	162.92	6091.12	1249.3	13.0
2008	731.21	406.19	7761.80	1670.68	24.3
2009	815.35	84.14	9740.25	1978.45	4.3
2010	1119.98	304.63	11672.00	1931.75	15.8
2011	1623.77	503.79	14359.88	2687.88	18.7
2012	1291.43	-332.34	15880.58	1520.7	-21.8

资料来源：根据《内蒙古统计年鉴》计算所得。

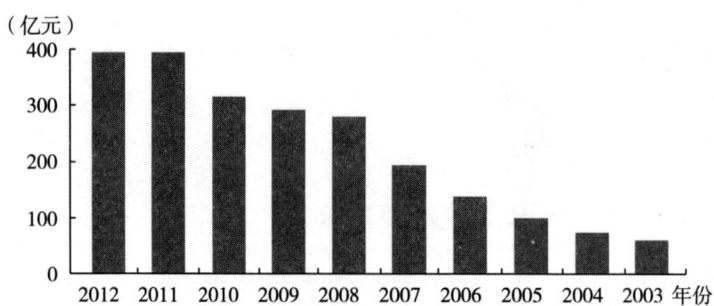

图8-3 内蒙古自治区房地产业增加值

资料来源：《国家统计年鉴》(2013)。

(三)房屋价格增长总体平稳

近年来，针对部分地区房地产价格过高、投资需求过热的趋势，中央加大了房地产调控的力度，抑制不合理的投机需求，遏制房价的快速上涨，成果逐步显现。进入2012年以来，一线城市的房价开始松动，调控正朝着预期目标不断深入，并取得实效。"十八大"过后，中央各部委密集发声强调保持调控从紧取向，中央经济工作会议、政治局会议中均明确指出，2013年坚持房地产市场调控不放松。当前，全国各地将继续落实国家的部署，坚持调控政策方向不动摇，坚持调控措施不放松，促进价格合理回归。一方面，要严格执行并逐步完善差别化的税收、信贷及限购等措施,坚决抑制不合理的购房需求。另一方面,要努力增加普通商品住房供应,并通过信贷的帮助,满足居民合理的需求。

1. 内蒙古自治区房屋价格整体情况

在国内大多数城市房价涨幅较高的情况下,内蒙古自治区的商品住宅价格走势基本平稳,全区房屋平均价格保持在3000~5000元。其中房价较高的地区主要集中在"呼包鄂"三地,均价均在4000元以上,其他地区增长幅度较慢,见表8-3。

表8-3 内蒙古自治区房屋价格增长情况　　　　单位:元/平方米

地区\房价\年份	2006	2007	2008	2009	2010	2011	2012
呼和浩特市	2368	2596	2731	3894	4105	4170	5445
包头市	1940	3064	3232	3381	4460	4421	4567
鄂尔多斯市	1988	2837	3040	3985	4699	4877	4637
赤峰市	1652	1860	2132	2508	2932	3400	3661
乌海市	1604	2013	1957	2045	3262	3975	4352
巴彦淖尔市	1402	1835	1740	2143	2366	2706	3256
乌兰察布市	1223	1435	1415	1700	1799	2314	2518
兴安盟	1286	1502	1544	1951	2061	3063	3187
呼伦贝尔市	1870	1930	2562	2447	2784	3843	3333
通辽市	1450	1678	1797	1923	2252	2256	3268
阿拉善盟	1208	1288	1382	1499	1689	2748	2066
锡林郭勒盟	1137	1374	1816	1858	2371	2776	2953
全区均价	1594	1951	2112	2445	2899	3379	3595

资料来源:根据《内蒙古统计年鉴》各年汇总计算所得。

2. 以呼和浩特市为例的新建商品房供求结构及价格情况

(1)新建商品房供求结构分析。2012年1~12月,不同套型新建商品住房,供应构成以120～144平方米为主占22.2%,其次是144～180平方米占19.41%,100～120平方米和180平方米以上均占约18%,其他在10%以下。

2012年1～12月,成交与供应基本一致,120～144平方米占28.77%,144～180平方米占18.15%,100～120平方米占16.46%,详见图8-4。

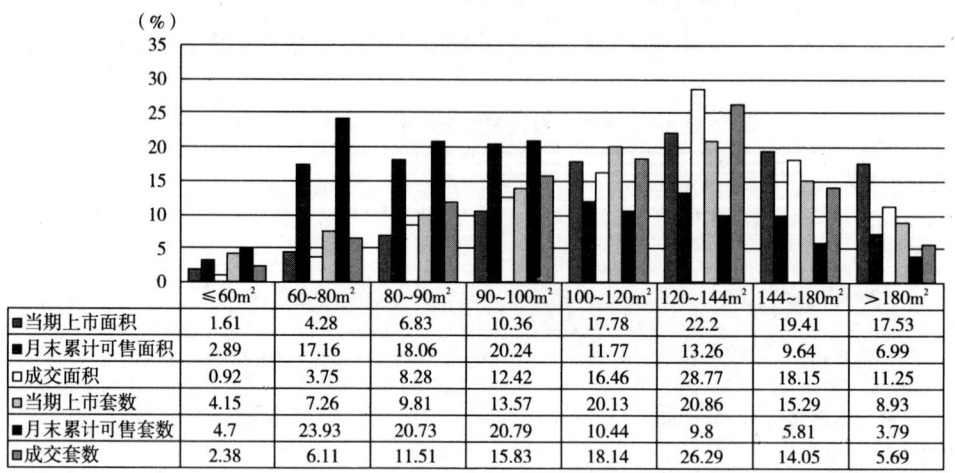

图8-4 2012年不同套型新建商品房供应情况

资料来源:内蒙古自治区住宅与房地产网。

从供求结构中可以看出,144平方米以下为主要户型,其中,100～144平方米占近40%,比2011年增加14%。大面积户型的占比也在提高,其中180平方米以上的约占到18%,比2011年增加12%。呈现出住宅市场需求的多元化。

(2)不同价位新建商品住房供求结构分析。2012年1～12月,在新建商品房上市结构中,每平方米售价7000～8000元占比为25.01%,8000～9000元/平方米和4000～5000元/平方米,占比约15%,9000～10000元/平方米,占比约12%,6000～7000元/平方米占比约11%。成交面积和成交套数均以6000～7000元/平方米为主,分别占约29%和30%,其次是3000～4000元/平方米,约占26%(见图8-5)。

从图8-5可以看出,当期上市面积7000元/平方米的占比较高,约占60%以上,2011年仅占21%。成交面积和套数在3000～7000元/平方米为主,约占80%。说明购房群众仍然是中低收入家庭。

第八章 内蒙古自治区房地产投资报告

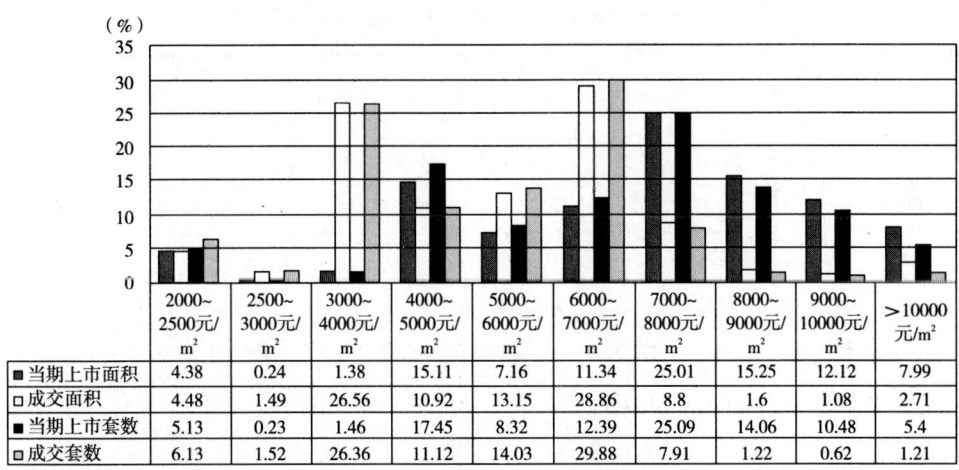

图 8-5 不同价位新建商品房供应情况

资料来源：内蒙古自治区住宅与房地产网。

（四）房地产开发资金结构分析

1. 内蒙古自治区房地产开发的资金来源

资金来源主要以自筹资金为主，内蒙古自治区房地产开发的资金来源有以下几种：

（1）国内信贷。商业银行信贷是房地产业企业取得资金来源的主要渠道之一。企业在进行房地产开发时，通过向银行、民间信贷组织、抵押等形式进行融资。有两种方式：一种是房地产企业的自主信贷，另一种是按揭贷款。但这种资金来源在整个房地产投资规模中所占比重不高，历年均保持在10%以下，见表8-4。

（2）自筹资金。自有资金是指房地产公司所拥有的自己的房地产投资资金，这些资金房地产开发公司是可以自由支配的。在《城市房地产管理法》中规定，房地产开发企业的资本与投资总额的比例不可以低于30%。

（3）预售集资（预售款）。预售集资是企业在进行房地产开发时通过向消费者签订协议预先收取消费者的钱充当开发资金的模式。

（4）利用外资。表8-4显示，内蒙古自治区房地产投资过程中利用外资的数额非常少，2006年、2007年和2010年三年利用外资额分别0.14亿元、0.98亿元和0.16亿元。

表8-4 内蒙古自治区房地产投资资金来源　　　　　　　单位:亿元

年份 项目	2005	2006	2007	2008	2009	2010	2011	2012
房地产投资额	111	162	325	731	815	1120	1623	1291
国内贷款	5.87	14.40	22.17	30.42	83.70	45.90	72.90	79.60
利用外资	—	0.14	0.98	—	—	0.16	—	—
自筹资金	118.11	258.26	395.43	618.35	642.40	939.80	1483.30	1031.00
预收款	33.57	47.33	86.44	92.85	126.40	180.60	300.20	298.40

注:资金来源不包含农村房地产投资部分。
资料来源:内蒙古自治区统计局.内蒙古统计年鉴[M].北京:中国统计出版社,2013.

2.以呼和浩特市为例的资金来源结构

2012年1~12月,房地产开发本年到位资金为345.69亿元,同比增长27.55%,环比增长4.29%。从资金来源构成看,银行贷款下降,同比下降14.3%,占到位资金比重9.26%,同比下降了近5%;自筹资金涨幅较高,同比涨幅了83.69%,其他资金下降了7.75%。占到位资金比重分别为57%和34%,均比2011年提高。资金来源仍以自有资金、定金及按揭为主,占全部资金的68%,详见表8-5、图8-6。

表8-5　2012年房地产开发投资资金来源结构表

项目	2011年 (万元)	2012年 (万元)	2012年与2011年 同比增长(%)	2012年占本年 资金来源比重(%)
资金来源合计	3540802	4206728	18.81	—
1.上年末结余资金	830507	749811	−9.72	—
2.本年资金来源小计	2710295	3456917	27.55	—
(1)国内贷款	373498	320105	−14.3	9.26
银行贷款	250920	229689	−8.46	6.64
非银行金融机构贷款	122578	90416	−26.24	2.62
(2)自筹资金	1072971	1970947	83.69	57.01
自有资金	676748	1187165	75.42	34.34

第八章 内蒙古自治区房地产投资报告

续表

项目	2011年（万元）	2012年（万元）	2012年与2011年同比增长(%)	2012年占本年资金来源比重(%)
股东投入资金	1263826	232117	100	6.71
借入资金	804768	307284	100	8.89
(3)其他资金来源	1263826	1165865	－7.75	33.73
定金及预收款	804768	787992	－2.09	22.79
个人按揭贷款	390351	377873	－3.2	10.93

资料来源：内蒙古自治区住宅与房地产网。

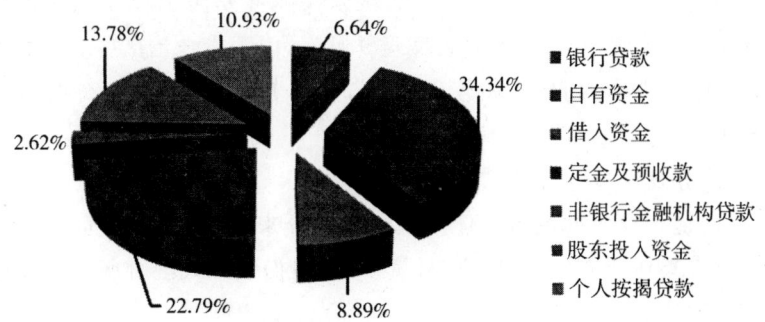

图 8-6 2012年资金来源结构

资料来源：内蒙古自治区住宅与房地产网。

二、内蒙古自治区房地产投资结构分析

对房地产业市场结构的分析是其他分析的基础，房地产行业是具有很大垄断因素的行业，根据房地产业的产品异质、资金密集、周期长的特点，推断出房地产业的合理的市场结构形式，应与发达国家的房地产市场结构模式相同——寡头垄断的市场结构，即由几家左右的企业垄断整个市场的半数甚至更多市场份额。在市场中同时存在着大量的中小企业，寡头与中小企业既合作又竞争。这种市场结构是市场选择的结果，寡头垄断的市场结构是一种稳定的市场结构类型。寡头垄断

市场结构的主要优点是:具有规模经济效益、减少企业进入和退出的盲目性、有利于政府对企业的调控、政府和产业之间协调比较容易等。

(一)内蒙古自治区房地产投资主体分析

投资主体是指直接从事房地产投资活动的投资者,即直接投资者。它是相对间接投资者而言的,如一般房地产股票、债券的持有者,房地产信托资金的存入者,房地产信贷资金的发放者等都不视为投资主体。

1. 政府

政府投资的目的主要是履行政府的社会责任和贯彻执行产业政策,在投资决策中以社会效益为主。政府投资包括中央政府投资和地方政府投资,主要为"廉租房"、"公共租赁房"等保障性住房建设。如据内蒙古自治区住房和城乡建设厅统计显示,2013年,中央下达内蒙古自治区的城镇保障性安居工程建设任务是新开工17.48万套,基本建成任务18万套。截至9月底,内蒙古自治区各类城镇保障性安居工程开工17.7万套,超目标任务2254套,完成全年计划目标任务的101.3%;基本建成16.1万套,完成目标任务的89.4%。

2. 房地产开发企业

企业是房地产投资的主要主体。从经济成分来看,房地产投资企业包括全民所有制(国有)、集体所有、个人所有、外资所有、股份制形式混合所有等几种。

表8-6 房地产开发企业统计表

注册类型	个数	注册类型	个数
内资企业	3	股份公司	68
国有企业	25	私营企业	79
集体企业	2	合资经营企业	2
股份合作企业	7	合作经营企业	1
联营企业	1	外资投资企业	2
有限责任公司	3523	中外合资经营企业	1
外资企业	2	其他	10

资料来源:内蒙古自治区建设厅。

3. 个人

个人作为投资主体一般只能从事房地产买卖。自然人从事房地产开发等投资活动实际上是被禁止的,所以,即使是个人欲做投资主体,也必须先注册为企业法人才可以。法人从事投资活动,必须受各种法规约束,同时也受法规保护。而自然人却难以受到法规约束,同时也难以受法规保护。

(二)房地产投资的一般特征分析

通过资本垫支行为,以谋取预期收益或规避预期风险,这是房地产投资与其他投资一般的共性。但同一般投资相比,房地产投资具有以下特征:

1. 房地产投资对象的固定性和不可移动性

房地产投资对象是不动产,土地及其地上建筑物都具有固定性和不可移动性。不仅地球上的位置是固定的,而且土地上的建筑物及其某些附属物一旦形成,也不能移动。这一特点给房地产供给和需求带来重大影响,如果投资失误会给投资者和城市建设造成严重后果,所以投资决策对房地产投资更为重要。

2. 房地产投资的高投入和高成本性

房地产业是一个资金高度密集的行业,投资一宗房地产,少则几百万,多则上亿元的资金。这主要是由房地产本身的特点和经济运行过程决定的。房地产投资的高成本性主要源于以下几个原因:

(1)土地开发的高成本性。由于土地的位置固定,资源相对稀缺程度较高以及其具有不可替代性,土地所有者在出售和出租土地时就要按照土地预期的生产能力和位置、面积、环境等特点,作为要价的依据,收取较高的报酬;同时作为自然资源的土地,不能被社会直接利用,必须投入一定的资本进行开发,所有这些因素都使土地开发的成本提高。

(2)由于房屋建筑的高价值性。房屋的建筑安装成本,通常也高于一般产品的生产成本,这是由于房屋的建筑安装要耗费大量的建筑材料和物资,需要有大批技术熟练的劳动力、工程技术人员和施工管理人员,要使用许多大型施工机械。此外,由于建筑施工周期一般较长,占用资金量较大,需要支付大量的利息成本。再加上在房地产成交时,由于普遍采用分期付款、抵押付款的方式,使房地产的投入资金回收缓慢,因此,也增加了房屋建筑物的成本量。

(3)房地产经济运作中交易费用高。一般而论,房地产开发周期长、环节多,涉及的管理部门及社会各方面的关系也多。这使得房地产开发在其运作过程中,包括广告费、促销费、公关费都比较高昂,从而也增大了房地产投资成本。

3. 房地产投资的回收期长和长周期性

整个房地产投资的实际操作,就是房地产整个开发过程。对每一个房地产投资项目而言,它的开发阶段一直会持续到项目结束,投入和使用的建设开发期是相当漫长的。房地产投资过程中间要经过许多环节,从土地所有权或使用权的获得、建筑物的建造,一直到建筑物的投入使用,最终收回全部投资资金需要相当长的时间。房地产投资的资金回收期长,原因包括:

(1)因为房地产投资不是一个简单的购买过程,它要受到房地产市场各个组成部分的制约,如受到土地投资市场、综合开发市场、建筑施工市场、房产市场的限制,其中特别是房屋的建筑安装工程期较长。投资者把资金投入到房地产市场,往往要经过这几个市场多次完整的运动才能获得利润。

(2)由于房地产市场本身是一个相当复杂的市场,其复杂性不是单个投资者在短期内所能应付得了的。所以,一般投资者必须聘请专业人员来进行辅助工作,才能完成交易。这样,又会增加一定的时间。

(3)如果房地产投资的部分回收是通过收取房地产租金实现的,由于租金回收的时间较长,这样更会使整个房地产投资回收期延长。

4. 房地产投资的高风险性

由于房地产投资占用资金多,资金周转期又长,而市场是瞬息万变的,因此投资的风险因素也将增多。加上房地产资产的低流动性,不能轻易脱手,一旦投资失误,房屋空置,资金不能按期收回,企业就会陷于被动,甚至债息负担沉重,导致破产倒闭。

5. 房地产投资的环境约束性

建筑物是一个城市的构成部分,又具有不可移动性。因此,在一个城市中客观上要求有一个统一的规划和布局。城市的功能分区、建筑物的密度和高度、城市的生态环境等都构成外在的制约因素。房地产投资必须服从城市规划、土地规划、生态环境规划的要求,把微观经济效益和宏观经济效益、环境效益统一起来。只有这样,才能取得良好的投资效益。

6. 房地产投资的低流动性

房地产投资成本高,不像一般商品买卖可以在短时间内马上完成、轻易脱手,房地产交易通常要一个月甚至更长的时间才能完成;而且投资者一旦将资金投入房地产买卖中,其资金很难在短期内变现。所以房地产资金的流动性和灵活性都较低。当然房地产投资也有既耐久又能保值的优点。房地产商品一旦在房地产管理部门将产权登记入册,获取相应的产权凭证后,即得到了法律上的认可和保护,其耐久保值性能要高于其他投资对象。

(三)房地产投资环境分析

2014年,内蒙古自治区的投资环境将会更加严峻,金融货币政策将会稳中求进,优势特色产业投资的约束性增强,招商引资竞争日益激烈。

1. 金融货币政策稳中求进

2013年,国家完善了差别准备金动态调整机制,发挥宏观审慎工具的逆周期调节功能,针对部分经济指标有所回调的状况,适时调节差别准备金动态调整机制,支持金融机构对小微企业和"三农三牧"等薄弱环节和国家重点在建续建项目,并根据实际需求灵活调整贷款投放进度。同时,国家有可能适时下调存贷款基准利率,调整利率浮动区间。为了支持经济发展方式的转变和经济结构的调整,国家继续落实"稳中求进"的信贷政策,调整优化信贷结构。加大信贷政策对经济社会薄弱环节、就业、战略性新兴产业、产业转移等方面的支持,保证保障房和重点建设项目贷款,严格控制对"两高"行业、产能过剩行业以及新开工项目的贷款。这都为内蒙古自治区进一步降低企业融资成本,创造了更加有利的政策环境。

2. 优势特色产业投资的约束性增强

2013年,基本建设投资向"三农"、保障性安居工程、教育医疗卫生事业、以水利为重点的农业基础设施、节能减排和生态环保、支持自主创新和战略性新兴产业发展等领域倾斜。市场准入标准和产业政策更加严格,土地、环保、信贷、质量等审核力度越来越大,坚决防止高耗能、高排放、产能过剩行业盲目扩张。国家对投资于经济欠发达地区的战略性新兴产业的企业给予高于一般地区的税收优惠政策。内蒙古自治区也对特色优势产业的发展加大了税收支持力度,对投资设的鼓励类产业企业减少征收企业所得税。加大对公共基础设施建设税收支持力度,对企业在重点扶持的机场、公路、铁路、电力、水利等项目投资的经营所得,从项目取得第一笔生产经营收入所属纳税年度起,将适度减征企业所得税。

3. 招商引资竞争日益激烈

从招商引资情况看,内蒙古自治区实际使用国内区外资金绝对额呈上升趋势,区外注册企业工业产值占内蒙古自治区工业总产值的比重呈上升趋势。但是,目前各地招商引资竞争日益加剧,优惠政策优势趋于弱化。随着市场竞争机制的不断完善和产业政策的不断调整,招商引资竞争也呈现出不断变化的形势和特点,这对内蒙古自治区的投资将会造成更大的挑战。

(四)房地产市场分析——以呼和浩特市为例

1. 住宅用房市场的分析

2014年1月,呼和浩特市商品房住宅用房成交597套,成交面积72850.35平方米,环比上一个月下降52.62%,成交均价为5556.94元,环比上一个月上涨7.71%。从数据整体情况来分析,2013年底的翘尾似乎并未延续到2014年初,1月呼和浩特市房地产市场的成交量环比上一个月下降近半。分析其原因:一方面,1月份春节将至,选择在这一段时间购房的人群较少;另一方面,由于市场上一年年底的热销,刚需在集中爆发后,年初市场相对饱和,房地产市场的住宅价格趋稳。从成交量来看,呼和浩特市住宅市场依旧热度不减。其中,赛罕区住宅用房成交375套,成交面积46993.13平方米,成交均价为5437.12元,呈量涨价跌之态;新城区住宅用房成交127套,成交总面积15680.96平方米,成交均价为6181.04元;玉泉区住宅用房成交48套,成交总面积4978平方米,成交均价为5414.26元,成交量较上月有大幅增长,其中楠湖郦舍与印象江南二期占据了半壁江山;回民区住宅用房成交47套,成交总面积5198.26平方米,成交均价为4894.16元。

2. 商业地产市场分析

(1)首府商业地产势头迅猛。比起住宅地产,呼和浩特市商业地产发展属于闷声发大财,人们的目光都被住宅吸引过去了,却不知道这两年崛起了多少庞然大物。呼和浩特市2011年住宅投资增长33.8%,同比下降18.0%,而商业地产投资增长40.6%,同比提升20.4%。2012年商业地产投资161.1亿元,增长85.6%,同比增长45.0%,投资贡献率达71.8%,拉动全市房地产投资增长21.5%,销售面积远高于同期住宅销售面积16.8%。

(2)商业地产开发商自持物业。商业地产最大的问题是空置,不管是对于项目还是对于行业,空置都是很可怕的,是潜在的危机。在发达国家,商业地产项目的自持率是不会低于30%的,而在国内,很多有实力的品牌企业物业自持面积都很大,最有名的就是万达广场,它的整个百货休闲商业部分基本都是自持,维多利自持面积更大,还有鹏欣金游城、永泰城等项目都明确表示将会有大面积的自持物业来运营自己的商业品牌,这就保证了商业地产的活力,是很稳妥的成功之道。但是自持物业是需要实力和能力的,这就注定了商业地产未来的优胜劣汰趋势,一部分无力自持的中小商业项目,所承担的风险会更大。

(3)分割式销售模式的风险防范。从苏州市发布《关于进一步加强全市商业房地产项目管理意见的通知》新政中可以看出,主要是针对分割式产权商铺以及售后返租模式的商业地产,呼和浩特市此类商业地产的销售也如火如荼。但此类销售模式也存在着一定风险。首先,分割式销售模式从法律上来讲没什么问题,但关键在于是否能拿到产权,拿到产权就意味着商铺起码是合法拥有,这是最关键的问题。此外是后期运营,目前分割式商铺一般都是和售后返租捆绑进行,如果没有统一的后期管理,不同的持有者对商铺有不同的定位,由于定位不明确、不清晰,又缺乏统一管理,可能面临长期租不出去的风险,因而很多项目都会组建运营公司来帮助商户统一运营,但是,如果运营若干年后一旦管理公司撤出,业主可能面临更大的风险。

三、内蒙古自治区房地产投资的问题分析

在内蒙古自治区房地产投资中,住宅开发投资虽然在持续、稳定增长,但是内蒙古自治区经济适用房的开发投资规模不足。即使经济适用房供应量在各类住宅建设中所占的比例较大,但是在与内蒙古自治区人均收入相比之下却明显不足。所以形成高档房屋不同程度的闲置和积存,经济适用房和普通商品房屋却仍然供不应求,因此,供应和需求之间结构性矛盾的不断增加,导致内蒙古自治区房地产投资无法更好地发展。

(一)住房供应结构不合理,经济适用房建设投入不足

高端产品与中端产品的比例关系不够正常和协调,突出表现为中低价位、中小户型住房供应不足,商品住宅整体价格偏高,超过低收入家庭的承受能力。从内蒙古自治区实际需要看,大多数住房消费者的收入水平低,购房能力有限,需要的是低成本、低价格的普通商品房和经济适用房,但目前市场供应主体仍然是中高档商品住宅。在高档商品房不断积压、空置面积持续上升的情况下,经济适用房则出现连夜排队购买的现象。这种现象也给一部分人提供了寻租的机会、腐败的空间。高档商品房面积空置,而经济适用房和低档房则供不应求。究其原因首先是由于房地产开发任务相对稳定,开发公司过多,必然造成"挖资金,抢地皮"的状况,这样一来,既不符合规模经济的原则,也会造成开发成本上升,从而抬高了商品房的价格。其次,许多房地产开发企业缺乏应有的市场调查和预测,高回报的项目过热,但市场容量有限,而对供需矛盾紧张且最受广大居民欢迎的中低档次投资意向冷淡,结果既加大了房地产供应结构的不合理矛盾,也增加了市场风险。

(二)房地产业资金链薄弱

内蒙古自治区的房地产投资资金来源存在缺陷,依靠银行贷款的数额巨大。然而房地产和资金的关系紧密相连,同时,资金还是制约房地产发展的重要因素。

1.房地产业对银行信贷依存度过高

当前,企业自筹资金中有大约70%来自银行贷款,房地产开发中使用银行贷款的比重在55%以上,个人购房贷款额均在40%~50%以上。房地产开发资金依赖房地产信贷资金,增加了潜在的信贷风险。按照国际经验和市场规则,房地产开发过程中价格下跌的第一承担者就是开发商。内蒙古自治区一些开发商的自有资金比例过小,总投资中银行贷款比重过高,这实际上就把自己应当承担的风险转嫁到了银行、建筑商以及购房者的头上。实际上,建筑商和购房者的资金很大一部分也是来源于银行,在这样的情况下,房地产业的固有风险就被不适当地过多配置在了银行的头上,如果过量供应或房地产泡沫破灭导致房地产价格大幅度下滑,商业银行房地产抵押贷款的不良贷款比例就会迅速增加。

随着中国银行的体制改革,尤其随着中国人民银行总行出台的关于住宅开发贷款和住宅按揭贷款的限制性文件的下发,大多数银行对房地产开发贷款变得更谨慎。此外,由于期房销售受到了很多因素的限制,因此,从预售房款中来集资的方式也更加困难,从而加大了开发商的金融风险。随着贷款难度增加,使开发商面临发展资金的缺乏和还款压力的增加,在这种情况下,使得开发商只能提高房屋的销售价格。但是在房屋价格提高的同时,消费者的购买力却没有显著提高,导致出现大量闲置房屋,使得房地产业难以更好地发展。

2.经营性欠款数额巨大

内蒙古自治区地区的经营性欠款一直居高不下,经营性欠款主要表现为待出售的房地产项目,但由于价格原因,不能及时卖出以回笼资金。内蒙古自治区的房价居高不下,高档房屋不受百姓的青睐,导致待出售的房地产项目矗立不动,有些直至老化,仍没有卖出去。供应和需要在低水平上保持平衡,所以短期内,内蒙古自治区地区的经营性欠款数量巨大的状况难以扭转。

3.抗投机资本的冲击能力不强

近年来,流入内蒙古自治区地区的投机资本一部分在银行,另一部分在房地产市场。投机资本已渐渐成为干预房地产健康发展的干扰要素。房地产价格上涨和投机资本流入的急剧上升有直接的关系,所以说防范投机资金对内蒙古自治区房地产业的冲击已刻不容缓。虽然大多数的投机资本进入房地产市场的二级市场,但其对房地产开发投资的影响还需要注意。

(三)市场不规范,管理制度不完善

由于我国的房地产市场建立得比较晚,真正的房地产市场是在20世纪90年代开始的,相对全国而言,内蒙古自治区地区的房地产市场建立得更晚。长年的住房累计需求在短时间中释放,而房地产市场不能满足快速释放的住房需求,及社会法律体系存在一定的滞后性,在制度建设和市场体系方面不健全,尚未来得及对房地产业进行整体规划便任其发展,待出现问题后进行"亡羊补牢"式的调控,只能起到事后打补丁式的效果。

1. 体制弊端导致房地产市场发展畸形

内蒙古自治区制度的缺陷主要体现在房地产管理部门之间的联系和交流的缺乏,有关政策的制定和颁布缺乏征询程序。同时,各部门间缺乏长效对话协调机制,导致政策制定、实施和出台之后出现断档与冲突的现象严重,有些政策出台后又不得不收回。长此以往,导致房地产市场秩序混乱,在一定程度上影响了自治区房地产的持续、健康发展和人民群众生活水平提高的进程。

2. 政府不当参与和干预过多

在房地产市场存在的问题方面:政府的干涉和调控过多,致使市场资源配置的决定性功能得不到运用。当前,内蒙古自治区地区的房地产投资中多是政府的绩效工程,对正常的房地产市场投资造成挤压,因此,掩盖了其正确的市场信号,扭曲了正常的投资结构。

3. 政府监管缺位

政府在对有些问题干预过多的同时,也有相关的政府部门监管的缺位现象。由于政府部门监管缺失使得一些不正当的行为得不到及时校正和规范,使得内蒙古自治区地区的房地产市场问题较多,如房地产的开发和交易行为不规范;房屋建设中的质量不达标;房地产开发靠巨额银行贷款或变相集资开发楼盘等。

(四)法制不健全,相关法律、法规不完善

1. 涉及房地产开发投资的法律法规少,且体系不健全

目前,内蒙古自治区地区房地产开发和投资的相关法律法规不健全,但是房地产开发投资必须要有法可依。在现有的法律环境下,必然导致房地产市场存在混乱投资现象。首先,涉及房地产开发投资的法律体系不健全、不具体。当前的法律多数是原则性规定,没有具体的实施标准及实施细则,当遇到问题需要执法时没有

严格的遵循依据和量化标准,只能凭个人经验进行相对合理的评判。例如,当前内蒙古自治区地区财产税不完善,使得持有财产却不用承担税负,出现偷税漏税的现象。长此以往,将导致内蒙古自治区地区的土地、建筑物等资源的呆滞,客观上造成资源配置无效和严重浪费现象。

2.地方保护主义色彩严重,破坏市场公平竞争机制

当前内蒙古自治区地区相关房地产投资的法规带有明显的地方保护主义色彩。外地开发商在内蒙古自治区地区投资时无法以同等价格获得土地,本地开发商却可以以低廉的价格买入土地。这种现象使得房地产市场的公平竞争机制受到了严重的损害,也减弱了外地开发商进行投资的积极性,并可能诱发了一系列的腐败和违规现象,这不利于内蒙古自治区房地产市场的建设和发展。

(五)住房保障体系不完善

近年来,住房保障体系的建设一直成为房地产市场调控政策的一个重要组成方面,但是由于资金落实不到位,地方政府对于住房保障体系建设缺乏动力等种种原因,住房保障体系建设的速度仍十分缓慢。当前,廉租住房的资金保障不到位,廉租房的覆盖面仍比较低,经济适用房开发投资的增幅也连续多年低于住宅开发投资的增幅。同时,对经济适用房管理上的一些突出问题,如户型面积偏大,保障对象界定不严,资金渠道来源不稳定等,尚没有认真规范管理。而住房公积金缴纳率和使用率偏低,住房公积金管理过程中的风险不断显露。

从总体上来看,保障住房在整个住房市场中所占比例仍然较小,导致大量中低收入家庭的刚性住房需求被推向市场,这在一定程度上加剧了住房市场上的供求矛盾,并加剧了商品房价格的上涨。

四、内蒙古自治区房地产投资发展对策

房地产业是一个与老百姓切身利益密切相关的民生产业,是国民经济中的支柱产业。据有关资料测算,房地产业每增加100元投资,可带动与之相关的十几个部门的170~220元投资;每增加100元消费,可拉动相关部门130~150元消费;每就业100人,可拉动其他部门就业200人。由此可见,房地产业的稳定健康发展,关系到相关产业的发展和重大民生问题、社会稳定。

(一)落实普通居民住宅的建设

内蒙古自治区各地当前的住房建设结构严重不合理,高档住宅的建设数量太大,而能承受起高价格的消费者太少,加大普通住宅的建设,应做到以下几点:

1. 完成棚户区的改造建设任务

棚户区的改造建设是一项民生工程,也是落实保障性住房的重要举措。在棚户区改造中,加大招商引资力度,落实政策范围内的各项优惠政策,制定优惠政策比例。

2. 科学规划,保障普通民居住宅土地供应

由于受内蒙古自治区人均收入水平的限制,人均购买力不足,使得大部分高档住宅出现闲置,所以应落实普通居民住宅的建设。首先,要加强监管、认真落实住房发展规划。根据近期建设规划,结合住房市场需求,编制住房建设规划和年度建设计划。住房建设规划经批准后,要及时向社会公布。同时,加强规划效能监察,督促予以落实。其次,应当在保证经济适用房的土地供给的同时增加普通商品住宅的土地供给,使得内蒙古自治区房地产投资商们能建造出更多的普通居民住宅来满足消费者的需求。

3. 合理引导,保证居民的正常住房需求

发挥税收、信贷政策对房地产市场的调节作用。严格按照国家调控政策,征收住房转让环节营业税、土地增值税、个人所得税等税费;严格按照房地产开发信贷条件,有区别地适度调整住房消费信贷政策;严格执行税收政策,控制与遏制投资性和投机性购房需求。

4. 调整住房供应结构,健全完善住房保障体系

(1)严格控制住房结构比例。采取切实有效措施,努力增加中低价位、中小套型住房在市场的供应比例。凡新审批、新开工的商品住房建设,套型建筑面积90平方米以下住房面积所占比重,必须达到开发建设总面积的70%以上。

(2)扩大廉租住房制度覆盖面。在原有基础上,调整廉租住房保障政策,稳步扩大廉租住房制度覆盖范围。建立比较稳定的廉租住房资金保障制度。财政部门要加大支持力度,多渠道筹措资金,确保廉租住房制度实施的资金需求。

(3)规范发展经济适用房。高度重视经济适用住房的建设,进一步完善经济适用住房建设和销售的监管制度,及时解决建设中存在的问题和困难,不断加快建设的进度。严格规范集资合作建房,制止少数单位利用职权以集资合作建房的名义,变相进行住房实物福利分配的违规行为。

(4)积极发展住房二级市场和房屋租赁市场。进一步促进住房二级市场发展,促进住房梯度消费,优化住房资源配置。相关部门应加强房地产中介服务行业的管理,完善房地产市场的中介服务体系。进一步促进房屋租赁市场发展,切实加强对房屋租赁、二手房交易市场和房地产中介服务的管理。

(二)加快培育住宅租赁市场

自"十一五"时期以来,内蒙古自治区建设各类保障性住房 78.5 万套,完成投资 689.4 亿元。其中,建设廉租住房 11.6 万套,发放租赁补贴 12 万多户,实现了对人均住房建筑面积 13 平方米以下低保家庭应保尽保的目标。2011 年按照国家建设 1000 万套保障性住房的总体目标,自治区承担了 44.54 万套。2012 年国家下达内蒙古自治区保障性安居工程建设任务是开工 27.77 万套,基本建成 13 万套。截至 2012 年 10 月底,内蒙古自治区新开工各类保障性住房 29.1 万套,共计 2200.3 万平方米,超目标任务 13194 套;基本建成 13.8 万套,共计 994.5 万平方米,超目标任务 8472 套,共完成投资 470.4 亿元。2013 年,内蒙古自治区新开工各类保障性住房 17.48 万套,基本建成 18 万套,均已完成国家下达的任务。

然而,内蒙古自治区在基金推进工业化和城镇化的过程中,每年有 100 万~200 万农村人口转化为城市居民,刚性需求和投机性的市场存在使得内蒙古自治区住房供给呈现非均衡状态。因此,在继续加快保障性住房建设进度的前提下,应加快在增量结构中寻求突破口,以满足中等收入水平的住房需求。

当前,在以售为主的政策下形成的住宅分配格局,应该在增量结构中逐步扩大租赁比重。政府应该为住宅租赁市场的形成创造政策环境,大力扶持房屋租赁业和相关中介机构的发展。政府应该在政策上推动二手房逐步向从事住宅租赁业的企业集中,而不鼓励在住宅消费者之间买卖,减少空置的住宅。这对消费者和经营者都是有利的。为此,应当适当减轻租赁型住宅的资产税,对超过居民平均居住面积的住宅实行累计资产税。为此,内蒙古自治区政府通过出台政策,建立既符合国家整体利益,又符合广大普通消费者和投资者切身利益的住宅租赁市场,即政府直接经营一部分住宅,使占城市 15% 的低收入户能租到低租房,并为占城市 5% 的困难户补贴房租。对农民工的住宅,政府要早做战略性考虑。需要政府格外关照的最低收入家庭主要是指由农民新转化的市民。要在 2020 年实现全面小康社会目标,内蒙古自治区每年有 100 万~200 万农村人口转化为城市居民。这些新进城的家庭基本上都是低收入阶层。在 3~5 年的启动时间,政府须至少每年准备建 20 万套标准住宅作为保障性住房。

(三)建立房地产投资信托市场

在2003年,央行出台相关规定:商业银行批准房地产开发贷款时,企业的自有资金不得低于开发项目总投资额的30%。然而信托融资不受此限制。同时,在内蒙古自治区建立房地产投资信托对房地产业具有以下优点:

1.使房地产资金循环更加顺畅

创立内蒙古自治区的房地产投资信托公司,能够将市民较多储蓄余额中的一部分投资到房地产业上来,可以使开发资金获得补充,缓解资金周转不开的问题。

2.有利于降低运营成本和投资风险

因为房地产投资信托的股份能在证券交易市场上公开交易,因此相对于直接投资到房地产上更具有流动性。房地产投资信托与银行贷款相比较而言,能更好地降低开发商整体的融资成本,所以在有利于地产公司更好的发展的同时降低了投资的风险。

(四)推进住房公积金制度的改革

1.扩大住房公积金覆盖面

针对内蒙古自治区的特点,建立合理的方法,努力扩大住房公积金制度覆盖面,其中在城市有固定工作的农民工是重点目标。支持这些人的住房消费能力,将会大力拉动房地产市场的发展。

2.扩大住房公积金使用范围

现在的住房公积金只能享有住房公积金低息贷款购房,使用范围不够宽限。应该扩大到可以使住房公积金用于解决房屋租赁、装修、物业管理费、住房消费等各个方面来。这样可以满足消费者更多的需求,帮助解决房地产市场的更多问题。

3.住房公积金贷款创新

政府应放宽住房公积金贷款条件、贷款额度和还款形式,尽量简化办理时繁杂的各项手续、提高效率。这样有助于中低收入家庭购房,在满足消费者购买欲望的同时增大了市场销售量,为房地产投资者带来更多的销售空间。

4.加强住房公积金归集和监管管理

加大住房公积金归集使用管理力度,积极推动住房公积金贷款建设保障性住房。继续做好利用住房公积金贷款支持保障性住房建设工作力度,严格贷款使用,确保资金安全。加大自治区住房公积金管理信息化建设,统一住房公积金业务软件系统、业务流程和规范工作,全面实现住房公积金行业信息化管理。实现统一的住房公积金监管信息系统,实现对内蒙古自治区住房公积金的实施监管。

(五)健全保障性住房体系

保障性住房是政府提供基本公共服务的重要组成部分,承担着中低收入人群的基本住房保障任务,是重要的民生工程。党中央、国务院高度重视解决城市居民住房问题,始终把改善群众居住条件作为城市住房制度改革和房地产业健康发展的根本目的。在保障性住房制度建设方面,国家出台了《国务院关于解决城市低收入家庭住房困难的若干意见》、《廉租住房保障办法》、《城镇最低收入家庭廉租住房申请、审核及退出管理办法》、《城市廉租住房规范化管理实施办法》、《城镇廉租住房档案管理办法》、《关于加强廉租住房质量管理的通知》、《中央廉租住房保障专项补助资金实施办法》、《中央预算投资对中西部财政困难地区新建廉租住房项目的支持办法》、《廉租住房保障资金管理办法》等一系列政策法规。为了落实国家和中央关于保障性住房的相关政策,内蒙古自治区转发及出台了有关保障性住房的相关文件等100多个,如《内蒙古自治区人民政府关于进一步解决城市低收入家庭住房困难问题的通知》、《内蒙古自治区廉租住房保障资金管理办法》、《内蒙古自治区廉租住房保障专项补助资金实施办法》、《内蒙古自治区城镇廉租住房保障操作规程》、《内蒙古自治区人民政府关于进一步加强和改进城镇廉租住房保障工作的通知》。这些政策为内蒙古自治区加快建设保障性住房提供了有力的政策保障,当前主要的任务是加快落实实施。

1. 加大住房保障建设力度

加大利用中央租赁补贴资金结余部分收购、改建、租赁廉租住房力度,形成以实物配租为主、租赁补贴为辅的廉租住房保障格局。继续实施廉租住房建设。积极争取中央投资补助资金,筹措地方配套资金,加快廉租房住房建设进度。引导各类资金参与公共租赁住房建设和运营,积极探索公共租赁住房建设管理的可持续发展机制。

2. 确保保障性住房用地供应

制定保障性住房用地专项规划和年度供应计划,在年度土地供应计划中单独列出,优先供应。依据区域性"控规"和保障性住房的区域性需求,充分考虑低收入家庭生活和就业实际,通过提前规划、提前选址、提前储备,合理安排保障性住房项目区位布局,优先选取地理位置较好的存量土地和交通相对便利、配套设施较为完善的土地,用于保障性住房建设。

3. 积极稳妥地推进危房和棚户区改造

加强危房和棚户区改造的规划指导和政策协调。积极探索政府组织、市场运作、以房改带危改的路子,指导各地把危房和棚户区改造,以保障居住安全、改善居民居住条件和环境为出发点和落脚点,有重点、有步骤地推进。多渠道筹集危房和棚户区改造资金。支持各地比照经济适用住房政策实施危房和棚户区改造,由政府负责市政设施和公共服务设施的配套,由居民按成本价或经济适用住房价回购改造后的住房。

4. 创新保障性安居工程建设投融资体质机制和政策机制

多渠道筹集保障性安居工程建设资金,积极推动银政、银企合作,积极申请金融机构发放保障性安居工程建设项目中长期贷款,逐步建立起政府主导、市场运作、渠道畅通、支持有力的保障安居工程建设投融资新机制。加大对保障性住房建设的政策支持力度,落实各项税费优惠政策和对重点开发企业的政策扶持。出台保障性住房建设标准,健全保障性住房建设质量控制体系,保障工程质量和施工安全。

5. 加快保障性住房信息化建设

内蒙古自治区各个地区不同程度存在着保障性住房进入审核难、动态监测难以及退出机制难等问题,这就迫切需要建立一个覆盖全区,甚至是全国范围的,涵盖建筑、财政、监察、银行、房管、民政、证券等多部门联合的保障性住房信息系统,使保障性住房从房源的供给,到房屋分配、后期运营和退出管理等各环节,均纳入保障性住房信息系统的监控管理之下,使保障性住房真正成为"阳光下"的民心工程。

五、内蒙古自治区房地产市场发展趋势判断

综合考察一个国家或地区的房地产发展趋势,主要从以下三点入手:一是市场刚性需求与人口结构的关系;二是市场分化格局和人口流动;三是房地产市场需求增长与货币量发行量的关系。就2013年全国房地产发展情况来看,全国商品房销售面积的增长速度是23%,销售额的增长速度是34%,在房地产调控政策持续的情况下,房地产市场成交量的增长仍旧继续,原因在于城镇化率的提高,代表城市人口的增长,而城市人口的增长代表房地产市场需求,两者关联度是高度一致的,因而,市场上的新增刚性需求和改善性需求仍十分强劲;关于市场分化格局问题,中国现在一方面面临着城镇化城市人口的增长,特别是目前的信息化和高速交通

的发展,大大增加了中小城市人口向大城市流动的可能性,中小城市人口向大城市流动,人口的迁移对大城市房地产市场影响是特别明显的;房地产的资产属性,对货币政策是非常敏感的,一般来说,货币宽、市场窄,货币紧、市场缩,因而,对房地产趋势判断,除了房地产调控政策之外,货币政策的调整对这个市场的涨跌起伏影响很大。

(一)内蒙古自治区经济走势分析

从宏观角度来讲,经济的发展会直接影响到房地产的未来发展趋势,同样,政府的调控政策也会关系到房地产未来走向。

1. 未来的经济走势

2013年以来,受国内市场需求疲弱、制造业不振、中长期潜在增长率下降等影响,内蒙古自治区经济下行压力加大。为实现全区经济持续健康发展,内蒙古自治区把贯彻落实"8337"发展思路作为经济工作的重要抓手,并充分发挥投资与消费对经济增长的支撑和基础性作用,通过支持"五大基地"建设和支持非公经济、县域经济发展等一系列政策措施,确保了2013年全区经济的稳中向好。全年主要经济指标增长逐步回稳,经济运行总体呈缓中趋稳、稳中有进、稳中向好的态势。

展望2014年,自治区全面贯彻落实"8337"发展思路、继续坚持稳中求进的基调已定,把改革创新贯穿经济发展各个领域的方向已定,这将为内蒙古自治区经济发展注入更强的活力和动力,巩固稳中向好的发展态势也因此成为2014年经济发展的重头戏。

2. 房地产发展方向

(1)城镇住房建设保持一定的规模和速度。内蒙古自治区"十二五"住宅与房地产业发展规划目标:努力完成房地产开发累计投资15000亿元,年均增长30%左右,其中,完成住宅投资12000亿元、年均增长30%左右;新建商品住房100万套,城镇平均每年新建住宅面积2200万平方米。

(2)城镇保障性住房体系建设日趋完善。"十二五"期间,全区计划建设各类保障性住房110万套左右、约7000万平方米。到2015年城镇低收入家庭人均住房建筑面积达到13平方米,住房覆盖面达到20%以上。

(3)进一步加强住房公积金监管工作力度,保证资金安全完整。2015年末,全区住房公积金归集额达到1200亿元,全区住房公积金覆盖面达到70%以上,为加强住房保障和促进房地产市场健康发展发挥更大作用。

(4)住房供应结构进一步优化。提高中小套型普通商品住房和保障性住房在城镇新建住房中的比重。大力规范和发展房屋租赁市场和住房二级市场,提高租赁住房和二手住房的供应比例。

(5)住宅品质进一步提升。住宅工程质量验收合格率达到100%,住宅质量投诉率下降,住宅工程质量总体水平稳中有升。逐年提高新建住宅全装修比率,到2015年底,可售住宅全装修比率达到50%以上,申报康居示范工程20个,住宅性能认定工作有序推进,积极发展绿色建筑,住宅品质明显提升。城镇人均住房建筑面积达到35平方米。

(6)大力发展节能省地型住宅,提高住宅产业现代化水平。加快建立适合内蒙古自治区实际的工业化住宅建筑体系和完整的住宅部品体系,实现科技含量高、资源消耗低、环境污染少、各种资源优势得到充分发挥的住宅产业现代化发展目标。到2015年,新建住宅建筑节能达到65%以上,节水率在现有基础上提高20%以上,对不可再生资源的消耗下降10%。

未来的政策还将继续倾向于经济的发展,而对于房地产市场,无论是现在,还是在未来,主基调依然是严格调控。但在严格调控的同时,为了保证税收和经济的发展速度,中央政府和地方政府也不会打压房地产市场,只是让它回到理性的市场机制下。

(二)房地产未来发展趋势

1. "限购"、"保刚需"、"稳房价"仍是调控主基调

房地产调控政策不会松动。内蒙古自治区房地产市场成交或将稳中有升,价格维持坚挺,预计楼市成交将继续上涨。但是鉴于调控政策稳定存在和仍处高位的市场库存,楼市反弹的空间并不大,仍是以小幅回升、总体趋稳的态势为主。楼市成交量的持续上升也势必会带来价格的相对坚挺,未来房价也将呈现稳中略涨的态势。

2. 高使用率的功能地产是房地产正能量

从目前国内房地产市场的发展态势来看,短期内针对住宅地产市场进行的限购政策不会改变,同时随着房地产市场的细分,整个产业将趋于进一步转型升级。从2013年底土地出让情况看,不少城市多数出让地块为商住地块,这样将在一定程度上为功能地产创造了良好的条件。因此,未来更多发展机会将来自功能地产,即改善性住宅,刚性需求住宅,使用率高的商业、旅游、教育、文化、养老等具有使用价值和附加价值的地产。努力挖掘其使用价值,提高其使用效率,将使国内功能地产成为房地产市场的正能量。

3. 土地制度顶层设计与改革将影响房地产业

土地是制约房地产业发展的基本要素。从目前情况来看,决定房地产业命脉的土地供应依然遭受事实的垄断。这种土地垄断供应制度产生了许多严重问题,如高地价引发的高房价、土地财政依赖症、经济结构扭曲、地方发展转型动力严重不足等,这些问题不但对房地产业的消极影响相当深远,而且短期内很难解决。土地制度的顶层设计显然已经十分紧迫。未来应该针对当前的土地一级市场的供应垄断问题进行系统的改革,这不但是内蒙古自治区房地产市场良性发展的需要,也是全国经济结构调整的战略需要。

4. 房产税将扩大试点范围,全国住房系统将会联网

目前,深圳、北京、广州等多个城市实行二手房按评估价过户征税,以提高政府税收收入和打击炒卖行为。未来随着全国住房系统的联网,对于二手房交易征税、新增或者存量房的房产税等将带来更好的支撑,并将进一步推广。虽然存在着重复征税需要增减配合问题、短期推进困难问题等因素,但是从长远来看,国内房产税的全面推进还是一个大的发展方向。

(三)房地产业发展的新机遇

十八大以后,中央提出了新型城镇化的发展方向,这是中国经济和社会新的发展战略。这一新战略的提出,标志着中国经济社会发展方式将由高速发展向均衡发展转变,将由集中配置资源的方式向均衡配置资源的方式转变,将由沿海化、中心城市化的方向朝区域发展和城乡统筹的方向转变。这些趋势,对房地产业提出了新的挑战和机遇。

在资本市场层面,主要是房地产企业市场融资将获得更加便利的条件,上市首发增发再开闸;不动产基金规模进一步扩大;企业债券允许入市交易;银行信贷规模不会缩小等。在税收层面,主要是房地产税逐步推进改革,简税种、调结构、宽税基是主基调;新增房地产税收决定权将从政府改为人大;房产税新一年依然难以推出。在土地层面,主要是农村建设用地入市流转和土地普查结果耕地远超18亿亩的信息,会改善商品房供地用地的压力;规划和用地控制会进一步遏制诸如小产权房等各种不规范的扰乱市场行为。在城镇化层面,主要是户籍改革,计划生育政策调整和公共资源的均等化配置将为房地产带来全新的市场格局。在制度层面,主要是离真正实现"市场决定资源配置"、"市场决定商品价格"又前进了一大步,至少是在全局改革纲领性文件中予以了确认,虽然距离"自由选择消费商品和消费方式"的目标还有较长的路要走。

第九章

内蒙古自治区创业投资发展报告

　　创业投资是以高技术企业创业需求为拉动,是高技术知识产权股份期权价值实现的进程,也是创业投资股份期权价值实现的过程。创业投资不仅是技术密集和资本密集的产物,而且是经济结构由资本密集型向科技密集型转换的必然产物,是新兴产业发展的重要环节。

一、内蒙古自治区创业投资发展总体评价

(一)内蒙古自治区创业投资发展历程

纵观国内外创业投资的发展历程,我们都能在其中看到政府的身影,离开政府的推动和扶持,创业投资的发展都很难步入正轨。内蒙古自治区创业投资虽然起步较晚,但同样是在政府的共同关怀和支持下才发展起来的。内蒙古自治区创业投资的发展大致经历了三个阶段:

1. 第一阶段:2004年的萌芽阶段

1985年,经国务院正式批准成立的第一家风险投资公司的出现,标志着中国新兴产业创业投资开始起步。1999年科技部等部门发布的《关于建立风险投资机制的若干意见》使风险投资步入快速发展阶段,风险资本和风险投资机构迅速增加,新浪、网易和UT斯达康成功登陆纳斯达克,创造了硅谷神话的同时,也创造了百倍的投资回报。2004年《国务院关于推进资本市场改革开放和稳定发展的若干意见》的颁布和深圳证券交易所推出的中小企业板市场为创业投资企业实现市场退出和资金良性循环提供了机会,这也促进了我国创业投资的发展。受国内外投资环境的影响,2004年12月,内蒙古自治区第一家创业投资企业——内蒙古自治区生产力促进中心有限公司设立。但此后,由于缺乏管理经验,唯一的创业投资企业发展相当缓慢。

2. 第二阶段:2006~2007年的快速发展阶段

2006年,随着《中共中央国务院关于实施科技规划纲要增强自主创新能力的决定》、《公司法》、《证券法》、《合伙企业法》、《信托公司集合资金计划管理办法》等系列法律制度的修订和出台,中国资本市场进入一个新的发展阶段。较宽松的法律环境和倾斜政策不仅吸引了国际知名PE包括黑石、凯雷集团、KKR等纷纷进入中国,也促使本土创业投资企业大量涌现,但无论是外资还是本土企业,创业投资主要集中在经济比较发达的地区,如上海、深圳、北京等地。而内蒙古自治区在2006~2007年的两年内,创业投资快速增长,见图9-1。

第九章 内蒙古自治区创业投资发展报告

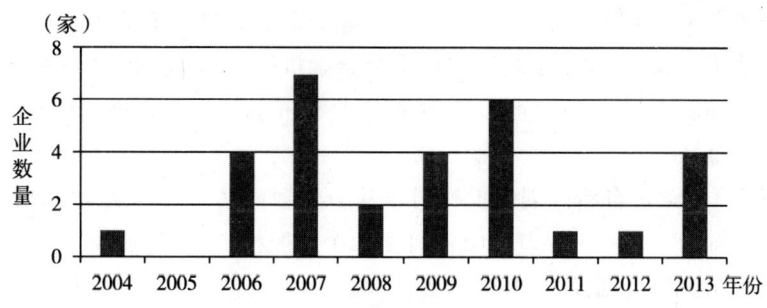

图9-1 内蒙古自治区创投企业设立

资料来源：内蒙古自治区发改委财金处(2013)。

3.第三阶段:2008年至今的步入正轨阶段

2008年10月,国务院出台了《关于创业投资引导基金规范设立与运作指导意见》,政府导向型的发展模式为内蒙古自治区新兴产业创业投资发展指明了方向。随后内蒙古自治区着手设立自治区创业投资引导基金,并出台了内蒙古自治区创业投资引导基金方案及其管理办法。2009年11月,设立内蒙古自治区创业投资引导基金,并从2009年开始,每年由自治区财政投入1亿元,滚动使用。截至2012年底,内蒙古自治区新增备案创业投资企业1家,累计达到30家,根据年检情况,拟保留备案企业共有22家,从业人员达270人,较2011年增加26人,增长10.66%;备案创业投资企业的资产规模达10.47亿元,较2011年增加2.31亿元,增长28.32%;实收资本8.43亿元,增长20.1%,占备案创投企业资产总规模的80.5%;累计投资案例73个,累计投资金额3.1亿元;退出案例2个,累计退出金额0.13亿元,其中2012年退出案例1个,退出金额0.03亿元。创业投资的发展有效缓解了中小微企业的融资需求,产生了积极的经济效益和社会效益。

(二)内蒙古自治区创业投资发展问题与制约因素

自2008年以来,在政府主导下,内蒙古自治区创业投资企业得到快速成长,但与发达省市相比,内蒙古自治区创业投资企业在发展规模和运作水平上,都还处于发展的初级阶段,存在一些亟须解决的问题和必须克服的约束条件。

1.内蒙古自治区创业投资存在的主要问题

(1)资金实力较弱。据内蒙古自治区发改委统计,从2012年完成年检的22家创业投资企业情况看,实收资本总额为8.43亿元,平均每个企业实收资本不足0.3亿元,5000万元以上的企业仅有4家,投资能力相对较弱。创业投资实力弱的主要原因是资金来源渠道的相对单一,创投企业的资本主要来源于企业和政府部门,而发达的欧美国家,更多是由政府部门引导金融机构、养老金、保险公司、富有个人将资金投入到新兴创业投资企业中,这种创业投资引导基金也被国际公认为最理想的投资基金。

2009年《内蒙古自治区创业投资引导基金管理办法》试行,截至2012年底,自治区财政安排的1亿元引导基金已签订了2个参股投资协议,建成了2只子基金:①参股投资包头红土创投公司6000万元,增资后该公司注册资本为3.6亿元,自治区引导基金占股权16.7%。②参股投资鄂尔多斯昌盛创投公司4000万元,增资后该公司注册资本为2.16亿元,自治区引导基金占股权18.5%。经过几年的发展,内蒙古自治区创业投资引导基金规模仍然很小,覆盖面也很有限。

(2)缺乏高素质的创投团队管理人才。借鉴国际知名创业投资企业经验,发展创业投资,企业必须拥有专业管理团队和创业投资家,这些人不仅要有专业技能,更要有坚忍不拔的意志,具备两个方面的素质:①对新技术、新产品的走向及其市场潜力具有准确的判断力,能够对有希望成功的创业项目做出筛选;②懂市场、懂金融、懂经营。目前,从事创业投资的人员在专业知识、企业管理、风险战略、从业经验等方面存在明显不足,原因是大部分人员是"半路出家":①来自于政府部门;②来自于金融机构;③通过招聘来自社会的各个层面。相比而言,内蒙古自治区新兴产业创业投资发展更受制于专业人才的匮乏,内蒙古自治区创业投资起步较晚,市场化程度较低,企业规模相对较小,专业管理团队和创业投资家缺乏是创业投资企业发展迟缓的主要原因之一。

(3)投资项目源不足。大量的创业企业存在,创业投资业才有生存的基础。内蒙古自治区缺少具有发展前景的创业企业,创业项目的选择也就比较难。2011年内蒙古自治区创业投资企业共实施投资项目61个,除1家创投企业投资16个项目外,其余企业投资项目数量较少,其中有5家企业未做任何创业投资项目。内蒙古自治区创业投资项目少的原因还有:①创投企业专业的投资管理人员力量不够,挖掘项目的能力低,项目的尽职调查速度缓慢;②被投资企业经营管理不规范,创投企业投资后需要投入大量精力和时间对被投资企业进行规范化治理,投资风险的加大,影响了投资项目的设立;③在单个投资项目中政府引导基金投资比例偏小,导致投资项目的投资额度低,没有引来更多的社会资金。

2. 内蒙古自治区创业投资发展的制约因素

(1)科技创新投入不足。党的十八大明确提出要实施创新驱动发展战略,强调科技创新是提高社会生产力和综合国力的战略支撑,必须摆在国家发展全局的核心位置。根据联合国教科文组织对科技创新能力的认定和世界各国发展的一般规律,R&D经费占GDP不到1%的国家和地区,缺乏创新能力;在1%~2%的国家和地区,会有所作为;大于2%的国家和地区,创新能力比较强。截至2012年底,内蒙古自治区全社会R&D经费投入占GDP比重只有0.64%,比全国平均水平低1.34%(见表9-1)。显然,科技投入不足导致科技创新缺乏动力,制约了内蒙古自治区高新技术的研发,这种现象正是导致内蒙古自治区地区创业投资存在问题的根源。确定战略性新兴产业、加快产业结构调整和升级等一系列的经济发展方式的转变必须依靠科技创新才能实现,科技创新又必须依靠加大投入才能得以推进。因此,内蒙古自治区必须加大科技投入的强度,加快实施创新驱动发展战略,并把推动科技创新作为全社会共同为之奋斗的目标。

表9-1 内蒙古自治区R&D投入强度(占GDP比重)

项目	年份	2005	2006	2007	2008	2009	2010	2011	2012
全国	R&D支出(亿元)	2450	3003	3710	4616	5802	7062	8687	10298
	比重(%)	1.34	1.42	1.49	1.54	1.70	1.75	1.84	1.98
内蒙古	R&D支出(亿元)	11.7	16.5	24.2	33.9	52.1	63.7	85.2	101
	比重(%)	0.31	0.34	0.40	0.44	0.52	0.55	0.59	0.64

资料来源:根据《全国科技经费投入统计公报》(历年)整理。

(2)退出渠道不通畅。创业投资的退出机制是投资运营的最核心环节,也是创业投资企业迅速发展壮大的根本所在。退出机制不通畅已成为创业投资企业发育迟缓的主要原因。借鉴欧美发达国家的成熟经验,创业投资的退出方式可采用公开上市、兼并收购、回购、产权交易和清算。而现阶段的情况是创业投资的退出渠道高度集中于公开上市(IPO)退出,而在欧美发达国家里,70%是选择通过并购来实现投资的退出(成熟资本市场的定价功能在起作用)。这种现象表明,创业投资既缺乏科学合理的政策引导和专业管理人才把控,也反映了多层次资本市场发育不够,无法满足创业投资企业的需求。

(3)风险承受能力和意识不成熟。目前,内蒙古自治区创业投资还处于发展初期,这个阶段是绝大多数创业投资企业都要经历的,其特点是经营模式相对单一,经营手段的局限性很大。就投资人意识来看,很多成功的民营企业家,对其投资于创业企业的资金有着强烈的看护意识,参与管理的热情较高,从而形成投资人与创业投资企业共同决策和管理的模式,这种状况其实违背了创业投资企业独立投资决策的原则。此外,内蒙古自治区地区创业投资活动少,在某种程度上是由于人们对创业投资活动缺乏了解所致。据调查,内蒙古自治区地区的大部分创业者对创业投资虽有一定认识,但并不了解具体运作机制,对于政府引导基金,很多创业者错误地理解为政府直接给企业的政策扶持基金。创业投资知识的匮乏及对政府引导基金的误解,无论是发生在创业者层面,还是发生在地方政府层面,都不利于创业投资的发展。

(三)内蒙古自治区创业投资发展前景与趋势

1. 内蒙古自治区创业投资发展前景

为了贯彻落实党的十八大精神,实现在我国西部地区率先全面建成小康社会的目标,内蒙古自治区立足欠发达的基本区情,提出了"8337"发展思路,这一"思路"为内蒙古自治区当前和今后一个时期经济发展指明了方向,也为内蒙古自治区创业投资描绘了发展蓝图。

(1)创业投资的制度安排与"8337"发展思路存在内在契合性。内蒙古自治区正在实施的"8337"发展思路中的8个发展定位与近年来我国创业投资企业的偏好高度吻合。据统计,我国的七大战略性新兴产业受到创业投资的广泛关注,排在前三位的依次为节能环保产业、新能源产业和新材料产业。新兴产业与创业投资从投资方向来看,创业投资主要集中于高科技领域,与新兴产业不谋而合;从投资对象来看,创业投资主要集中在具有潜在高成长性的中小企业,而新兴产业是成长潜力大、综合效益好的中小企业。另外从欧美等发达国家的经验来看,风险投资的直接投向也多是中小企业;从投资方式来看,创业投资以股权形式为主,对于新兴产业而言是一种好的融资方式,其目的是实现其投资的增值变现,而不是要获得企业的控制权;从投资特点来看,创业投资具有高风险性和高收益性,而新兴产业也具有这方面的特征。

(2)创业投资的发展将促进"8337"发展思路的实现。"8337"发展思路中的发展定位是国家七大战略性新兴产业在内蒙古自治区的具体落实。促进新兴产业与创业投资良性互动,对实现"8337"发展思路意义重大。

创业投资有利于培育和发展新兴产业。新兴产业的发展遵从一般产业的生命周期规律,会经历种子期、初创期、成长期和成熟期四个发展阶段。创业投资在新兴产业的各个阶段都能起到至关重要的作用。当新兴产业处于种子期时,由于风险大,融资成为企业最大的困难,此时正是创业投资企业的甄选目标;在初创期,新兴产业资金主要用于产品和市场开发,此时技术风险虽有所降低,但仍然难以获得银行贷款,创业资本在其中能发挥较大作用;当新兴企业进入成长期,其产品已经进入市场,此时的技术风险大幅下降,企业的融资也呈现多样化,可通过银行贷款等形式获得融资;新兴企业成熟期,也是创业投资退出阶段。因此可以说,创业投资是培育和发展新兴产业的助推器。创业投资有利于促进内蒙古自治区经济增长方式的转变。新兴产业与创业投资之间存在相互制约的关系,一方的发展会带动另一方,而任何一方的滞后也会成为另一方的发展瓶颈。在面临着日益严峻的资源、环境等要素的制约和科技、市场等方面的竞争挑战,加快经济发展方式转变,既要科技支撑引领,也要金融创新推动。发展创业投资,促进新兴产业与创业投资的协调发展,对于促进内蒙古自治区科技进步与创新、金融体制改革、优化资源配置、产业结构升级、经济增长方式转变等也将起着积极作用。

2. 创业投资发展趋势

结合国家战略性新兴产业发展目标和"8337"发展思路,预计通过十年的努力,创业投资将成为内蒙古自治区发展新兴产业强有力的支撑。

十八大以来,伴随战略性新兴产业的发展,内蒙古自治区创业投资步入一个前所未有的发展阶段。

(1)政策保障。内蒙古自治区实施西部大开发战略、振兴东北等老工业基地战略、中俄蒙经贸合作战略过程指定一类系列支持政策,尤其是促进创业投资发展的鼓励政策,这为内蒙古自治区新兴产业发展提供了广阔的发展空间。

(2)资源保障。内蒙古自治区素有资源大省之称,煤炭、天然气、有色金属储量丰富,风电装机容量、外送电量、牛奶产量均居全国第一,粮食实现连年丰产,牲畜存栏量稳定在了1亿头(只)以上,这是内蒙古自治区持续发展的资源保障。

(3)产业基础保障。内蒙古自治区已形成新能源、冶金机械制造、农畜产品加工、现代化工等六大主导产业,煤电一体化深入推进的格局初步形成,并掌握100多项煤炭加工专利技术,拥有五大类国家重要的煤化工战略储备项目,内蒙古自治区已具备大规模产业化发展的条件。尤其是战略性新兴产业发展快速,新能源、新材料、先进装备制造、生物等特色产业在全国具有一定优势,节能环保、电子信息、高技术服务业等产业具有坚实的基础。

目前,战略性新兴产业产值突破2000亿元,战略性新兴产业增加值占地区生产总值的比重达到6%。这些基础与保障充分证明,内蒙古自治区创业投资的发展已经进入快车道。可以预计,到2015年,内蒙古自治区创业投资企业对产业结构调整和升级的推动作用将明显增强,5000万元以上的创业投资企业数量将达到10家,到2020年,全区创业投资企业总数有望突破100家。

二、内蒙古自治区创业投资金融支撑体系分析

基于内蒙古自治区创业投资发展滞后的根源在于内蒙古自治区严重缺乏科技创新能力,而科技创新能力的不足是由于全社会R&D投入的强度较低所致。所以,内蒙古自治区创业投资的发展的主要问题就是科技创新的资金投入问题。

(一)创业投资资本市场体系的给出

新兴产业创业企业的行业周期由种子期—创建期—成长期—扩张期—成熟期几个阶段构成,每个阶段的发展和深化,都有所需要的资本金。而创业资本市场要对新兴产业创业起到推动作用,其首要的功能就是为创业企业提供大量的风险资本金。一个完整的新兴产业资本市场融资体系如图9-2所示。

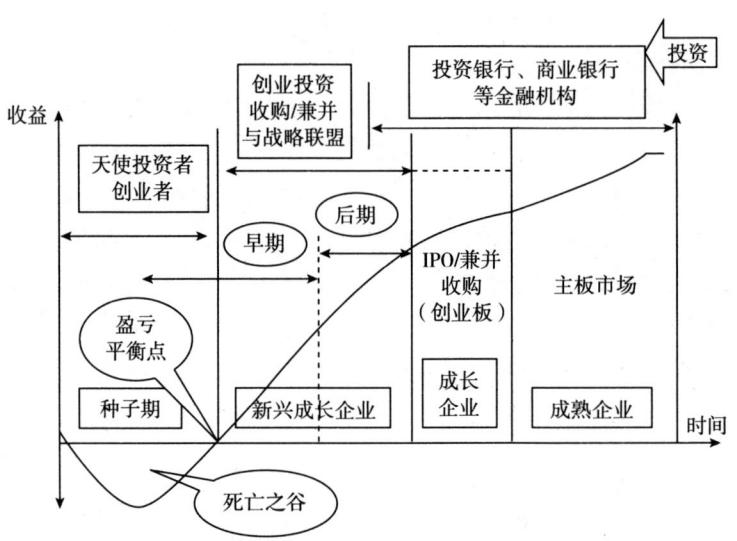

图9-2 新兴产业创业过程与创业投资—资本市场关系

创业投资(美国称风险投资)是典型的"高新技术、高风险、高回报"的投资行为,其发展定位是专门投资处于新兴产业发展中的种子期和成长期,其行业特征是

高新技术(产业)。内蒙古自治区现有22家创业投资企业,基金规模8.43亿元,截至2012年底共投资了60多个项目,其中80%的项目集中在成长期的后期,即已经具有显著经济效益的企业,而投资于新兴产业的种子期或处于成长期的早期项目显著不足,这与设立创业投资的宗旨相背离。通过调研,大部分创业投资企业认为,当前制约内蒙古自治区创业投资事业发展的主要瓶颈是可供选择的项目源严重匮乏,即处于新兴产业的种子期和早期项目严重不足,无法满足创业资本的投资选择和发展需求。

(二)内蒙古自治区科技创新的金融支撑体系分析

综合考察内蒙古自治区科技创新投入资金渠道大致有以下五种:

1. 财政投入渠道分析

"十一五"至"十二五"期间,内蒙古自治区科技财政支出呈现逐年增长态势,从2001年的4亿元增至2011年的28.2亿元,10年翻了近7倍。但是,从财政科技投入的比重来看,科技财政拨款在财政支出中的比例却在下降,从2001的1.27%下降到2011年的0.94%,在"十一五"时期和"十二五"期间呈现逐年下降的趋势,见表9-1。就自治区R&D投入而言,尽管逐年增长,但其投入的强度不容乐观。按照内蒙古自治区"十二五"规划制定的"要加大科技投入,建立社会化、市场化、多元化的科技投入体系,力争实现全社会研究开发投入占地区生产总值的比例到2015年达到1.5%,2020年达到2.5%"的政策目标。然而,截至2011年底,全社会研究开发投入(R&D)占地区生产总值的比例才达到0.59%,见表9-2。

表 9-2 内蒙古自治区财政科技经费投入统计表

项目	年份	2005	2006	2007	2008	2009	2010	2011
R&D 经费	总投入(亿元)	11.7	16.5	24.2	33.9	52.1	63.7	85.2
	占 GDP 比重(%)	0.31	0.34	0.40	0.44	0.52	0.55	0.59
财政拨款	财政科技拨款(亿元)	7.0	7.9	9.1	15.4	17.4	21.4	28.2
	占财政支出比重(%)	1.03	0.97	0.84	1.07	0.90	0.94	0.94

资料来源:《全国科技经费投入统计公报》(历年)和内蒙古自治区财政厅(2012)。

2. 银行信贷投入渠道分析

近年来,科技与金融结合力度明显提高,其中,政策性银行和国有商业银行是内蒙古自治区科技创新投入的主要信贷支持来源。在全区各类贷款逐年增加的同时,对科技信贷的投入也明显上升。但在各类商业银行提供的贷款中,2004年全区各类贷款总额是2276.8亿元,其中对科学研究和技术服务类的贷款只有0.89亿元,占全部贷款的比例是0.03%,在以后的年份虽然逐年上升,但对科技信贷的支持明显不足,如在金融危机影响下,2008年全区各类贷款总额是4654亿元,其中对科学研究和技术服务类的贷款是7.73亿元,占全部贷款的比例是0.17%。截至2012年底,科技贷款31.94亿元,占全部贷款余额的0.27%,尚不足0.5%的最低要求,见表9-3。

表9-3 内蒙古自治区科技信贷投入情况

年份 项目	2004	2005	2006	2007	2008	2009	2010	2011	2012
信贷总额(亿元)	2276	2618	3094	3803	4654	6292	8059	9917	11524
科技信贷(亿元)	0.89	1.04	1.9	4.9	7.73	12.85	21.56	23.86	31.94
占比(%)	0.03	0.04	0.06	0.13	0.17	0.20	0.26	0.24	0.27

资料来源:内蒙古自治区银监局,《内蒙古自治区主要经济金融指标》,2012。

3.企业自主投入渠道分析

企业科技投入是内蒙古自治区科技经费投入的主渠道。从企业R&D经费支出的增长来看,呈现了强劲的增长态势,尤其是进入2006年以来,各类企业加大了科技创新的投入。从"十一五"以来的发展态势看,企业已成为内蒙古自治区科技财力投入的主力。尤其是大型企业重点项目的科技投入也创较高水平:神华集团煤制甲醇、聚乙烯、丙烯项目科技投资8.1亿元,大唐国际煤基烯项目科技投资8亿元,神华集团煤液化项目科技投资12.3亿元,华泰汽车项目科技投资4.2亿元,均占到项目总投资的5%以上,见表9-4。

表9-4 内蒙古自治区各类企业R&D科技经费投入情况

项目	年份	2005	2006	2007	2008	2009	2010	2011
R&D 经费	总投入（亿元）	11.7	16.5	24.2	33.9	52.1	63.7	85.2
	增长（%）	50	41	46	40	53	22	33
企业 内部	R&D经费支出（亿元）	4.84	8.19	12.1	26.8	35.7	47.4	66.1
	占R&D经费内部总支出比重（%）	41.4	49.6	50.0	79.1	68.5	74.4	77.5

资料来源：《内蒙古自治区统计年鉴》和内蒙古自治区科技进步统计监测分析（自治区科技厅），2012。

4.创业资本民间投入渠道分析

2001年以来，内蒙古自治区创业资本支持科技创新的渠道主要实施了三项科技专项基金：科技型中小企业技术创新基金、科技风险基金、创业投资引导基金。其中，科技型中小企业技术创新基金从1999年起开始实施，主要用于支持中小企业具有自主知识产权的技术创新项目和科技孵化器建设。该科技专项基金自设立以来，内蒙古自治区共有113个项目获得国家资助，资金总额达到6745万元，自治区也投入700多万元资助中小企业技术创新。10多年来，承担国家和自治区两级技术创新基金项目的企业累计实现销售收入超过25亿元，上缴税金近3亿元，已经成为内蒙古自治区科技型中小企业发展的领头羊，对内蒙古自治区新经济增长点的形成发挥着重要作用。1998年，为实施"科教兴区"战略，促进科技成果转化，加快高新技术产业化的进程，内蒙古自治区财政厅和科技厅共同出资700万元设立了"内蒙古自治区科技风险基金"，主要用于支持自治区科研院所、民营科技企业、高新技术企业的新技术开发与产业化，以及科技型中小企业的技术创新项目，从而拉开了内蒙古自治区创业投资事业发展的序幕。2008年10月，国务院出台了《关于创业投资引导基金规范设立与运作指导意见》，2009年自治区设立了总规模为1亿元的自治区创业投资引导基金，并出台了自治区创业投资引导基金方案及其管理办法。受此影响，随之而来的有红杉中国、鼎晖、九鼎投资等投资机构，本土有包头红土、鄂尔多斯昌盛等创业投资企业相继成立，截至2012年底，在内蒙古自治区发改委备案的创业投资企业达到22家，实收资本达8.43亿元，资产规模达10多亿元。

5.创业投资引导基金

为了促进内蒙古自治区创业投资企业的发展，2009年，内蒙古自治区创业投资引导基金正式成立,规模1亿元,以股权投资的形式扶持了包头红土和鄂尔多斯昌盛两家创业投资企业,其中,包头红土6000万元、鄂尔多斯昌盛4000万元,由此带动民间资本3.9亿元的资金,并投资了包括内蒙古自治区奶联社、风电能源公司在内的五家企业,初步体现了创投引导基金的杠杆作用。

(三)内蒙古自治区科技创新的金融支撑制约因素分析

1. 缺乏多层次的金融支撑体系是科技创新投入不足的主要因素

科技资金来源渠道的单一,过度依赖财政科技的投入是内蒙古自治区缺乏科技创新能力的主要瓶颈(财政科技资金的功能是引导,而不是科技投入的主要资金来源渠道)。从美国科技创新的资金投入来源渠道经验看,美国作为全球科技创新的引领与强有力的金融支撑紧密相关,美国有健全的金融市场、发达的资本市场,尤其是纳斯达克市场为美国的科技创新提供了充足的资金保障——风险投资业兴旺发达。在我国,由于缺乏有力的金融支撑体系(缺乏健全的金融市场和发达的资本市场,风险投资资本严重匮乏),导致我国的科技创新与西方发达国家相比存在巨大差距,尤其是在科技创新体系建设与金融配给方面的体制建设相当滞后。内蒙古自治区地区又属于欠发达地区,金融服务体系滞后,整体金融密集度较低,金融市场化程度低,至今尚未形成多层次、多元化的金融市场体系,严重制约了科技创新的发展和创新能力的提升。如占全区GDP 58%以上的呼和浩特—包头—鄂尔多斯"金三角"地区,其GDP总量达到了北京市的40%,天津市的70%,上海市的30%,但呼和浩特—包头—鄂尔多斯地区金融机构数量和人均金融资源占有量还不到上述三个城市的1/3。此外,资本市场的功能没有得到有效的发挥,尤其是优质的上市公司融资能力较低,且规模、数量相对较少(截至2012年底,共计23家,占我国A、B股全部上市公司的比重仅为0.96%);债权类和信托类金融产品占比较低;保险业在科技投入中的风险释放功能没有得到充分发挥。由此可见,内蒙古自治区金融市场的发展严重滞后于经济的发展,将不利于新兴产业的科技创新。

2. 缺乏自主增长的财政科技投入机制

政府在制定财政科技投入的稳定增长机制过程中,政府在科技投入的纯公共产品领域担当主体;在准公共产品领域以直接拨款、税式支出、政府采购和政策性金融支持等灵活有效的多种方式投入并作政策引导;在私人产品领域,政府一般不提供资金,主要职责是维护市场的公平环境和间接政策引导;对企业、非营利性机构的投入潜力,应积极鼓励引导为现实投入。当前主要的任务是加快建立健全和完善新的财政科技投入体制,建立和形成引导和动员更多社会资本投入科技的联动机制,整合科技财力资源,形成合力,才能充分发挥财政科技投入的杠杆和引导作用。

3. 企业创新融资渠道不畅,制约了科技创新的发展动力

综观近几年内蒙古自治区地区高新技术企业融资难的问题,主要表现在以下两种:

(1)高新技术企业融资的资本缺口。高新技术企业的创业资本主要是通过自我积累和群体聚集形成的,其来源大多为个人储蓄、家庭集资、个人投资商等,其自有资金有限;即使是合伙企业,其合伙资金规模也不大。因为它们不是股份公司,更不是上市公司,所以也就不存在通过发行股票进行股权融资的可能性。当企业需要外部资本时,又很难在资本市场上筹集到资金,存在较为严重的缺口。高新技术企业存在着资本缺口的原因有几个方面:①在正式的资本市场上进行股票融资有一个最低资本规模和经营年限的要求,该要求对于内蒙古自治区地区刚刚有所发展的高新技术企业来讲门槛太高。②创业投资的发展虽然在一定程度上缓解了中小型高新技术企业外部融资的困难,但其规模有限,且投资方向、数量、运行机制等有着严格的限制,并且创业投资的特性决定了其在缓解资本缺口方面的作用有限。③创业投资通常在所投资企业运营一段时间后通过投资的公司上市而置换出原始的投资。在持有一段时间的企业股票之后(通常为5年左右),创业投资将股票上市作为其投资退出的出路。这样创业投资所要投资的企业通常在较短的时间内有较高的成长性,并有极其严格的选择条件限制,这就使大多数中小型高新技术企业被排除在创业投资的视野。④创业板市场门槛过高,目前内蒙古自治区仅有1家(截至2012年底)创业型企业实现了上市融资,但更多的创业型企业等待进入,难以满足科技型企业的资本需求。

(2)高新技术企业的债务融资缺口。一般来说,高新技术企业规模小,资信度低,可供抵押的资产少,财务制度不健全,破产率高,因而商业化经营的银行认为其风险太高而产生惜贷现象,且由于其所需贷款一般单笔数量不大,频率又高,就使得银行对高新技术企业放款的单笔管理费用高于对大企业的相关费用,出于安全性、盈利性原则考虑,银行就更不愿对其进行贷款。因此,高新技术企业在获得银行等金融机构的债务融资时往往面临着有效的资金需求无法得到满足的问题,即存在着一定的债务融资缺口。即使许多高新技术企业可以提供抵押品或者可以接受较高的利率,仍然无法得到银行等金融机构的贷款。与大企业相比,高新技术企业在获得银行贷款和其他金融机构贷款方面处于明显的劣势。高新技术企业在获得银行等金融机构的债务融资时,通常面临着"信贷配给"问题。"信贷配给"是金融市场普遍存在的一个问题,其主要原因是高新技术企业与银行等金融机构之间存在严重的信息非均衡,且这种信息非均衡远比大企业严重得多。信息的非均衡使得高新技术企业不可避免地产生逆向选择和道德风险。这两种效应都将诱使银行自愿地向任何一种借款人收取更高的利息,以使预期收益最大化。在均衡状态下,将会出现武断的信贷配给,造成一大批与得到贷款的人相同但却得不到满足的潜在的借款人。由于高新技术企业的信息非均衡较为严重,往往成为银行信贷配给的对象,必然造成高新技术企业的债务融资缺口加大,使其无法通过债务融资来满足其正常的生产经营需要。

4.缺乏有利于全社会增加科技投入的经济政策和法律环境

(1)政府在科技创新融资体系中的职能问题。充分发挥政府在科技创新中的作用是基于:科技创新中的研究与开发成果是准公共物品;在高科技企业融资领域中,存在着资本市场失效和信贷市场失效;高科技产业独特的技术经济特点和融资特点需要政府发挥积极作用。因此,政府在科技创新融资体系中的职能主要是制定科技创新优惠政策,建立法律保障系统和信息服务体系等。

在《内蒙古自治区中长期科学与技术发展规划纲要》中的第八部分明确提出了政府在科技创新中的政策支撑和保障措施,这只是比较宽泛的、笼统的指导性纲要,并没有提出具有可操作性的事实细则,因而当前的问题是如何进一步细化并给出政府支撑的有力措施。从目前的政府职能看,主要存在以下几个制约因素:①缺乏健全、执行有效的政府采购制度。国内外高科技产业发展的理论和实践证明,需求拉动是高科技产业化的根本动力。由于高科技产业化具有高投入、高风险,客观上需要有相应的高收益来支撑。一方面,通过政府采购为高科技产业化开辟初期市场,从而促进风险投资和高科技产业发展。另一方面,采取调整收入分配结构的办法,包括对高收入者增加有关税金,健全社会保障制度,帮助低收入者建立良好的收入、支出预期等,能够逐渐改变买方市场消费者的消费结构,从而建立起与风险资本市场和谐发展的产品市场。因此,政府在制定科技产品采购制度时要加大采购的力度,充分发挥政府的职能作用。当前首要的任务是制定财政年度科技产品采购的预算制度,确定政府采购自主创新产品目录,进一步明确采购科技创新产品的实施细则,并配备有效的社会监督机制,向全社会公布。②缺乏科技倾斜投资机制。投资政策是促进国家和地区经济发展、改善经济结构的基本手段,是有效解决高科技产业融资和促进高科技产业发展的基本途径之一。政府对高科技产业的投资政策除了政府采购政策外,还包括政府财政的直接投资政策、财政补贴政策、贷款贴息政策、贷款担保政策等。鉴于内蒙古自治区财政科技投入的比重逐年下降的趋势,财政逐渐向公共财政转化这一事实,应该更多地使用贷款贴息和借款担保的方式,尽可能减少直接投资和财政补贴的方式,这样才能让较少的财政能力发挥较大的效用,同时又可以减少政府直接干预可能产生的负面作用。③缺乏支持有力的税收优惠制度。除了继续加大税前扣除等激励政策外,科技税收优惠政策重点应当实现两个转向:一是从现行的对企业和诸如技术转让、技术咨询等科研成果实施收入优惠转向对具体研究开发和科技成果转化的优惠;二是以企业所得税为主的税收优惠转向以流转税优惠为主。这样做使税收优惠政策针对性强,避免了滥用税收优惠政策的现象。此外,为了促进风险投资的发展,应当对风险投资公司及其投资者实行所得税优惠,对高科技企业实行税收减免。

(2)缺乏有利于发挥科技人才核心作用的用人机制。科技人才核心作用的发挥与他们自身的期望密切相关,在持续的工作过程中,他们拥有较高的报酬期望、较高的个人发展期望和较高的成就期望,因而也决定了科技人才自身发展中的四个显著特点:①更加追求个人发展。②更加追求业务成就,追求工作自主性。他们强烈追求个人价值的实现,渴望获得社会的尊重,喜欢所从事的工作能够给予他们工作自主权,使得他们可以按照自己认为有效的方式进行工作并完成单位交给他们的任务。③更加追求更高的报酬。④更加追求社会价值的实现。因此,如果科技人才在原单位无法发挥出应有的效能,无法实现自己的期望,他们的流失就不可避免,由于科技人才通常具有较强的业务素质和能力素质,人才流失较为容易。

人才流失问题尽管是普遍现象,但在内蒙古自治区经济快速发展的过程中却较为严重,产生这一现象的根源主要是缺乏有利于发挥科技人才核心作用的宽松环境,即无法实现科技人才所要求的较高的报酬期望、较高的个人发展期望和较高的成就期望。而无法实现他们期望的核心问题就是科技投入的不足,如在内蒙古自治区社科基金和自然科学基金项目的经费中,每项的科研经费是1万~3万元,而发达地区同类的科研基金是5万~10万元,相当于内蒙古自治区的3~5倍,由于人才的流失、科技投入不足问题的严重,对内蒙古自治区科技事业的发展带来了极为不利的影响,对实现建立创新型内蒙古自治区战略目标造成严峻挑战。因此,完善创新型人才培养机制、加大科技人才投入力度已成为当务之急。对于高技术人才、专业化高技能人才,应当成为培养的重点,加大扶持的力度。在培养创新型人才的具体工作中要充分发挥组织、人事、科技等部门和企业、科研院所、学校等各方面的职能作用,加强各部门、各单位之间的联系和协作。要建立和完善对创新型人才按业绩定报酬的收入分配制度,鼓励管理、技术、知识等要素参与分配,采用智力要素以期权、股权等形式实现资本化的分配方式,建立科学合理的绩效评价制度,实行科技成果定期评奖和重奖优秀科技人才制度,激发创新型人才的积极性。同时要注意整合科技资源,实行产学研相结合,发挥创新人才群体优势。

(3)科技法律的保障机制缺位制约了科技的自主创新。科技创新是一项系统工程,其各个环节都需要相应的法律规范和保护。另外,科学技术的发展日新月异,新情况、新问题不断涌现,科技创新法也应顺应科技的发展,及时得以创制和修订,以发挥法律对科技创新的整体调整功能。目前有关科技创新的法律和法规(含条例)主要涉及三个方面:①关于知识产权保护的法律;②关于确保各种融资渠道和融资市场发挥作用的法律以及市场维护制度;③关于企业制度以及中小型企业的法律法规。这三大有关推动科技创新的法律法规体系无论在全国还是在内蒙古自治区都并不完善,而且还相当滞后,已经不能顺应现代科技创新发展的要求。就内蒙古自治区地区而言,在国家整体的法律框架内,仅有《内蒙古自治区科学技术进步条例》、《内蒙古自治区专利管理条例》、《内蒙古自治区民营科技企业条例》(草案)以及正在调研的《内蒙古自治区科技园区条例》等几部,这些条例中的较多条款已经不能顺应科技创新的要求,需要做较大的修改。如在知识产权保护方面,由于缺乏知识产权保护的力度,导致一些承担单位重评奖、重鉴定、轻知识产权,成果完成后不是积极采取知识产权保护措施,而是首先发表论文或参加评奖,丧失了取得知识产权的良好时机。与此同时,一些单位在项目申请、立项、执行、验收以及监督管理中没有对知识产权提出相应要求,导致科技成果的知识产权流失。在科技投入方面,由于缺乏对应的科技融资法律法规,致使科技投入得不到应有的保障,这在一定程度上造成了内蒙古自治区科技投入强度弱的局面(R&D经费占国内生产总值的比例偏低、财政科技投入逐年下降、企业科技投入占销售收入的比例达不到要求、金融信贷更加不足),也导致政府投入没有明确的投资重点和领域,对科技创新活动起不到应有的宏观引导和调控作用。

(4)缺乏有利于各类科技中介服务机构发展的运行机制。科技中介服务机构(Sci-tech Intermediating Organizations)是指为科技创新体系提供社会化、专业化服务以支撑和促进科技创新活动的机构,它是区域创新体系的重要组成部分,主要承担与科技创新直接相关的信息交流、决策咨询、资源配置、技术服务以及科技鉴定等职能,能够有效降低创新成本、化解创新风险、加快科技成果转化、提高整体创新功效,在政府、各类创新主体与市场之间的知识流动和技术转移中发挥着关键性作用。就内蒙古自治区目前科技中介服务机构发展而言,存在的问题主要有:①没有一部正规的关于科技中介机构组建、管理、发展和保障的法律法规规定;②公办色彩浓重,私营科技中介机构少;③没有足够的鼓励和保障科技中介服务组织发展的专项资金,地方政府缺乏财政预算支出;④科技中介机构的专业性不强,中介机构自身发展缓慢使得大多数人员多为兼职人员,专职人员少,没有专门的资质认证,没有一支专业的科技中介管理的领军人才队伍;⑤科技中介机构缺乏权威性,发挥的作用和所创造的社会效益和经济效益不明显。内蒙古自治区科技中介服务机构因缺乏良好的激励机制和资金投入机制导致科技服务人员的人才断层,即年轻化的高学历科技人员较少、中年以上且学历较低的人员较多,虽然人员技术职称层次较高,但专门的咨询知识、技能及创造性十分缺乏,市场观念、系统观念和实践能力不强。运行机制的缺陷造成了内蒙古自治区科技中介服务机构的队伍老化、人员知识狭窄、从业人员专业结构不合理,已严重制约了承接跨学科、综合性项目能力的提升,科技中介服务水平和质量满足不了市场需求。

三、内蒙古自治区创业投资发展对策——政策设计

创业投资的产生和发展,是以市场经济高度发达为背景的。高度的创业信用、高度的风险承担理念、高度的创新氛围、高效的资本市场运作、高度的金融创新、多元化的金融机构和组织、知识产权有高度保障的科技市场、高度肯定知识产权股份的经济期权激励、高度发达的中介评估服务体系,等等,这些条件是新兴产业发展所必需的。创业投资促进科技成果转化,推动高技术产业发展,是社会科技经济一体化发展进程的客观必然。

(一)内蒙古自治区创业投资财政政策设计

1. 财政政策设计

财政政策主要采用预算编制、预算拨款、政府采购、税式支出、财政投融资、补贴、社会保障、政府奖励等措施,建立相应的财政支持体系,引导创业者在技术密集型、劳动密集型等领域进行创业,尤其是对高科技领域的高端创业活动给予更多的鼓励、支持和保障。财政政策的激励方向包括:前端激励,即对所有从事创业投资活动的产业均给予税收优惠,这有利于扩大创业投资数量;后端激励,即仅对取得成功的创业投资活动提供税收优惠,这有利于提高创业投资的质量。具体来说,政府在编制国家预算时,合理安排财政支出,加大科研投入,利用预算拨款,建立和完善新兴产业的财政投入机制,提高政府对新兴产业化的供给能力;通过对创业企业及新兴产业实施税收优惠、减免,减少创业成本,降低经营风险;通过规定政府采购中新兴产业中的企业采购比例,确保创业中的企业在政府采购及合同中获得公平

竞争的机会和相对平等的竞争环境；通过完善社会保障体系，为创业者提供相对良好的社会保障，减轻创业者的后顾之忧；通过政府奖励，强化社会对创业者的肯定。

2.税收政策的优惠措施

创业企业尤其是新兴产业创业企业具有高投入、高风险、高收益的特点，在创业过程中面临着巨大的市场风险、开发风险和技术流失风险等。应站在有利于创业企业诞生、培育、发展的角度，专门针对创业企业制定以减轻负担为主线的税收优惠政策：①对所得税的减免。创业企业发展初期（3年以内）可以免征所得税，可以进行盈亏相抵和再投资抵免；可以大幅度提高成长期中小企业、高新技术中小企业所得税的免征额，或对其所得税进行减半征收；可以对中小企业所得税采用优惠税率，以切实减轻中小企业的所得税负担税。②对增值税的减免。中小企业尤其是小规模纳税人在创业起步期和成长期可以采用增值税免征或适用税率减半的减税；对创业企业和高新技术企业的固定资产购置进行税前扣除，降低增值税计税额。③对营业税的减免。对创业企业和高新技术企业可以进行营业税免征，可以将营业税的起征点改为免征额，也可以调高营业税的免征额。④对关税的减免。取消创业企业和高新技术企业出口退税企业类别的限制，按照统一退税标准退税，提高退税力度。⑤加速折旧。对创业企业和高新技术企业提高其购置生产设备的折旧率，加速其折旧，降低中小企业所得税。⑥对创业投资所得的减免。降低资本利得税率，针对低收入地区的创业投资进行鼓励，对其投资进行所得税的税收抵免。⑦针对科研成果的所有者。在转让成果环节，针对企业技术转让或与之密切相关的活动如技术咨询、技术培训等所获收入免征营业税和所得税；针对个人技术转让所得进行个人所得税税额减免或优惠税率政策，让科技成果研发人员得到更多实惠，调动其科研积极性。⑧针对科研成果的购买者。允许将购买科研成果的费用进行增值税税前抵扣，对应用购买的科研成果取得的收益给予所得税优惠，激发市场上科研成果购买热情。⑨对税收优惠环节的调整。将只针对直接生产环节的优惠转向研究开发环节优惠为主兼顾生产环节优惠，将只针对生产贸易企业优惠调整为针对创新和产业化支持体系优惠，将商业性研究开发税收优惠作为发展高新技术产业的重要手段，推动科研成果的商业化。

3.财政资金资助创业项目

由于创业活动本身具有高风险性和收益的不确定性，所以大多商业资本不愿投入。资金在创业者进入市场过程中具有关键性的意义，因此财政资金发挥其作用显得十分有必要，先期财政资金的支持将直接改善创业者在进入过程中所拥有的资本资源禀赋，这有利于激励更多的创业活动发生。以创业项目为对象进行资助的政策多用于高新技术领域,可以极大地激励高新技术领域内创业者的进入活动,资助政策的激励效应、示范效应显著。所以,财政资金资助目标群体的范围可以适当扩展,使受到财政资金支持的目标群体更具有普遍性,以激励更多的人们去选择从事创业活动。在具体支持方式上,基于公共资金的有限性和激励效果考虑,无偿资助应该只作为其中的方式之一,还应该综合使用有偿资助、低息贷款、财政贴息等方式。可以对创业企业以及中小企业的研发经费进行一定比例的财政补贴,如法国规定对中小企业的研发经费可通过财政补贴其投资的25%;可以通过政策性金融机构提供无息贷款,如法国政府提供偿还期为15~50年的20万~30万法郎无息贷款;可以通过一些私人金融中介机构如小企业投资公司等,将政府财政资金以优惠贷款的方式提供给创业企业,如美国、日本等国;可以免费或低价组织中小企业到国外参加各种展览,组织中小企业代表到国外做实地考察,通过驻外使馆的经济参赞为中小企业联系外商等,进行一些间接、隐蔽性的补贴。

4. 政府采购

在市场经济体制下,政府作为一个经济主体,是整个市场上购买力最强的买家,其集中性的采购能在一定程度上引导整个社会生产和消费的发展方向。很多国家为支持创业型中小企业扩大国内市场份额,都制定了针对创业型中小企业的政府采购支持政策。如美国政府在进行采购时,把包括军需物资在内的所有物品采购按一定比例分配给中小企业;韩国也规定,政府必须优先购买实行"性能认证"和"性能保险"的中小企业产品,以利于提高中小企业商品的市场竞争力,扩大其销路;在英国,为支持中小企业获得政府采购,政府编制了《中小企业参加政府采购活动手册》,对中小企业进行全方位的指导。

5. 财政科教支出

财政资金对科学事业和教育事业的发展起着至关重要的作用,科教事业的持续健康发展不仅可以提升全社会的科技水平,促进科技进步,而且能够培养高素质、高技能的创业型人才,提高劳动力素质。为此,建立地方财政科技投入的长效机制,确保财政资金投入的可持续增加,建议财政科技投入在财政支出中的比例以每年不低于2%的比例加以拨付,并以每年不低于GDP的增幅而增长,确保财政科技投入的增长幅度超过财政经常性收入的增长幅度,为促进创业型经济发展、促进创业型社会建设提供强有力的经费保障。

6. 创业补贴和社会保障

创业初期是创业者面临困难最多的时期,不仅事业发展方面困难很多,来自生活方面的压力也不容忽视。增加必要的补贴和保障,对创业者来说十分必要。比如,鼓励创业者进行创业活动,在创业初期对创业者给予创业补贴,减轻创业者初创期的生活负担,为其创造相对宽松的环境。对创业者来说,创业是一项高风险和不确定的活动。创业失败不同于工作失业,在创业中,创业者可能投入了全部的家当和心血,一旦失败会影响到创业者的一生,并且对后继者产生负面影响。因此,为创业人员提供相对优惠的生活保障,在一定程度上解除创业者的后顾之忧,无疑也是影响他们创业的一个重要因素。比如,在创业初期缴纳社会保障"三金"、"五金"时,采用较低的个人缴纳比例享有同等的社会保障待遇,等企业发展处于稳定期,创业人员再按照正常标准缴纳"三金"或"五金"。对曾经创业但由于种种原因失败的创业者,国家可以给予一定期限的创业补贴,缓解其生活压力。

(二)内蒙古自治区创业投资金融政策设计

促进创业的金融政策仍然是创业政策的重点。资金来源是困扰创业型经济发展的最大问题之一,在创业过程中知识、技术固然重要,但要把知识、技术转化为生产力,必须通过资金成立公司、雇用员工、开展生产组织管理活动和技术创新活动。金融政策工具又分直接融资政策和间接融资政策。在直接融资方面,完善创业板市场、中小企业板市场,降低创业企业上市门槛;规范民间融资,引导民间资本进入创业活动中来;引导创业投资流向,鼓励天使投资、风险基金、私人股权基金等进入创业领域,消除高技术创业企业发展的资金"瓶颈"。在间接融资方面,主要采用创建中小企业贷款银行、低息贷款政策、财政贴息贷款政策、小额贷款政策、投资担保政策、创业企业贷款担保政策等,增加创业者融资机会,降低创业者融资成本,提供金融支持。

就内蒙古自治区而言,应采取以下金融政策:

1. 政策性银行金融配给和商业银行信贷支持的政策措施

(1)政策性银行的信贷资金具有政策导向作用,它的市场定位就是按照政府的政策导向进行投融资活动,是以政府的经济政策或意图作为业务活动的根本依据,其融资准则具有明显的非银行性,一般不与商业银行进行同业竞争,主要从事具有较高金融风险的投融资活动。因此,政府应当积极与国家开发银行内蒙古自治区分行协商,充分发挥政策性银行功能,加大对新兴产业的信贷支持力度,在高新技术企业的种子期和成长期的早期阶段提供信贷支持,或通过提供担保、信托、参股等方式进行融资,进一步推动本地区的产业结构升级,充当高新技术企业产业化的助推器。

(2)更新国有商业银行的经营理念,通过金融制度创新,拓宽新兴产业企业的融资渠道。基于新兴产业企业与银行存在信息不对称的客观事实,商业银行应建立信贷风险的动态评估体系,并专门成立科技信贷部,对科技企业的创新能力、创业者的全面素质、企业的经营计划等关键要素进行动态跟踪评估,阶段性地预测企业未来的成长能力、盈利状况和风险等级,并通过金融产品创新加以支持:①建立全新的无形资产担保抵押方式,以知识产权、股权、产品品牌和技术成果等作为抵押以提供信贷支持,并积极开展网上联保方式争取信贷资金;②开展透支和贷款承诺业务,通过类似于远期合约的形式加大对中小型企业的授信贷款业务;③大力发展资产证券化和信托业务,加大对新兴产业在节能环保方面的信贷支持。

(3)大力发展和完善内蒙古自治区地区的中小金融机构,是解决中小科技型企业融资难的根本出路。主要措施:①通过金融资源整合,大力发展中心城市商业银行,并以政府控股的股权结构制定具有政策导向的科技信贷机制;②加强对交通银行、招商银行等股份制商业银行的政策引导作用,通过建立信贷风险补偿机制加大对科技信贷的支持力度,并积极拓展金融市场宽度,大力吸引外资和区外的股份制商业银行入驻内蒙古自治区地区;③组建以政府为背景的内蒙古自治区科技投资公司,吸引各大商业银行、证券公司、保险公司、各类财团和战略机构投资者积极参股,重点对关系到内蒙古自治区新兴产业中的高科技项目进行投资和管理;④积极探索发展一批中小型民营银行(也可以以投资或财务公司的名义命名),以满足民营中小型企业融资的需要。

2. 大力发展内蒙古自治区产权交易市场

内蒙古自治区现有的产权交易中心和矿产资源交易中心,因其规模小、发展滞后、透明度不够等因素未能发挥应有的作用,因而积极扶持和培育产权交易市场及场外融资中介机构的发展,促进上市及拟上市公司的股权流动和合理重组,提高上市及拟上市公司资产质量和使用效率,活跃证券场外交易市场,以促使科技型企业的产权转让和股权交易。建议在政府的干预下,认真研究内蒙古自治区地区的产权交易发展状况,充分应用现代科技和网路上的便利,通过资源整合和发展壮大实现产权交易中心的规模化和信息化运作。

3. 建立创业企业信用担保长效机制

(1)鼓励发展民营担保机构,组建创业企业互助担保基金。民资担保机构是指由民营企业出资举办成立的、面向民营企业的担保机构。自治区部分担保机构的建设资金几乎全靠财政提供,主要来源于地方财政资金,普遍存在着资金来源单一的问题,由此引发的行政干预过强等政府失灵现象在所难免。另外,政策性担保机构的最终目的也是在于引导社会资金向创业企业流动,而通过政府资金的引导作用吸引其他社会资本补充担保机构的资本金,建立民资担保机构,组建创业企业互助担保基金则能够解决类似的问题。目前在内蒙古自治区的担保机构中,民资担保机构数量少,担保额度所占比例小。民资担保机构具有广阔的发展空间,它能充分调动民间游资的积极性,真正引导部分民间剩余资金流入创业企业担保体系。为此:①成立以政府为背景、各类金融机构和企业参股的创业企业信用担保机构,专门从事对创业企业的信用担保业务;②成立由各类创业企业(可形成联保关系)和金融机构等共同参股的担保机构,政府成立再担保机构;③组建的担保公司必须履行尽职调查职能,对自治区所有的科技创新企业实施全面评估,并建立企业科技研发信息库,建立科技创新风险动态评估体系,动态实时监测。

(2)加大银行与担保机构之间的调配合作力度。信用担保是一个专业性很强的高风险行业,担保机构在放大担保资金倍数的同时,也放大了资金的风险。尽管信用担保机构事实上扮演了风险承担者的角色,承担了大部分甚至全部贷款的连带清偿责任,由此银行贷前的企业经营状况调查和资信审查标准就会降低,银行相应的监管积极性和监管力度也会下降,导致企业的积极性下滑,最终银行承担的风险也会加大。为了建立有效的风险分散机制,创业企业信用担保机构要与协作银行明确责任分工、担保资金的放大倍数、担保范围、责任分担比例、资信评估、违约责任、代偿条件等内容,在多方面进行深度合作。在分担风险方面,按照国际惯例,在对中小企业贷款时,担保机构为贷款的 70%～80% 提供担保,银行则承担 20%～30% 的风险,双方为中小企业提供金融支持并实行风险共担。另外,在开展中小企业信用担保业务时也应将银行的授信审查与担保机构的信用担保审查互补性地结合起来,降低对贷款企业情况重复评审的成本,以降低担保风险和银行风险,保证中小企业在最短时间内获得贷款。

4. 建立社会化、市场化、多元化的科技投入体系

(1)以种子基金等方式,实现直接经费资助。创新型企业要经历种子期、创业期、成长期、扩展期以及成熟期五个阶段,在种子期、创业期,企业较难获得商业资金,其资金来源一般是创业者个人及其亲友借款,在用完这部分资金之后,企业难以为继,技术转为产品的过程往往会夭折,这时政府对企业的直接经费资助就显得尤为重要。政府目前设立了创新基金等种子基金,内蒙古自治区应该设立创新基金引导性地选择一些新兴产业,对这些产业中的科技企业进行重点扶持,在选择直接资助的企业时要引入专家评审机制,同时要严格监控企业对经费的使用情况,确保资金被应用到技术的研发、转化过程中。

(2)以创业引导基金等形式,通过杠杆作用带动社会资本投资。创新型企业的

发展,特别是创业期的发展,光靠企业自身以及政府资金的投入是远远不够的,必须引导社会各方面资金的参与。政府可以以参股的方式投入到市场化创业投资基金中,强调一定的政策性和引导性,但同时不直接干预投资基金管理机构的日常经营,不干预其正常投资决策,确保其按照市场机制进行专业化运作,充分利用专业机构的项目识别能力和资本运作能力,选择有发展前景的企业和项目进行投资。同时政府资金在投资基金中优先承担风险,最后分享利润,从而通过杠杆作用引导社会各方面资金的大量投入。

(3)鼓励银行向科技创新型中小企业发放贷款。银行贷款是企业间接融资的最主要途径。商业银行现有的机构设置、贷款权限设定、客户评价、债项评价、内部考核等都有利于大企业,造成贷款集中于大企业。其实这对银行本身来说,也是一种风险,在由美国次贷危机风波引起的全球性金融危机中,美国出现了一些传统的大企业倒闭、关停现象,导致商业银行出现大量的不良贷款和银行倒闭。而从目前情况来看,一些注重科技创新的企业受到的冲击则相对要小得多。因此政府鼓励商业银行向科技型企业贷款,既有利于科技的发展,也有利于银行降低贷款过于集中所带来的风险。要引导银行加强与科技型中小企业的交流,深入了解科技应用,提高对科技项目的风险识别能力。在贷款担保形式上,可以根据科技型中小企业特点,深化知识产权质押、企业信用贷款等创新贷款担保方式。在政策措施上,针对银行给予科技型中小企业的贷款,可以考虑在存贷比、存款保证金率、税收等政策上对银行进行适当倾斜鼓励,以提高银行的贷款意愿,支持科技型中小企业的发展。同时政府可以在有条件的区域探索设立科技发展银行,对科技型中小企业进行专业化的银行贷款支持。

(4)通过机制创新,多渠道吸引民间资本介入新兴产业领域:①建立以企业为主导的产学研一体化创新机制,实现技术、人才、资金和经营管理的最佳组合。在产学研一体化过程中,可吸引社会资本参与共建实验室、共建工程技术研究中心和高新技术经济实体等,实现科技创新的开放流动和竞争合作的新机制。②在设立内蒙古自治区创业投资基金或设立内蒙古自治区创业投资基金中,政府可以发行受益凭证或以入股的方式向社会资本开放,建议尽快设立内蒙古自治区区内外大学生创业基金,鼓励民营企业介入。③放宽民间科技类中介机构市场准入门槛,鼓励民间资本进入创业服务领域。④通过税收减免和政府补贴等方式,鼓励民间资本设立各类创业投资公司,全面培育内蒙古自治区地区的风险投资家。⑤尽快制定相对应的法律法规,从法律上保护民间资本的权益。建议尽快出台具有可操作性的《内蒙古自治区创业(风险)投资实施细则》,大力发展社会化、市场化、多元化的内蒙古自治区地区私募股权基金(PE或VC)。

(三)内蒙古自治区创业投资激励机制政策设计

从国内创业投资机构的发展状况来看,我国的创业投资机构主要有四类:一是地方财政全额出资设立;二是地方政府与国有企业共同出资占主导设立;三是上市公司或大型企业创办的创投机构;四是由民营企业或个人发起成立的民营创投机构。就国内创业投资机构发展的总体特点而言,创投机构不仅总体规模偏小,而且作为创业投资领域的微观个体——单个创业投资机构的资本规模也普遍偏小,且机构内部运行效率也存在一定的问题。因此,应从创业机构外部和内部两个方面采取激励措施,来促进内蒙古自治区新兴产业创业投资机构的发展。

首先,从创业投资机构的外部层次,一方面,应该出台相关的法规、条例、办法等,积极组建地方政府全额出资设立、地方政府与国有企业共同出资占主导设立的专门针对新兴产业行业的创业投资机构;另一方面,根据区内发展良好的上市公司和大型企业的状况,鼓励其创办专门投资于新兴产业的创业投资机构。此外,可通过政策优惠等措施鼓励由民营企业或个人发起的创业投资机构的创立。

其次,从创业投资机构的内部层次,一方面,要继续探索有益于创业投资机构发展的内部组织形式和运作方式;另一方面,要进一步实际调查已有投资机构现实运行的效率,探索有效激励投资机构内部各层次人员工作的具体措施。如在创业企业内部,可实施全员股票期权政策,并逐步完善创业企业内部动态持股制度等。对于创业投资经理人可能出现的逆向选择和道德风险,也只有实施业绩考核、加强决策监督才能减少这等行为的发生。具体来说,可以采取以下一些方式来激励和约束新兴产业创业投资机构内部的高效运作。第一,主要经营者实行专家聘任制,约定聘期,给予相应待遇,并制定业绩考核方法。对于一些重大投资项目的决策,创业投资公司有必要通过董事会来协助基金管理人做出决策。还需要建立与公司资产增值直接相关的经理人员的回报制度,可以有效地对经营者进行考核。第二,要建设信息披露制度,对有关基金运行的财务状况以及受资企业的发展情况、发展前景等则通过信息披露制度进行反馈。第三,可以参照优先合伙制基金,引入阶段化投资机制。在基金经营过程中,公司股东可以根据基金管理人的业绩表现停止或继续对公司制基金的跟进投资。管理者想要不断地募集新的基金,就要努力保持和提高自己的信誉。成功的业绩是基金管理者能力的信号,因而在管理者聘期中,以信誉构成了一个有效的约束机制。

此外,为确保创业投资经理人能长期有效地进行投资工作,应该设立符合市场规律的基金管理人激励机制,也就是要将基金管理人的报酬和经营业绩直接挂钩,刺激基金经理人选择优质的投资项目,做出良好的经营业绩。如可以以实现合同的形式规定管理人因其投资管理失误造成重大损失时,在其薪资中扣除一定比例的投资损失,有效控制经理人投资的风险(建议设立投资损失补偿金)。另外,由于创业投资的周期比较长,为了防止经理人被短期利益所引诱,促进其专心于创业经营,创业投资基金有必要引入期权激励形式,根据其表现奖励给一定的基金股份。此外,公司制创投机构可以参照优先可获知投资机构的做法,将管理费用打包,并与管理人员的业绩挂钩,使管理费用的支出合理化。在对创业投资基金的投资方面,公司股东采取前面提高的分阶段投资,不仅可以约束公司经营者的行为,也可以减轻资金压力。

(四)内蒙古自治区创业投资运作模式政策设计

1. 政府引导基金支持战略性新兴产业发展简况

为加快推动新兴战略性产业的发展,提升自主创新能力,国家发展改革委、财政部启动实施新兴产业创投计划,首批与北京、吉林、上海、安徽、湖南、重庆、深圳7个省市合作,发起设立了20只创业投资基金,主要投向电子信息、生物医药、新能源、节能环保等国家鼓励发展的高新技术产业,重点扶持处于初创期、成长期的创新型企业和高成长性企业。

(1)北京市创新股权投资基金新模式。为加快培育战略性新兴产业,深入推进科技金融结合,北京市科委与北京银行于2010年2月8日在京签署"全面推动'科技北京'行动计划暨生物医药产业发展战略合作协议"。同时,北京市金融工作局确定了"1+3+N"的发展模式以吸引PE在京发展。"1+3+N"模式中,"1"代表政府引导基金,"3"表示三只产业基金,"N"代表多家创业投资企业。北京市政府引导基金总规模100亿元人民币,在该政府引导基金下设立三只产业投资基金,涉及科技、绿色和文化创意等领域,这些产业投资基金将与优秀的股权投资管理公司合作,设立多只股权投资基金。

(2)上海市新兴产业创投基金。上海市设立了集成电路设计、生物医药、新能源、软件和信息服务、新材料5只新兴产业创投基金。这5只国家级创投基金基本覆盖了上海市新兴产业的主要范围,按创投领域每个项目平均1000万元投入,5只基金可投资200多家企业。

(3)深圳市战略性新兴产业投资基金。深圳市设立了规模达180亿元的战略性新兴产业发展专项资金,先后组织实施了九批以互联网、生物医药、新能源、文化创意、新材料和下一代通信技术等新兴产业发展规划。至2012年,深圳战略性新兴产业发展专项资金共扶持项目3119个,扶持资金约53.7亿元,战略性新兴产业规模达到9948亿元,增加值约2916亿元,占全市GDP的比重达25.4%。

(4)广东省战略性新兴产业投资基金。"十二五"期间,广东省财政每年新增安排20亿元,共100亿元,重点支持引导发展战略性新兴产业。为拓宽资金渠道,广东省争取国家支持,募集设立若干产业投资基金,与国家有关部门联合建立新兴战略性产业创业投资基金。面向战略性新兴产业重点领域,广东省已经先行设立产业投资基金。2009年12月广东省成立总规模为50亿元人民币的"绿色产业投资基金",投资支持广东省内运用合同能源管理模式进行的节能减排项目。

(5)天津市战略性新兴产业股权投资基金。天津市充分利用金融改革创新先行先试的政策优势,积极推动股权投资基金加快发展,已初步形成股权投资基金聚集的态势。2006年,天津市获得国务院批准设立首只产业基金。天津市战略性新兴产业将面向软件及高端信息制造、绿色能源、先进制造业、生物技术和现代医药、现代服务业等领域,股权投资基金在较为完善的市场环境和外部条件的促进下,助推战略性新兴产业跨越式发展。

2.内蒙古自治区创业投资运作模式选择

(1)创业投资运作的定位。政府性创投是为了弥补市场失灵,即用政府的力量推动科技型企业的发展,从而促进企业自主创新实现产业升级。无论是政府出资建立国有独资创业投资公司,还是设立政府创业投资引导基金,目的都不是与民营风险投资争市场夺利益,而是要克服单纯通过市场配置,解决创业投资资本市场缺位与市场失灵问题,即对民间风险投资公司因其高风险性而不愿轻易涉足的尚未体现商业前景的创新项目,以及虽初步显现商业前景但风险仍然较大的处于种子期和初创期的创业企业,因缺乏资金、开发平台等载体严重制约其发展,此时由政府介入投资予以直接或间接的扶持,促进企业高科技项目创新发展。如果当社会资金投资于创业投资领域已很充分,或者高科技项目已处于成长期,制约企业发展的瓶颈已消失,此时政府性创投资金就应适时功成引退。因此,内蒙古自治区建立创业投资公司应定位在:营造创业发展环境,不以经济效益而以追求社会效益为主要目标,大力扶持高科技,实现新兴产业化发展,推动地方经济结构转型和实现产业升级。

(2)创业投资体系的选择。从北京、山西、陕西等地市实践看,均按照各自特点,选择符合创业投资内在需求的发展模式。分析内蒙古自治区的经济社会事业现状,发展创投条件与这些地区存在一定的差距,譬如经济发展总量、地方财力、潜在高科技项目、城市规模及对归国留学人员吸引力等,不可能与发达地区相比,内蒙古自治区地位也决定了难以大量吸引民间创投公司落户,也没有可以由创投公司大量投资高科技项目的市场资源,因而不能照搬北京等地的产业基金做法。比较现实的做法是现阶段通过建立政府独资的国有创投公司(多元化的股权投入模式),实施对新兴产业的高科技项目有偿投资支持为主要模式,扶持高科技项目产业化成长,对尚处于研发状态的高科技项目选择"种子资金"无偿支持模式。

(3)创业投资运作的实施。基于上述分析,发展内蒙古自治区地区的创投事业可分两步走,第一步由地方政府财力出资设立国有独资或控股的创业投资公司,依托创投公司载体直接投资支持高科技创业项目和企业。今后创投公司运作有了一定基础,视财力许可及创投发展与市场需求,可探索设立多个政府创业投资引导基金(自治区级一个、"呼包鄂"各一个),吸引民营创投公司从事创投事业,发挥财政资金杠杆放大效应,更有成效地支持创业创新。第二步是通过前一个载体来实现引导功能,但在具体操作上可以将两步结合起来考虑:①跟进投资。跟进投资就是与社会创业投资机构共同投资符合产业导向的企业或项目。引导基金按社会创业投资机构实际投资额30%以下的额度跟进投资,每个项目原则上不超过1000万元。若投资项目成功,引导基金按不低于同期银行贷款利率计算投资本息,享受固定收益。若投资项目失败,则与社会创业(风险)投资机构同比例承担亏损。②阶段参股。阶段参股就是向社会创业投资机构投资,并在约定时间内退出,主要支持发起设立新的创业投资公司。引导资金参股比例最高不超过新设创投机构实收资本(出资额)的25%,且不成为第一大股东。同时约定新设创投公司按不低于80%的比例投向内蒙古自治区地区的项目或企业,且50%以上的资金须投向种子期、初创期的企业或项目。引导资金参股期限一般不超过5年,所形成股权,其他股东或投资者可以随时购买。在3年内购买的,转让价格按不低于引导资金原始投资额确定;超过3年的,转让价格按不低于引导资金原始投资额与银行同期贷款利率之和确定。

3.内蒙古自治区创业投资运作模式政策对策

(1)放宽引导基金的投资运行限制,吸引大量优秀的创业投资管理团队。引导基金的运行模式大体具有三大特征:①引导基金多是由地方财政出钱,挂在地方财政厅或者是财政投资公司名下;②由于引导基金的"地方—财政"性质,在进行"引导"前一般会提两种要求:一是要求基金注册要在本地,二是约定所募资金多大的比例投资于本地;③引导基金投资较分散,其承诺的最高投资比例一般仅20%~30%。上述这些特征使得引导基金投资决策带有明显的行政色彩,如果对投资区域和行业限制不合理,就会导致优质企业和优质项目的缺乏,从而降低子基金的投资效率。因此,为了更好地推动创业投资业的发展,尝试建立放宽或者打破地域限制的创业投资引导基金,地方性创业投资引导基金也应逐步弱化地域限制。

(2)正确协调政策性目标与商业性目标的关系。政府在设立引导基金之初便具有一个较强的政策导向,设立政府引导基金的意义重在"引导"二字。但是,在实际运行过程中,内蒙古自治区政府设立的引导基金是基于股权投资的背景下存在隐形的利益驱动,这就丧失了政府设立引导基金的意义。如果只是为了追求资本利益的最大化,就不应该使用财政资金,因为这是不符合公共财政资金的使用性质的。在内蒙古自治区创业投资发展的初始阶段,如果赋予引导基金太多的政策性目标,就会导致受托管理子基金的管理人不堪重负,难以保证取得较好的运行效果。尤其是在目前创投市场还很不成熟的条件下,如果过多地给引导基金强加一些政府目标,很可能就会事与愿违。为了推动创业投资业的发展,引导基金应考虑设定适度的政策性目标。比较可行的途径是将政府的目标进行分解,在不同的基金中实现不同的政策目标,或者只设立单一的政策目标(如引导民间资本进入创业投资业或引导创业投资资金流向)。

(3)完善引导基金的管理模式,建立有效的内部管理机制。引导基金作为一种政策性创业投资基金,应当首先突出其政策性目标,同时还应避免其单纯的盈利性冲动。为了既确保政策性目标实现,又保证在选择拟支持子基金上的科学性和专业性,引导基金不能像商业性创业投资引导基金那样,由受托管理机构自行决策,而只能采取"专家评审委员会独立评审和引导基金理事会决策"相结合的方式。但是,如何保证专家评审委员会独立评审的专业性、科学性以及公正性,还有赖于相关评价体系和相关制度的不断完善。

(4)提高管理机构的专业投资能力,降低引导基金的操作性风险。政府引导基金实际上是一个母基金,即"基金的基金"。作为管理母基金运作的机构,必须要具备一定的专业投资能力,因为选择基金管理人并对基金结构进行设计是引导基金成功运行的关键所在。如果管理机构不具备这样的专业投资能力,不仅无法识别有能力的基金管理人,而且也无法设计和制定基金的运行制度。这样,便会出现监管的不到位,最后还可能导致财政资金的血本无归,从而给引导基金的运行带来更大的风险。

(五)内蒙古自治区创业投资社会组织政策设计

创业投资是由资本市场、项目市场和股权交易市场有机结合,并辅以市场媒介即中介机构和市场环境的大市场体系。其中资本、项目和股权交易三个主体市场是基础,而连接主体市场的中介机构则是关键环节。所谓中介组织就是以专业知识为市场主体服务的人员和机构,发达国家创业投资发展的经验表明,创业投资的健康发展离不开中介机构,中介机构是创业投资业发达与否的重要标志之一。

一般来说,为创业投资服务的中介机构大致可以分为一般性中介机构和专门性中介机构。其中,一般性中介机构主要有投资银行、会计审计师事务所、律师事务所和仲裁机构、资产评估机构、保险公司等,专门性中介机构有科技中介组织、创业投资行业协会、标准认证机构、知识产权估值机构等,其主要功能是提供技术支持、建立信息网络、企业发展战略策划、资产评估等。从发达国家中介机构发展的成功经验来看,发达国家中介服务机构的建立和发展,普遍具备良好的外部市场经济环境与发达的基础配套设施,而且整个服务体系各环节与衔接都较完善,从而为中介服务机构执行其职能奠定了积极的社会基础保障,除此之外,政府为中介机构的规范发展也提供了大量的政策、资金方面的支持。

就内蒙古自治区创业投资发展的现实状况来看,我们应采取以下几方面的政策来改善创业投资的社会组织状况,为创业投资的发展提供良好的发展环境。

1. 政府资助设立中介机构

在国外,科技等重要领域的官办中介机构是整个中介机构体系中不可或缺的组成部分。就内蒙古自治区的现实状况而言,这方面的官办中介组织还相对缺乏,政府应该加大资金、人力、资源等方面的投入,增加官办中介机构的发展。在这些官办的中介机构中,可以成立诸如中小企业发展中心、出口援助中心、企业信息中心等机构,为新兴产业行业的中小企业提供生产、营销、金融、人力资源、工程等科技服务。此外,政府还要积极鼓励区内大学和研究机构创办社会中介组织。如在大学中建立技术转让办公室之类的机构,以促进大学和研究机构研究成果的产业化。

2. 成立内蒙古自治区创业投资协会

通过创业投资协会的作用,来促进内蒙古自治区创业投资的发展。协会可由从事新兴产业、创业投资、投资管理、咨询和中介服务企业及金融证券机构、律师和会计事务所、学术机构、创业企业和其他相关企业的人员自愿组成。其宗旨是依据国家和内蒙古自治区的法律、法规,促进内蒙古自治区创业投资事业健康发展,促进国内外创业投资界的合作与交流,落实内蒙古自治区创业投资行业的自律管理,推进创业投资行为的规范化,努力为各会员单位的发展做贡献。

3. 制定社会组织相关的规范和制度

为了保证各类中介机构运行的规范化、服务高效化，政府应在出台必须严格遵守的规范的基础上，辅之以可供参考的规范程序，监督中介组织的成立与运行；政府应根据各类中介组织性质、类型、组织目的特征，制定不同的优惠措施，以更好地使这些中介组织在促进创业投资发展中作用的发挥。如在相关税费、工商管理方面政府可以尽可能地提供诸如财政资金计划划拨、新兴产业创业投资中介组织的专项优惠政策等。

四、内蒙古自治区创业投资政策执行的保障措施

（一）内蒙古自治区创业投资政府职能保障

内蒙古自治区新兴产业创业投资的发展，关键在于服务于新兴产业的科技创新体系的构建，政府既是科技创新体系的设计者、规划者，又是直接参与者。多重的角色与地位决定了政府在科技创新体系建设的不同阶段中发挥不同的功能。在制定创新战略、培育创新主体、构建创新网络、生产公共产品、完善创新环境等方面，政府应发挥主导作用。

1. 加快实施区域科技创新战略

区域科技创新战略是指为促进区域科技创新体系的建立，加快区域经济、社会协调发展而进行的全局性、根本性的谋划，是对区域科技创新体系建设的方向、步骤、阶段、重点等全局性问题的根本性决策。政府既是制定创新战略的决策者，又是执行创新战略的组织者、推动者，应在其中发挥主导性、决定性的作用。首先，政府应该站在地区整体利益的角度，确立创新的战略指导思想。政府始终要肩负着改革的艰巨任务，要完成改革的整体目标，追求经济与社会的可持续协调发展，就必须从整体出发，兼顾各创新主体的利益和创新的各个不同阶段特点，兼顾整体与局部、长远目标与阶段目标的协调，而市场机制不具备这样的功能，其他利益团体也不具备这样的地位和能力。其次，政府有能力承担这样的任务。在市场经济不断建立和完善的过程中，政府权威的确立是推动区域科技创新的保证。政府在着眼于长期成本——收益的基础上，可以对科技战略中的任何决策进行评估并上升为法律、地方条例、政策等制度；也可以通过组织创新，建立有利于创新的组织协调机制，还可以通过政策激励与引导，将稀缺资源向创新战略的指向点集中。最后，政府必须通过制定创新战略来推动区域科技创新体系的建立。在分析影响区域科

技创新的决定因素中,无论是以国家创新体系为指导,还是与区域经济发展战略相协调,都必须通过制定创新战略来落实,这是长远性、全局性和根本性的决策。在宏观战略的指导下,才可能进一步制定中期规划,将区域科技创新体系用规划的方式相对稳定下来,持续执行下去,政府的宏观协调职能才能体现。

2. 加快培育创新主体

培育创新主体,关键是要培育科技创新的主体。要确立企业在技术创新中的主体地位,培育一批具有独立利益要求、自负盈亏的企业法人实体,这也是科技创新的内在要求。在我国转型经济背景下,只有建立了现代企业制度的企业才能够真正追求创新,并且享受创新成果。因此,对于内蒙古自治区欠发达地区而言,尽快培育一批具有现代企业制度的、具有市场竞争力的企业,拥有真正意义上的创新主体,是决定区域科技创新能力的关键。政府应在以下几方面发挥作用:①要加大对国有企业改革的力度,加快国有企业建立现代企业制度的步伐。②要大力发展民营科技企业和科技型中小企业。在当前推进城镇化过程中,内蒙古自治区要充分利用城镇规划布局,着力规划民营科技产业园(区)、星火科技密集园(区)的建设,要把城镇建设与高新技术产业区、民营科技园(区)、星火产业带建设紧密结合起来,通过小城镇建设的优化政策,推动和加速民营科技企业与科技型中小企业的发展。③引进一批大型外资企业集团,特别是要吸引跨国公司在内蒙古自治区建立研究开发机构。④加快科技开发类科研机构向企业化转变,大力发展科技型企业。要推动科研院所转制为科技型企业,发挥其在科技产业化中的骨干作用。鼓励科研机构、高校的科技人员通过兼职等形式创办或参与科技型中小企业。吸引出国留学人员来本区域创办科技型企业,鼓励他们与科研单位或企业合作开发创新项目。

3. 加快构建创新网络

在科技创新体系建设过程中,只培养具有核心竞争力的创新主体还远远不够,真正影响区域科技创新体系运行效率的是能否在各创新主体之间搭建起便利、快捷、畅通的创新网络。这种网络系统,是在区域内企业与企业之间、企业与科研院所、高等院校和行政部门长期合作基础上建立的稳定关系。这样的网络,一方面可以提供比等级组织更为广阔的学习界面,使创新可以在多个层面、多个环节中发生;另一方面,其动态性又使其具有了比等级组织灵活、比市场组织稳定的双重优势,使网络联系成为当前复杂多变的经济环境中各创新行为主体所采用的新型组合与运作方式。区域科技创新网络的构建途径有两种:一种是政府直接搭建交流平台,建立协调机制。科技创新协调机制是联结研究开发、成果产业化等环节的内在激励机制,是企业与高等院校、研究机构之间的协作关系。政府的作用应体现为沟通产、学、研之间的信息,加强科技创新体系各个环节之间的组织协调,促进经济、科技和金融的互动发展。针对计划经济体制造成的条块分割、行业壁垒、科技与经济"两张皮"、基础研究与应用研究两脱离等现象,可以采取建立协调机构、制定联席会制度等方式进行定期协调。另一种是政府通过政策激励、扶持,引导市场发挥作用,自发形成、逐步扩大交流的网络。

(二)内蒙古自治区创业投资政策执行的财政金融保障

借鉴国际经验,有效的金融制度安排是促进创业投资的重要因素。要推动创业投资的快速发展,并逐步形成国际竞争力,构建金融供给长效机制,必须努力构建和完善多形式、多渠道、全方位的创业投资金融支持体系。而创业投资金融支持体系的构建与完善主要集中在发达的金融市场和丰富、高效的金融组织等领域。

1. 强化金融政策支持的力度

金融部门运行的成功与失败有着很深的政策根源,同样,金融支持体系的建立和完善,离不开金融政策的配合与支持。根据金融支持的发展现状和国际经验,我们可实施如下金融政策保障措施:①应逐步放开地方合作制中小金融机构,为创业投资提供多层次的金融支持,为此,内蒙古自治区地区应率先成立自担风险的民营银行(社区银行或园区银行等);②中央银行应该按照有利于新兴产业发展的原则,在确保信贷资金安全的前提下,调整科技贷款的标准、利率浮动范围和管理模式,切实增强金融机构发放科技贷款的积极性;③国家政策性银行应当设立企业科技创新专项贷款,实行最优惠的利率,也可以通过进口信贷和出口信贷等方式,支持高新技术的引进和高新技术企业开拓与占领国际市场;④加强证券市场监管和银行监管,提高政府监管的效率,对新兴产业的项目形成约束机制,提高投资效率。

2. 加快构建多层次的资本市场体系

要通过建立多层次的资本市场体系,形成合理、完善的金融市场结构,为推动新兴产业及时提供充裕的资金支持和监督评价机制。

(1)壮大和完善二板市场。二板市场或创业板市场,通常被称为"高新技术产业的孵化器"、"新兴产业的摇篮"。二板市场对于科技创新发展而言具有特殊意义与价值。二板市场在科技创新相关资源配置的广度和深度上都具有主板市场所不具备的优势。要将二板市场的服务对象设定为科技创新型企业,既包括高新技术企业,也包括高成长性的中小企业。在市场结构方面,分体结构较适合我国国情,不但有利于我国形成资本市场的层次结构和完整体系,而且也有利于不同风险偏好的投资者进行投资选择,是一个较好的发展方向。

(2)确保企业债券市场较快发展。债券融资对于新兴产业中的科技创新企业的好处是,不仅可以改善企业财务状况和资本结构,获得财务杠杆利益,还可以督促企业形成符合国际惯例的治理结构,加速与国际接轨。同时,发达的债券市场还可以为不能上市的中小企业和高新企业提供一条资本市场融资渠道,通过保证资金的到期偿还提高企业的再融资能力。针对科技创新企业的发展需要,应逐步放宽债券发行主体,打破地区界限,扩大发行范围,增加债券种类,实行利率市场化。债券发行应减少政府干预,更多地发挥市场配置资源的作用。改革现有的企业债券监管模式,推行中小企业债券发行核准制,放宽中小企业债券募集资金的使用限制和上市交易限制,在有条件的地区开设柜台交易市场。总之,需要通过改革与创新,发展壮大企业债券市场,为科技创新型企业提供强大的政策保障。

(3)做大产权交易市场。产权交易市场是为新兴产业中的科技项目、科技企业和成长性企业提供技术转让、产权交易和股权融资等服务的专业化非公开权益资本市场,并且以科技创新成果转化为先导,优化资源配置,其交易客体又具有智力资本的特征。产权交易市场的主要功能包括:①创业者的资本市场。即为科技型企业、成长型企业以及高科技成果转化项目提供融资市场,并为创业(产业)投资基金提供私募场所,促进技术与资本的高效融合。②风险资本的退出市场。即使二板市场在我国成功推出后,由于市场规模的限制,每年能够上市的企业估计也极为有限,更多的中小科技企业需要通过高新技术产权交易所来实现风险资本的退出与流动。因此,产权交易市场是风险资本退出机制的重要组成部分。③对二板市场的服务功能。产权交易市场作为创业资本市场的基础部分,可以为国内二板市场以及境外创业板市场输送经过市场净化和检验的优质上市公司资源,促进二板市场的良性发展。

(4)加速科技企业的资产证券化进程。资产证券化就是发起人把持有的不能随时变现的、流动性较差的资产,分类整理为一批批资产组合转移给特殊目的载体,再由特殊目的载体以该资产作为担保发行资产支持证券,收回购买资金的一个技术和过程。资产证券化可以为中小型科技企业的科技创新拓宽资金来源渠道。企业委托金融机构的发起人通过资产证券化出售基础资产,提前收回现金,同时可以相应地缩减负债。此外,资产证券化中的信用增级使证券的信用级别高于原有借款人的整体信用级别,一些信用级别较低而无法融资的中小企业可以由此获得融资的机会,其融资渠道得以拓宽。国家应当为企业提供制度上的方便,为抵押贷款的证券化设立相应的专门机构,同时对信用评级机构进行监督和管理,确保信用评级的权威性和公平性。

3.建立和完善多种金融组织机构

建立和完善多种金融组织,是根据科技创新运动发展规律需要,对金融机构进行设计和优化,并促进金融创新,以更好地履行其服务科技创新的金融职能。

(1)创业投资公司。创业投资公司是新兴产业金融支持的重要载体。从总体上看,内蒙古自治区地区的创业投资资金来源有限,资本结构单一,资金缺口很大,远远不能满足自治区新兴产业发展的需要。目前,保险、养老等各种基金尚未开展创业投资业务,也缺少较多的民间资本进入创业投资领域的渠道和运作保障机制。所以,应尽快解决创业投资的运作、退出与法律保障等机制,逐步形成以民间投资为主体的创业投资运行体系,以动员更多资金尤其是民间资金进入创业投资领域,实现创业资本来源多元化。创业投资公司可以通过定向募集、发行债券、吸收外资等多种形式筹集资金,应允许、鼓励工商企业、银行、信托公司、保险公司等金融机构参股创业投资公司,以壮大创业资本规模。

(2)科技发展银行。世界上许多市场经济国家普遍采用的金融支撑科技创新的方式是建立专门的政策性金融机构。例如,日本的国民生活金融公库、中小企业金融公库,法国的中小设备贷款银行等都是专门为中小企业进行融资的机构,它们不仅为中小企业提供贷款利率比一般市场利率低的优惠贷款,还提供经济信息和专家服务,从事调查、统计和研究活动。美国1983年创建的硅谷银行,就是专门为硅谷新创的、发展速度较快的科技企业服务的科技银行,其"科技创新中心在哪里,我们就在哪里"的发展理念,不仅使其取得了巨大成功,也为硅谷科技企业的兴起和发展起到了重大推动作用。建立科技银行,支持有科技发展优势的城市或地区发展壮大科技企业,对培育科技竞争实力意义重大。建议在自治区首府建立专门为科技企业融资服务的科技银行,不仅为科技企业提供短期贷款,也为高新技术项目发放长期低息特别贷款,还提供管理咨询、技术咨询等服务项目,为科技企业的创新发展提供重要的支撑服务平台。

(3)科技创新产业投资基金。科技创新产业投资基金是通过借鉴西方发达市场经济国家规范的投资基金运作形式发行基金券,将投资者的不等额出资汇集成一定规模的信托资产,交由专门投资管理机构直接投资于特定产业的未来上市企业,并通过资本经营和提供增值服务对融资企业加以培育和辅导,使之相对成熟和强壮,以实现资产增值、利益共享、风险共担的一种金融投资形式。产业投资基金能够较好地满足科技创新型企业在资本支持和经营管理服务上的双重需求,是支持内蒙古自治区科技创新和创新成果产业化,提高产业领域的科技含量,实现经济集约化发展的一条有效途径。

(4)创新信息网络和中介机构建设。创新信息内容包括信息集散子系统、咨询服务子系统、技术中介系统、人才服务子系统、资金服务子系统、法律仲裁服务子系统、技术评估服务子系统等。在创业投资过程中,技术主体和资金主体在大多数领域都是分离的,二者之间的信息不对称是资金无法和技术顺利结合的最重要的障碍之一。要消除信息不对称,建立二者之间的信息网络是最直接最有效的途径。这种信息网络可以以两种形式存在,一种是建立技术信息和金融信息交流公共互联网网络平台,另外一种是通过各种中介建立起来的信息网络。在信息技术比较发达的现代社会,互联网既是科技创新的产物,也是促进科技创新的发展。如果能够在技术所有者和资金所有者之间建立一个随时随地都可以沟通的信息网络平台,他们之间的信息不对称程度也将大大降低。一般来说,技术中介应具备的基本功能有技术信息的汇集和发布、技术质量的鉴别以及内容广泛的技术服务。处于转型时期的中国经济和发达国家相比,市场很不完善,交易中存在着更多的不确定性,这些不确定性不断地转化或加重信息不对称。现阶段国家在发展技术市场中介的过程中,根据我国和内蒙古自治区的实际,重点加强对其中的公共服务体系的支持,建立全区性的能为企业鉴别技术并能提供科技创新全过程服务的权威中介机构。

(三)内蒙古自治区创业投资政策执行的人才保障

1. 加快培养造就一批具有世界前沿水平的高级专家

要依托重大科研和建设项目、重点学科和科研基地以及国际学术交流与合作项目,加大学科带头人的培养力度,积极推进创新团队建设。注重发现和培养一批战略科学家、科技管理专家。对核心技术领域的高级专家要实行特殊政策。进一步破除科学研究中的论资排辈和急功近利现象,抓紧培养造就一批中青年高级专家。同时,要注重培养本土的创业投资人才,并通过各种优惠政策积极引进和培养一批具备金融、保险、企管、科技等方面知识,具有分析处理风险能力的创业投资管理人才。

2. 充分发挥教育在创新人才培养中的重要作用

加强科技创新与人才培养的有机结合,鼓励内蒙古自治区科研院所与高等院校合作培养研究型人才。支持研究生参与或承担科研项目,鼓励本科生投入科研工作,在创新实践中培养他们的探索兴趣和科学精神。内蒙古自治区高等院校要适应国家科技发展战略和市场对创新人才的需求,及时合理地设置一些交叉学科、新兴学科并调整专业结构。加强职业教育、继续教育与培训,培养适应经济社会发展需求的各类实用技术专业人才。要深化中小学教学内容和方法的改革,全面推进素质教育,提高科学文化素养。

3. 支持企业培养和吸引科技人才

鼓励和引导科研院所和高等院校的科技人员进入市场创新创业。允许内蒙古自治区高等院校和科研院所的科技人员到企业兼职进行技术开发。引导高等院校毕业生到企业就业。鼓励企业与高等院校和科研院所共同培养技术人才。多方式、多渠道培养企业高层次工程技术人才。允许国有高新技术企业对技术骨干和管理骨干实施期权等激励政策,探索建立知识、技术、管理等要素参与分配的具体办法。支持企业吸引和招聘外籍科学家和工程师。

4. 加大吸引留学和海外高层次人才工作力度

制定和实施吸引优秀留学人才回内蒙古自治区工作和为服务计划,重点吸引高层次人才和紧缺人才。采取多种方式,建立符合留学人员特点的引才机制:加大对高层次留学人才的资助力度;大力加强留学人员创业基地建设;健全留学人才为内蒙古自治区服务的政策措施;加大高层次创新人才公开招聘力度。

第十章

内蒙古自治区产业发展的投融资体系构建分析报告

按照十八届三中全会决定的精神和内蒙古自治区党委提出的"8337"发展思路,内蒙古自治区社会经济即将进入一个全新的发展时期。当前,内蒙古在持续发展的过程中,经济总量增长和现存投资结构不合理并存的深层次矛盾和问题,这些问题仍旧通过投资的手段加以解决(这是基于内蒙古仍旧处于欠发达地区决定的)。本书是在确定了内蒙古自治区投资结构的主要方向、重点发展任务以及战略性主导产业的投资定位,尤其是给出优先大力发展的主体性产业五大投资战略的框架下,关键是要实现投资资源在不同部门、不同地区、不同产业间的重新配置和优化。即如何构建一个让市场发挥决定性作用的、能够全面地落实"8337"发展思路的投融资体系。

一、拓展金融机构的金融宽度,健全金融服务体系

加快金融体制创新进程,制定落实《关于促进内蒙古自治区经济社会又好又快发展若干意见》的财政金融政策,在推进国有商业银行股份制改革的同时,要大力培育与非国有经济发展相适应的区域性银行、中小企业银行以及各种股份制银行,逐步建立起有效竞争、允许社会资本参股、控股的中小银行,将现有股份制商业银行、城市商业银行、城乡信用社等改造成为社会资本参股的民有、民营和为民服务的新型中小银行。金融监管部门要联合地方政府对现有不规范的民间金融机构进行清理和整顿。对其中经营尚可、条件较好者在整顿验收后核发金融业务许可证,收编为正规金融机构,并将其纳入日常监管范围。同时要根据需要放松准入监管,允许资质合格、治理规范的社会资本有序进入新建的区域性、合作性民营银行。

发展非国有地区性中小银行,有利于尽快改变四大国有商业银行垄断的格局,形成异质产权市场主体有效竞争的市场环境,这对于提高金融资源的动员效能和配置效率至关重要。但是,非国有中小银行由于资金的规模小,交易成本高,服务功能不齐全,在市场竞争中显然处于不利地位。因此,非国有中小银行要生存、发展就必须从市场定位和政策扶持两方面着手。在市场定位上,非国有中小银行要充分发挥其在地域、服务对象、信贷服务品种等方面的竞争优势,以求异创新市场定位战略为主、以跟随模仿型战略为辅不断实行"适用性"金融创新,提供特色型、差异化的金融服务,拓展新的市场空间,才能与国内外大银行相抗衡。为扶持非国有中小银行发展和公平竞争的环境,政府和中央银行必须实施一系列支持政策:给予非国有中小银行减免税收或者提高起征点和降低非国有中小银行的存款准备金率,鼓励非国有中小银行发展中间业务,提高中间业务的利润贡献率;取消对非国有中小银行在再贴现和再贷款、股票质押贷款、异地贷款、结算管理等方面的政策歧视;鼓励非国有中小银行发展分支机构,金融监管部门改变目前的数量指标管理为资格申报管理;等等。

二、加快构建以直接融资市场为主体的现代融资格局

在间接融资方面,除了积极发展非国有的地方银行和中小型金融机构,并完善中小企业信贷担保体系,设立专门的贷款担保基金外,可考虑建立面向产业转型的政策性金融机构,为其提供政府优惠贷款和贴息贷款。国有商业银行要切实发挥

其内部信贷部门的职能,在建立相应的风险防范制度下,下放贷款权限,增加资金支持,扩大利率浮动范围,积极支持产业转型和升级;在直接融资方面,积极鼓励具备条件的各类企业发行有价证券(通过二板市场)筹集资金,并扩大和疏通社会资本的进入和退出通道。

(一)优化股票市场结构,为企业转型和升级提供直接融资平台

以自治区优势产业为龙头,围绕自治区现有26家上市公司,制定鼓励企业上市融资、再融资及战略重组等推进内蒙古自治区直接融资市场加快发展的有关政策措施,通过发展增量资源和重组存量资源,改善和优化上市公司整体结构。为此:①进一步支持优质企业改制上市,推动区内国有企业依托资本市场进行改组改制,使优质资源向上市公司集中,支持具备条件的优质大型企业实现整体上市,支持高成长型中小企业在证券市场融资,逐步改善上市公司整体结构;②充分激活上市公司再融资能力,提高再融资效率;③鼓励和支持上市及拟上市公司运用发行短期融资券和企业债券等金融创新工具,以及运用金融衍生产品来拓展融资渠道,改善财务结构,降低财务成本和风险;④通过认真调查摸底,从自治区辖区高新技术企业中选择一批有较强辐射力和带动力的企业作为重点,在资金安排、项目审批等方面予以积极扶持,支持企业进行重组整合,进一步促进内蒙古自治区能源、冶金、化工、机械装备、生物制药、农畜产品加工、交通、建材等行业科技创新能力的提升和新兴产业发展,并用3~5年的时间努力打造10个高新技术企业进入创业板市场。

(二)大力发展企业债券市场,增加企业债券的发行规模

债券融资作为一种金融契约安排,在降低企业融资成本、提供金融资产流动性等方面具有股权融资不可替代的作用。在发达国家资本市场上,企业债券融资比例通常要大于股权融资比例。因此,建立多层次的资本市场就必须加快企业债券市场发展:①继续健全企业债券法律规范,进一步完善企业债券发行和交易各个环节的法律法规,逐步取消计划规模管理,监管部门逐步从额度管理转向资格审查的规则管理。逐步消除非国有企业发行债券的体制性障碍,允许符合《公司法》发债条件的、公司制改制规范、经济效益良好的非国有企业基于自身信用条件自担风险进行债券融资,为此,内蒙古自治区完全可以集中几家优势企业(支柱产业)发行集合债券和定向私债(非公开定向发行的企业债券),用于产业转型和升级。②积极稳步推进企业债券品种创新,尝试债券利率市场化。改革《企业债券管理条例》规

定的企业债券利率不得高于同期银行储蓄存款的40%的政策,推动发行随通货膨胀率变化的浮动利率债券和附可选择权利率债券等;增加中长期债券的比重,完善债券融资结构,引导投资者做长线投资。③鼓励符合条件的企业债券在证券交易所上市交易,放宽企业债券上市交易的限制条件。同时,开设区域性柜台交易市场。由于企业债券的信用度、利率不同,对于那些不能满足交易所上市条件的债券,柜台交易市场可以提高其流动性和投资价值。从国外经验看,绝大多数的债券是在柜台交易市场进行交易的,加快企业债券柜台交易市场的建设是增强企业债券流通性比较切实可行的途径。④建立健全企业债券托管人制度。债券托管人和发行人签订有关合同,代表债券持有人查证发行单位履行约定义务的执行情况,保障债券投资人权益,强化债券信用评级制度;健全企业债券评级体系,企业债券的评级要严格按企业资信程度分为若干等级,并由多家独立的社会权威机构同时认定,对出具虚假人信用评级的评级机构要承担相应法律责任;完善债券担保制度,降低债券兑付风险。

(三)大力发展内蒙古自治区风险投资基金

基于内蒙古自治区风险投资事业发展的实际情况,可以按照"政府引导、市场运作,科学决策、防范风险"的原则,通过已经设立的"内蒙古创业风险投资引导基金"的模式加以运作和规范,模式可以包括"政府+政策性金融机构"或"政府+政策性金融机构+民间资本"共同发起设立的方式。政府资金来自"支持创业投资企业发展的财政性专项资金",其作用是通过政策引导、发挥资金杠杆放大效应,广泛吸引政策性金融机构合理资金以及海内外民间资本,扶持自治区创业投资企业发展。一方面,原有的政府科技风险投资仍需保持和增加,特别是发挥政府风险投资在主导产业的作用及对其他投资主体的市场导向作用;另一方面,原有的政策性金融机构的科技贷款继续向风险企业发放,使之成为风险资本的一个相对稳定的来源。同时,政府必须不断改善投资环境,开辟多渠道的风险资本来源,如适当放宽保险基金、养老基金的使用限制,允许一定比例的保险基金、养老基金进行风险投资,既不影响基金的安全,又能在资金上对风险投资业给予足够的支持。这样,必将改变现行风险资本单一的来源结构,形成以民间的商业性风险投资资金为主、国家财政拨款的政策性风险投资资金为辅的格局。由于非政府资金大量进入风险投资领域,与市场化风险投资管理模式相适应的微观主体将会逐步形成,从而有效解决内蒙古自治区风险资本有效供给不足和规模偏小的现实难题。

(四)大力发展内蒙古自治区新兴产业投资基金

基于内蒙古自治区新兴产业投资基金处于起步阶段,政府在基金中的作用至关重要。政府应先设立新兴产业投资引导基金,并作为发起人之一以股权投资的方式设立各类新兴产业投资基金(如设立支柱产业升级基金、新能源基金、绿色投资基金等),其他发起人应选择经营股权的各类投资公司。这是基于新兴产业投资基金主要从事实业投资,收益主要来自于投资后的长期分红,因此,应选择经营股权的各类投资公司而不是经营实物商品的各类工商企业作为产业投资基金的发起人。在现阶段,可选择内蒙古自治区大型支柱产业集团企业和银行等金融机构参与新兴产业投资基金的发起。在产业投资基金形式上,可发展中外合资新兴产业投资基金,这主要是国外的投资理念比较成熟,并可以从全球发展的角度对整个行业进行前瞻性的分析。因此,发展中外合资新兴产业投资基金有利于优势互补,引进国外资本与先进的投资技术,积极稳妥地推进资本市场的国际化战略。此外,政府要通过营造私募股权投资的氛围,加大新兴产业投资基金的宣传教育力度,培育大众对产业投资基金的正确认识,正确理解其风险与收益的关系,并完善新兴产业投资基金的相关法律体系建设,积极推动和扶持新兴产业投资基金的发展。

(五)大力发展内蒙古自治区节能减排基金

随着经济建设的不断发展,能源需求不断增加,内蒙古地区在全国经济舞台上面临的节能减排的压力越来越大。虽然政府对节能减排工作已非常重视,在加大产业结构调整力度、推进节能减排技术改造、完善节能减排政策法规体系等多方面做了大量的工作,取得了一定的成绩,但是,2007~2010年,内蒙古自治区基本上都未达到预期的节能减排目标(全国也一样)。这是基于节能减排产品一般来讲技术含量高于非节能产品,因此成本也较高,使得落实节能减排措施的主体——工业企业单位对节能减排的积极性不高。因此,内蒙古地区应设立节能减排基金,促进企业主动地、自觉地采用节能减排技术。具体模式是,政府先设立节能减排基金,基金来源由财政拨付(占总基金的20%),并交给专业的基金管理公司管理和运作,其余的基金额度由工业企业缴纳,具体缴纳标准可根据各类企业的生产对能源的依赖程度,设定不同的标准,按年向节能减排基金缴费,缴费模式可采用保险基金模式。具体使用是:当缴费单位进行节能改造或新建项目采用节能技术时,可依据节能减排的所需资金动用该基金已缴费的部分;节能效果较好的,可以向该基金申请无息或低息贷款;对节能成效显著的企业,政府实施进一步的鼓励措施,使节能减排工作真正落实到企业层面。

(六)大力发展内蒙古自治区低碳基金

基于内蒙古自治区发展低碳经济和节能减排的迫切要求,在内蒙古地区设立低碳基金并与国内、国际接轨,充分借鉴国际和国内的碳基金发展经验,将会大力促进节能减排技术的研发,加速节能减排技术的商业化,缓解节能减排项目的前期资金压力,这对于促进内蒙古地区节能产业化、可再生能源规模化和低碳经济的发展具有重要的现实意义。①政府先设立主导型低碳基金,通过引进社会资本和外资,以私募股权投资的方式设立低碳基金。低碳经济中蕴藏的巨大商机早已备受社会资本和外资的关注,并已成为投资者的新宠。内蒙古自治区作为能源大区有着广阔的碳交易市场,设立低碳基金具有巨大潜力,因此,内蒙古自治区应充分发挥政策的导向作用,在合理界定投资风险收益机制框架下,政府会同自治区主要支柱产业的集团型企业作为发起人,以私募股权投资的方式设立本地区的低碳基金,广泛吸引社会资金,特别是信托资金、民间资本、国外投资机构等参与投资。②充分发挥政策性和商业银行的优势,积极参与低碳基金的建立。金融机构应该作为设立低碳基金的推手,积极推进低碳经济在内蒙古地区的迅速发展,并且在积极参与碳金融的过程中寻找新的盈利增长点。利用金融机构发展碳基金具有很大优势。首先,银行作为专业的金融机构,具有较好的管理水平。商业银行为了稳定的发展,必须不断提高自身的管理水平,吸引专业人才,加强国际合作,提高管理水平,发展碳基金同样需要较好的管理水平,商业银行提供了天然的平台。其次,商业银行具有较高的透明度,使得碳基金能得到有效的监管。再者,随着全球经济一体化,国际金融体系也在不断完善,通过国际间的合作,商业银行可以得到真实有效的信息资源,利用网络信息平台开展国际沟通合作,积极地开展国内碳交易市场培育工作,也为碳基金的发展提供了稳定的信息来源。

(七)大力发展内蒙古草原(森林)碳汇基金

实现低碳经济的途径主要有两个方面:减少碳排放和增加碳吸收。前者靠的是生产、生活方式的转变,后者则主要靠生态系统的碳汇功能。内蒙古自治区属于典型的高碳经济区,能源消费对煤炭的依赖度超过90%,是全国6个依赖度最高的省区之一。为此,内蒙古自治区在今后相当长的时期内要想发展低碳经济,除了转变生产和生活方式外,要充分依赖广阔的草原和森林资源,发挥生态系统的碳汇功能实现减排目标。研究表明,单位面积草原的碳汇作用不如森林,但草原的优势在于面积巨大。据初步估计,世界范围内生态系统的碳储量,森林占39%～40%,草地占33%～34%,农田占20%～22%,其他占4%～7%。可见,森林和草地的碳汇功能是同等重要的[①]。在内蒙古自治区,草原面积为13.2亿亩,是森林面积的4倍以上,占国土总面积的74%,是全区生态的主体。充分挖掘草原碳汇的巨大潜力,充分发挥草原碳汇的巨大功能,是实现减排和促进低碳经济发展的最有效途径。因此,内蒙古自治区的草原生态建设就成为一项长期而艰巨的任务。然而,由于草原生态建设是一项投资大、周期长、见效慢的公益性事业,西部大开发以来,随着国家加大对生态建设的投入力度,内蒙古自治区草原生态建设的投入也有了显著增加,但每年每亩的投入仍不足1元钱。投入少,索取多,导致草原生态建设长期处于入不敷出的欠账状态,这是草原生态难以彻底扭转持续退化态势的重要根源。按照全区草原生态建设的实际需求,每年至少需要50亿元,目前每年投入的总额为7亿～8亿元,存在巨大的资金缺口。为此,设立内蒙古草原(或森林)碳汇基金势在必行。

设立内蒙古草原碳汇基金的具体模式是,政府先设立草原碳汇基金,资金来源由自治区和地方两级财政按比例拨付(每年),并把中央每年下拨的草原生态补偿资金一并归入该基金,通过成立内蒙古自治区草原碳汇基金管理公司的运作,重点用于草原生态补偿和建设。基于生态建设投入大、见效慢等特点,草原生态建设必须走多元化投入的道路,当前,最现实的选择就是大力发展草原碳汇贸易。具体措施是通过搭建草原碳汇贸易平台(尽快成立草原碳汇交易所和加强与草原碳汇国际间的合作交流),实现由草原大区向草原碳汇贸易大区的转变。这是基于内蒙古自治区拥有举世瞩目的大草原,发展草原碳汇具有得天独厚的优势,全区每年草原的碳汇量超过1亿吨,折合二氧化碳近4亿吨,参照美国环保协会在新疆的草原碳汇项目价格,即按每吨5美元计算,全区草原每年的碳汇额度约为20亿美元。由此可见,草原碳汇机制一旦形成,内蒙古自治区设立的草原碳汇基金就有了长期可靠的草原生态建设资金来源,这对于牧民来讲,少养畜的损失将被多增绿的收益所弥补,是草原生态建设实现双赢的最好、最有效的切入点。

三、优化信贷结构,加快主体产业转型和升级的步伐

积极引导各银行业金融机构把握机遇,结合自治区发展战略,加快信贷结构调

[①] 郭健.开发草原碳汇功能转变牧区发展方式[J].中国畜牧兽医报,2010(8).

整,继续发挥金融主力军的作用。

(一)商业银行信贷支持主体产业投资的金融创新

1. 融资工具的创新

加快开发适合主体产业企业融资需求的无形资产质押信贷创新产品:一是各商业银行应向上级行申请技术支持,创新融资方式,研究知识产权、企业无形资产的质押方式;积极探索专利权、知识产权以及经过评估的资源项目、销售合同等现金流量作为银行信贷质押的途径。二是积极向上级行申请主体产业贷款授权的相关政策,争取成立为主体产业服务的、形式多样的专兼职部门和专业化的信贷队伍,为主体产业发展提供方便、快捷、灵活的专业化信贷服务。三是结合内蒙古自治区实际,建立适应主体产业发展特点的信贷业务流程和信用评级制度,制定符合内蒙古区情的主体产业贷款调查、审批、发放、催收等管理办法。

2. 融资机构的创新

(1)加快发展地方金融机构。近几年,民营资本参与金融的积极性比较高,可以有步骤地发展民营金融机构,以形成融资市场适度竞争的微观基础,并逐步实现融资结构与经济结构相适应,提高储蓄向投资转化效率,从而为主体产业创新企业提供良好的融资服务。此外,还可利用金融对外开放的有利时机,进一步加快引进国外金融机构。

(2)鼓励建立多层次投资银行。投资银行作为一种较为特殊的融资机构,既是中介人又是投资人,不仅可以参与企业并购重组的咨询、设计和组织,还可以通过对企业的参股、控股,参与企业的创业和投资。投资银行可以帮助成熟的主体产业企业上市,使创业投资撤出并进行新的投资。另外,投资银行也可组织开展对主体产业创新企业的私募,促进企业向上市目标发展。

(3)探索组建主体产业金融集团。西方国家自20世纪80年代以来,都由分业银行制向全能银行制转变,银企之间正由单纯的信贷联系向产权联系过渡,银行与企业之间从客户关系变成战略伙伴。尽管目前我国在政策上对金融混业经营还有比较严格的限制,但随着金融市场的发展和改革的深入,金融机构跨业经营也将成为现实。内蒙古地区目前拥有少量地方商业银行、证券公司和投资公司,尽管基础较弱,却是不可多得的宝贵资源,应充分学习和借鉴先进地区经验,在做好主业、做大主体产业的基础上,加强金融与主体产业之间的"联姻",实现共同发展,相互促进。

第十章 内蒙古自治区产业发展的投融资体系构建分析报告

(二)政策性银行资金导向和商业银行信贷支持的金融配给

1. 强化政策性银行信贷资金的政策导向作用

政策性银行的市场定位就是按照政府的政策导向进行投融资活动,是以政府的经济政策或意图作为业务活动的根本依据,其融资准则具有明显的非银行性,一般不与商业银行进行同业竞争,主要从事具有较高金融风险的投融资活动。因此,政府应当积极与国家开发银行内蒙古分行协商,充分发挥政策性银行功能,大力支持主体产业的投资力度,尤其是在新兴产业的创新阶段提供信贷支持,或通过提供担保、信托、参股等方式进行融资,进一步推动本地区的产业结构升级,充当主体产业发展的助推器。

2. 加快金融制度创新,拓宽商业银行的融资渠道

基于新兴产业与银行存在信息不对称的客观事实,商业银行应建立信贷风险的动态评估体系,并专门成立新兴产业信贷部,对创业企业的创新能力、创业者的全面素质、企业的经营计划等关键要素进行动态跟踪评估,阶段性地预测企业未来的成长能力、盈利状况和风险等级,并通过金融产品创新加以支持:①建立全新的无形资产担保抵押方式,以知识产权、股权、产品品牌和技术成果等作为抵押以提供信贷支持,并积极开展网上联保方式争取信贷资金;②开展透支和贷款承诺业务,通过类似于远期合约的形式加大对企业的授信贷款业务;③大力发展资产证券化和信托业务,加大对"8337"发展思路相关的产业的信贷支持。

3. 加快发展内蒙古地区的中小金融机构

地区性的中小金融机构,是解决中小主体产业企业融资难的根本出路。主要措施:①通过金融资源整合,大力发展中心城市商业银行,并以政府控股的股权结构制定具有政策导向的主体产业信贷机制;②加强对交通银行、招商银行等股份制商业银行的政策引导作用,通过建立信贷风险补偿机制加大对主体产业信贷的支持力度,并积极拓展金融市场宽度,大力吸引外资和区外的股份制商业银行入驻内蒙古地区;③组建以政府为背景的内蒙古主体产业投资公司,吸引各大商业银行、证券公司、保险公司、各类财团和战略机构投资者积极参股,重点对关系到内蒙古自治区主体产业创新体系中的重大产业项目进行投资和管理;④积极探索发展一批中小型民营银行(也可以以投资或财务公司的名义命名),以满足民营中小型企业融资的需要(本思路可以加以规范民间借贷行为,使其合法经营)。

四、加快推动区域金融中心建设步伐

(一)做强金融机构,夯实区域金融中心建设的基础

区域金融中心建设的一个根本目标是增加资金流量,吸引大量资金在此集聚,通过交易实现资金资源的重新配置。而金融机构是大量资金的主要载体,金融机构既是资金的供给者又是资金的中介,对活跃资金流量有重要作用。因此,做强金融机构是区域金融中心建设的重要一环。①大力吸引国内外金融机构在内蒙古设立分支机构,推动大型银行在"金三角"和蒙东地区增设分支网点,扩大辐射面和影响力。具体做法可借鉴发达地区的经验,如在适当的权限范围内给予有竞争力的税收等优惠政策;发挥呼和浩特靠近北京的区位优势,将总部设在北京的金融机构的部分业务吸引到呼和浩特来。②大力促进现有金融机构发展壮大,通过深化改革,优化机构治理,提升金融机构的竞争力。

(二)建设金融中心区

在呼和浩特市如意总部基地高起点规划建设一个布局合理、配套完善的金融中心区,分阶段、有重点地引导新的金融机构或推动现有金融机构进驻金融中心区,为金融业发展提供良好的有形载体,利用集聚效应发展金融产业。在鄂尔多斯建立民间资金借贷服务中心,逐渐把鄂尔多斯市打造为西部地区民间金融服务中心城市。

(三)加快建设数字金融

随着我国金融信息化的基础设施日益完善,金融信息交互平台逐渐集约化,推动了金融业的升级和转型,而愈来愈多的现代化信息系统得到推广应用,数字化水平和网络化水平大幅提升,更多的专业人才参与到金融领域,金融机构也日益重视信息业和金融业的融合。2010年,金融业开始实施数据中心虚拟化、开发测试云、虚拟桌面云等小规模实验,简化IT运营。2011年,发达地区的部分金融机构开始研究和模仿电子商务公司的模式,其中一些机构开始试点实施混合云并扩大云计算应用规模,营销与前台部门开始采用智能终端、平板电脑加移动云计算开展业务,并已经取得了很好的成效。此外,金融机构还进一步探索在新一代网银、手机银行和移动支付等领域应用更多的创新服务。2012年,上海、北京等地的金融机

构已经有不少成功部署和实施云计算的案例,有的金融机构已经明确制定并开始实施"云+端"的战略。因此,内蒙古地区的金融机构要加强金融系统内部的信息化建设,完善区域内的票据清算系统和同城电子转账系统。在政府有关部门、金融监管部门和各金融机构之间搭建渠道通畅、传递高效的金融信息网络,形成有效的信息双向交流。

五、优化金融生态环境,提高金融服务水平

金融法律制度的完善问题是优化金融生态的首要问题。我国经过多年的法制建设,金融法律体系已基本形成。虽然存在一些法律条款过时和约束力不强等问题,但执法不严是最大的缺陷。因此,一定要加强执法力度,严惩违法行为,规范金融市场秩序。当前首要的任务是监控正规金融机构的资源错配和非正规金融机构的民间借贷行为问题,尤其是高度关注影子银行的资金运行(资金在银行体系外的高度流动性)。

(一)加快征信体系建设,营造良好的社会信用文化

1. 继续壮大中小企业信用担保体系

各级政府进一步增加中小企业信用担保专项资金投入,设立中小企业担保风险补偿资金,采取财政投资引导、社会资金参与、市场原则运作、优惠政策扶持的方式,提高中小企业信用担保机构的担保能力,扩大担保覆盖面,建立银行和担保机构风险共担的合作机制。

2. 进一步加大对金融业发展的政策支持力度

借鉴北京、上海、广东、深圳等地的做法,研究出台系统支持金融业发展的优惠政策,加大对农村金融机构、小额贷款公司、中小企业融资、农村牧区金融基础设施建设等方面的财政支持力度。

3. 进一步加强信用环境建设

以打造信用监督和信用服务两个体系为重点,抓住信用信息归集、信用产品开发使用和失信行为惩戒三个环节,建立健全政府信用监管,加快培育信用服务市场,大力营造社会诚实守信氛围。

(二)完善金融监管机制,提供有利的制度保障

在金融风险的不断多样化的形式下,保持金融稳定需要做到:完善对金融机构

的预防性监管,如对金融机构市场准入及业务经营进行监管、对商业银行资本充足率的监控等;加强对跨市场金融产品的风险监管;建立金融机构稳定的资本金补充机制和不良资产冲销机制等。

六、构建多元化的社会资本投入机制

为了激活内蒙古地区的投资活力,各地要积极转变观念,多方位筹集资金,保持全区投资增长的连续性和稳定性。主要发展思路是:第一,不断深化投资体制改革,进一步完善市场准入标准,强化技术标准。为此,要加大招商引资力度,着力培植投资的内在增长机制,大力启动民间资本,拓宽投资渠道;建立健全适应市场竞争的产业分类、综合监管体制;进一步开放投资领域,竞争性领域的投资由企业承担,充分发挥企业的投资主体作用;合理界定政府投资范围,划分各级政府的投资事权,针对不同的资金类型和资金运用方式,确定相应的管理办法,使政府投资的建设程序和资金管理规范化、制度化。第二,强化市场化投融资体系建设力度。为此,大力发展地方金融机构,努力改善条件,吸引外资银行在内蒙古自治区落户;鼓励社会资金参与区内金融及投资机构的重组改造,鼓励发展面向中小企业融资的民间银行,同时鼓励大型商业银行增加对民营业务的融资服务,拓展信托投资、金融租赁、风险投资等金融业务;积极争取上市融资,支持优势企业发行企业债券,适时发行建设债券,支持中小企业进行内源性融资,进而向社会定向募集股份和发行债券,支持发展私募股权投资基金,为中小企业提供融资平台。

参考文献

[1]赵云平.内蒙古产业集群战略[M].北京:经济管理出版社,2010.

[2]内蒙古发展研究中心.煤、风、光伏、电、用产业产业链发展战略研究综述[J].北方经济论坛,2011.

[3]段连敖.建设国家战略能源基地:内蒙古自治区能源产业的历史性任务[EB/OL].国务院振兴东北办公室网站,2011.

[4]张太平.依托科技创新推进内蒙古新型国家战略能源基地建设[J].北方经济,2011(19).

[5]戴宏伟.产业转移与区域产业结构调整的关系分析[J].当代财经,2008(2).

[6]杨臣华.内蒙古产业转型升级研究.内蒙古产业基地课题,2012.

[7]张启智.内蒙古承接产业转移与生态安全问题研究[D].内蒙古社科基金项目,2012.

[8]张智荣.内蒙古文化产业发展报告[D].内蒙古财经大学校级重点课题,2013.

[9]张启智,孟凡杰.内蒙古自治区全社会R&D投入的现状与对策[J].内蒙古师范大学学报(哲学版),2011.

[10]张启智.内蒙古利用外资问题、现状与对策[J].内蒙古社会科学,2012(1).

[11]张启智.构建发展低沙经济的绿色金融支撑体系[J].内蒙古师范大学学报(哲学版),2012(3).

[12]张思民.高新技术产业发展与风险资本支持[N].科技日报,2000-05-12.

[13]苗静.内蒙古稀土产业投融资问题研究[J].内蒙古科技与经济,2013.

[14]李政.创业型经济:内存机理与发展策略[M].北京:社会科学文献出版社,2010.

[15]张茉楠.创业型经济论[M].北京:人民出版社,2009.

[16]王伟化,范振儒.开发性金融支持稀土战略性产业发展的模式研究[J].稀

土信息,2012.

[17]徐东辉.包头稀土高新区七项措施携手企业渡难关[N].中国高新技术产业导报,2009.

[18]张玉利.创业者如何整合资源[J].中外管理,2011(6).

[19]张玉利.创业团队要注意互补性和冲突[J].管理学家,2010(8).

[20]高建,石书德.中国转型经济背景下创业地区差异的决定因素研究[J].科学学研究,2009(7).

[21]内蒙古自治区发改委财金处.内蒙古2012年创业投资发展情况的报告[R].

[22]张敏.论高新技术产业与资本市场的对接[J].高新技术产业化,2001(6).

[23]张启智.内蒙古科技创新与金融支撑制约因素分析[J].内蒙古社会科学(汉文版),2009.

[24]内蒙古发改委.内蒙古自治区战略性新兴产业发展规划(2013～2020年).

[25]内蒙古自治区统计局编.内蒙古统计年鉴(2012)[M].北京:中国统计出版社,2013.

[26]中华人民共和国国家统计局编.中国统计年鉴(2012)[M].北京:中国统计出版社,2013.

后 记

　　中国经济的全面转型正是基于全球性产业结构的重新构架,被动性地接受了战略性的产业转型。按照国家的产业政策,内蒙古自治区同样面临着产业转型和全面升级的挑战,由此担当着加快产业转型和升级的历史使命。"8337"发展思路的提出正是基于这种背景,因而具有重要的现实意义和长远的社会意义。为此,如何通过投资的作用,寻求全面落实"8337"发展思路和加快产业结构调整与产业升级,是本书研究的对象。

　　完成此报告,笔者认为,由于过于强调GDP的数字(欠发达地区经济发展的固有特征决定),内蒙古自治区经历了一段盲目追求经济高速增长的发展过程,结果导致了投资的产业结构严重失衡,尤其是进入"十二五"时期以后表现出的产业结构和增长方式已经难以维系全区经济增长的可持续发展。因此,全面落实"8337"发展思路必须在确定的产业政策框架下,在努力构建生态文明的前提下,通过体制创新、转变职能、科技驱动和营造良好的投资环境,最大能量地激发全社会的投资活力,以此来加快经济方式转变和经济转型。本书在深入分析了内蒙古自治区投资产业结构非均衡性的前提下给出了五个投资战略重点,并由此确定了战略性新兴产业、煤化工产业、现代装备制造业、现代农牧业和文化产业极具代表性的五大主体性产业作为重点发展对象,着力研究投融资政策,力求给出可行的能够支持主体性产业快速发展的资金需求对策建议。同时,房地产业也是当前关注的突出问题,新兴产业创业投资更是内蒙古自治区继续发展的问题,本书对此也给出分析和研究。

　　本书在调研过程中,走访了内蒙古自治区发改委、呼和浩特市和包头市等地的高新技术工业园区、商务局等多个部门,参考了近期完成的有关产业转型和升级的课题,也参阅了国内外多部参考文献。在此,对上述单位和部分领导给予本书的大力支持表示衷心的感谢。

本书对为内蒙古自治区全面落实"8337"发展思路、加快实现产业结构的转型和升级遇到的金融资源配给问题提供了一些具有实际意义的政策意见和参考建议,在投融资政策的制定上也有研究上的突破,但由于编写组成员在时间上和能力上的不足,因而,本书在研究和写作的过程中难免有不足之处,只能期待在今后的课题持续研究中对这一问题加以弥补,在此,敬请专家对本书研究中存在的不妥之处提出批评指正。

张启智

2014 年 3 月